# 市場における

# 欺瞞的説得

## 消費者保護の心理学

D.M.ブッシュ
M.フリースタッド
P.ライト
安藤清志・今井芳昭 監訳

*Deception in the Marketplace*

*The Psychology of Deceptive Persuasion and Consumer Self-protection*

*David M. Boush*
*Marian Friestad*
*Peter Wright*

献辞

本書を私たちの孫に捧げます。

# まえがき

本書の出版は、四年ほど前、市場における説得を扱った文献の山を見て、われわれ三人が交わした会話がきっかけである。その内容は、部屋の中に体重二百キロのゴリラがいるのに誰一人としてそれを認めようとしない――それが市場における欺瞞の問題だというものだった。議論を進めるにつれ、欺瞞の問題はこれまでの研究論文に反映されている程度のものではなく、消費者研究やマーケティングにおける根本的問題であるという点で考えが一致するようになった。社会科学、人文科学、マーケティング、大衆文学で扱われている多様な欺瞞の文献を調べ、これらのさまざまな視点をどのようにしたらまとめ上げられるか、苦労しながら取り組んだ結果、本書が日の目をみることになった。

われわれの目標は、市場における欺瞞の研究を活性化することである。われわれは、本書が、市場における欺瞞的説得の心理および消費者保護の心理学というテーマを、研究に基づいて論じた最初の本であると考えている。欺瞞は米国の市場に蔓延しており、消費者の健康や福祉、財産を脅かし、結局は社会における信頼を蝕んでいる。消費者は単に法的保護に頼るのではなく、一人ひとりが市場の欺瞞から自分を守るスキルを身につけることによって、マーケティング担当者の欺瞞的コミュニケーションから自らを防衛することが大切である。欺瞞防御スキルは、生活を営む上で重要なスキルである。したがって、欺瞞的説得の心理学や消費者の自己防御について理解を深めることは、将来の消費者行動研究の主要な目標となるべきだと思う。

市場における欺瞞を扱った近年のテキストや著作は、主として法律的な側面に焦点をあてている。しかし、市場における欺瞞は法律的な問題にとどまるものではないし、そうした法律的側面が主要な問題というわけでもない。また、説得における欺瞞性は、社会的影響に関する科学における研究や著作にとっても、実際に認識されている以上に重要な問題である。市場に適用可能な欺瞞防御スキルを直接人々に教える、という教育的介入に対するニーズは大きいし、そうした介入が可能な機会も数多いのである。われわれが市場における欺瞞の社会心理学を扱おうとするのは、この魅力的であるにも拘らず研究が少ないテーマに単に知的好奇心をそそられたからではない。それだけではなく、青少年や大人が市場の欺瞞から自らを守ることができるような効果的な訓練プログラムを開発する第一歩になると考えたのである。

本書の中で、われわれは以下の問いについて検討する。何が説得的コミュニケーションを欺瞞的にしたり、誤解を招くものにしたりするのか。キャンペーンを企画するにあたり、マーケティング責任者はいかにして欺瞞を回避したり、逆に実践したりするようになるのか。マーケティング担当者の欺瞞的戦術に効果的に対処するために、消費者はどのようなスキルを獲得すべきなのか。これまでの研究で、人々が欺瞞的な説得の試みを見抜いたり、無力化したり、抵抗することについて何がわかっているのか。市場における欺瞞に対する防御スキルを青少年や大人に教える方法について、これまでの研究はどのような示唆を与えてくれるのか。

本書の各章は、欺瞞的説得に関する理論的視点、市場の欺瞞に対する防衛スキルの性質、青年期および成人における欺瞞防衛スキルの発達、市場における消費者の防衛スキル教育に関するこれまでの研究、規制の最前線、社会的な信頼、消費者教育の実践などの問題に及んでいる。

本書の主要な読者は、消費行動や社会心理学、コミュニケーション、マーケティングを専門とする学者、研究者、そして学生である。マーケティングの実践家や市場の規制機関の関係者も、消費者福祉に関心をもつ社会学者や教育者と同様、本書が刺激的で信頼に足るものであることが理解できるであろう。また、学部の専門コースや大学院でこれらの領域を学んでいる学生諸氏のための、刺激的なテキストとして使われることを願っている。

われわれは、専門の研究者にも役立つように厳密な記述を心がけたが、一方で、マーケティングや広告の実務家にも十分に読みこなせるように努めた。われわれは、本書が消費者研究に携わる人たちにこの領域の研究の概略を示し、市場における法的問題の理解に役立つことを願っている。マーケティングの実務家は、欺瞞的に行為することで感じるプレッシャー、そのような行為のコスト、そして消費者への欺瞞をどのように防いだらよいかなどについて、さらに理解を深めていただきたいと思う。規制する側の人々には、近い将来、彼らが検討しなければならない規制政策や公共政策の最前線の諸問題に関する、消費者研究の専門家の視点を提供できればと考えている。

最後に、多くの研究者の方々に、本書の草稿に目を通していただき、洞察に満ちたご示唆を多数いただいた。これが、本書の内容とエネルギーの大きな源になっている。以下の方々には、本書の構成と方向性を決める上で貴重な意見を頂戴した。メグ・キャンベル（コロラド大学）、L・J・シュラム（テキサス大学サンアントニオ校）、ケント・グレイソン（ノースウエスタン大学）、エシャー・トーソン（ミズーリ大学）、デイヴィッド・シュルマン（ラファイエット大学）。最終稿を仔細に検討し、扱われているテーマと同じくらい本書の内容が重要なものになるように筆者を駆り立ててくれたのは、デイヴ・シューマン（テネシー大学）、ノバート・シュワルツ（ミシガン大学）である。執筆に際しては、オレゴン大学と同大学ランドクイストビジネス学部からも寛大なサポートをいただいた。また、コーン・ファミリー基金から研究助成を受けた。記して感謝の意を表したい。

デイヴィッド・M・ブッシュ
マリアン・フリースタッド
ピーター・ライト

# 第1章　市場における欺瞞



欺瞞は、われわれの社会生活に広く浸透している。人を欺くような説得を自らが実践したり、他者のそうした試みに対処したりすることは、日常生活のあらゆる領域における根本的な社会的活動である。本書を執筆するにあたって、われわれは、こうした欺瞞的説得に関するさまざまな視点を検討する予定である。もちろん、欺瞞的説得がどのように実践され、見抜かれ、抵抗されるかに関して、これらの領域の間で類似点があるのは確かである。人々は、欺瞞的行動について広く一般的な理解を深めて、それをあらゆる領域に適用できるはずだと楽観的に考える。そして、社会的文脈が変わっても、こうした一般的な信念、理論、スキルに頼ろうとする。しかし、本書におけるわれわれの目標は、市場における欺瞞に関する研究をさらに活発にさせようとすることにある。欺瞞は、米国市場における最も重要な現象の一つである。これは、単に法的な問題であるだけではない。たいていのマーケティングの教科書や、市場における欺瞞について書かれた本では、欺瞞は法的な問題として扱われているが、これらは企業弁護士、裁判官、陪審員、政府の規制当局者が関心を抱く事柄である。しかし、われわれは本書で、欺瞞を消費者行動の中心的問題として提示する。消費者は、マーケティング担当者の人を惑わすような欺瞞的なコミュニケーションから自らを守るために行動しなければならない。人に頼らずに、自らの自己防御スキルこそが防御の第一線であることを認識しなければならない。欺瞞的説得から自分を守ってもらおうと、政府の政策や規制、複雑な法的執行のシステムを頼りにしているわけにはいかない。したがって、市場における欺瞞から自らを守るための消費者の知識やスキルに影響を与える社会－心理的過程や社会－文化的要因は、法律や規制による保護に頼ることよりもずっと重要なものである。

欺瞞防衛スキルは、重要な生活上のスキルの一つである。そこで、市場における欺瞞を研究する最初の切り口として、現代の市場に応じた実践的な欺瞞防衛スキルを獲得しようと四苦八苦する、個々の消費者の心理に注目してみたい。欺瞞防衛スキルは、全般的な自己効力感の重要な構成要素の一つである。この自己効力感があれば、社会生活のさまざまな領域で何か問題に直面しても自分は効果的に対処できるという自信を身につけることができるのである。二番目の切り口は、米国市場には欺瞞という病弊があるという懸念である。欺瞞的マーケティングは広く蔓延しており、消費者に害悪を及ぼしている。彼らの健康、福祉、財産、プライバシー、自尊心、社会への信頼を脅かしているだけでなく、フェアな競争を蝕み、マーケティングという職業とその実践をおとしめているのである。

さてわれわれは、市場における欺瞞から自らを守ることを消費者は学ぶことができると考えているので、三番目の切り口として、教育的介入の機会と必要性を検討することにした。市場に適用可能な欺瞞防衛スキルの教育に直接焦点をあてる介入である。われわれが市場における欺瞞の社会心理学を検討するのは、研究が乏しい領域への知的好奇心からだけではない。そうした検討を行うことが、市場の欺瞞を消費者が学ぶ（あるいは、学ばない）過程や、そうした欺瞞から自己防衛する過程に関する研究を基礎にして若者や成人に向けた効果的な訓練プログラムを作成する重要なステップと考えているのである。消費者がどのように欺瞞に対処するかを深く理解することに加えて、われわれは、個々のマーケティング責任者が欺瞞を行うか否かについてどのように考えるかも検討する予定である。ブランド・マネージャーや広告戦略立案者がマーケティング・キャンペーンに何らかの形態の欺瞞を組み込むように導く要因は何なのか。逆に、消費者を惑わしたりだましたりすることを極力避けるようにマーケティング責任者を導く要因は何なのか。こうした問題を検討するのは、問題そのものが興味深いから、というだけではない。消費者に欺瞞防衛スキルを教育する際には、欺瞞を行うマーケティング担当者がなぜこのような欺瞞を行うかも教えなければならないのである。

市場における欺瞞は、広く社会の隅々にまで入り込み、消費者、児童の親、評論家、子どもの権利擁護者、教育者、政府政策者、法学者、消費者保護の活動家、マーケティング実践家、漫画家など、多くの人々の心を引きつけ感情的にさせる。しかし、市場における欺瞞に関する研究は非常に少なく、欺瞞が社会における重要なテーマであるという事実とは著しくバランスを欠いている。市場における欺瞞に関するこれまでの議論は、主として法的な観点からなされてきた。たとえば、市場の欺瞞を扱ったプレストン（Preston 1975, 1994）とリチャーズ（Richards 1990）の画期的著作は、読者が理解しやすいように行動理論や測定ツールを駆使して、連邦取引委員会（ＦＴＣ）（アメリカ合衆国の独占禁止法および消費者保護法の運用を行う機関）や裁判所が欺瞞に対してどのような対処が可能で、実際どのように対処しているかを示したものである。欺瞞的マーケティングに関するこれまでの研究の多くは、公共政策や法律業務に影響を及ぼすことを目的に行われてきたものであり、欺瞞に関する消費者やマーケティング担当者の行動を社会心理学の視点から適切に理解しようとするものではない。

われわれが望むのは、マーケティングや消費者行動、社会心理学、コミュニケーション、教育、社会学の研究に携わる人たちを刺激することによって、市場における欺瞞の過程、実践、知覚、そして予防に関する重要な課題についてさらに検討してもらうことである。また、説得や社会的影響を研究している人たちが、この複雑で魅力的なテーマに関心をもち、一般の人々が現実社会における欺瞞を見抜き、コントロールし、対抗するように教育したり動機づけたりする方法について、さらなる研究を重ねていただきたいと思う。市場における欺瞞についてあまり考えることがなかった読者には、この機会にさらに深く、そして、さまざまな視点からお考えいただくことを願っている。既に欺瞞一般について、あるいは市場以外の社会的文脈における欺瞞について十分に考えを巡らせてきた方々には、二一世紀の市場という文脈で欺瞞の問題をじっくり考えてもらいたいと思う。本書は、「変容的」(transformative) 消費者研究 (Mick 2006) と呼ばれている精神に則って書かれている。これは、消費者が自分自身で問題に対処できるように援助することを目指す研究である。その目標とするところは、消費者の生活をポジティブな方向に変容すること、そして企業のマーケティング責任者の利益よりも、消費者の福祉面の利益が上回るように支援することである。そのような研究は、消費者研究の領域を変容することにもなるはずである。

## 現代の市場における欺瞞

欺瞞は、市場におけるマーケティング担当者と消費者の相互作用の中で、中心的かつ必然的な部分である。消費者とマーケティング担当者は、敵対的な協力とでもいえる関係に参加している。市場が存在する限り、商人、マーケティング担当者、広告主、販売員、そして詐欺師は、自分たちの製品やサービスの潜在的購買者を惑わせ混乱させようとするのである。古代ローマ、中国、アレクサンドリアでは、商人たちが現代の香港、ナイロビ、ロサンゼルス、そしてインターネットのコミュニティの中で今でも使っている欺瞞的な説得技法を用いていた。こうした知恵比べ、疑心暗鬼の雰囲気のなか、永らくキャビアット・エンプター (caveat emptor)「買い物をする者は危険を覚悟せよ」が、駆け引きの一般的ルールとなってきた。今日の世界では、古代ラテン語の表現を借りて、キャビアット・リクター (Caveat lictor) ――マーケティングの材料や企業の出版物を読む者は危険を覚悟せよ！――、あるいはキャビアット・スペクテイター (Caveat spectator) ――テレビ広告や市場の視覚表現を見る者は危険を覚悟せよ！――と指摘することさえできるであろう。われわれはサイバー世界に住んでいるので、キャビアット〝サーファー〟（caveat "surfer"）――インターネット利用者は危険を覚悟せよ！――というのも考えられる。

二一世紀の初頭、私たちの日常世界は、マーケティングの説得攻勢で溢れかえるようになった。それらの多くは人を惑わすものであり、私たちは、常に市場サバイバルモードで自己防衛に励む消費者として生活を送っている。米連邦取引委員会の調査では、米国における消費者トラブルの被害者は毎年二千五百万人にのぼり、これは全人口の一〇パーセントを越える。ただし、これは欺瞞という大きな氷山の一角にすぎない。この数字には、違法な欺瞞として摘発されたり報告されたりしたものしか含まれていないからである。子どもや青年は、マーケティング担当者による説得のターゲットとして成長し、この説得の国アメリカにおいて、商品化された子ども時代と呼ばれる生活を送ることになるのである。成人の消費者は、絶えず形を変えてくる欺瞞的なマーケティング技法や戦術に、一生の間、苦労して立ち向かわなければならない。巧みに計画された大企業のマルチメディア・マーケティング・キャンペーンから、何世紀にもわたり社会に存在し続けてきた小規模な詐欺、ごまかし、ペテンの現代版まで、その範囲や洗練化の程度はさまざまである。市場のもう一つの側面として、マネージャーや販売員は、さまざまなマーケティング活動がいかに消費者を惑わせ、害を与え、そっぽを向かせてしまうのか、そして、それが企業の評判を損ねたり個人のキャリアを台無しにしてしまうかを理解しようと努めてきた。彼らは、故意にあるいは未必の故意によって、欺瞞的なマーケティングを実践するか否かについて考える。消費者をだまさないようにするにはどうすればよいか、一生懸命に考えを巡らすこともある。

マーケティング担当者は、消費者が受け入れ、喜ぶような欺瞞（エンターテインメント、コメディ、ドラマ、物語、視覚効果など）を提供することと、消費者や競争相手の害になる可能性がある欺瞞を避けることとの境界線上で仕事をしている。研究の観点からすれば、この境界線は、検討に値する興味深い行動領域である。タブーとなっている欺瞞と価値ある欺瞞の間の境界が曖昧であることは、マーケティング担当者や消費者がどのように両者を区別するかに影響を及ぼすのだろうか。消費者は、いかに両者を分類して、うまく自己防衛するのだろうか。二つの欺瞞の境界が曖昧であることは、職業上、消費者が切望する価値ある欺瞞経験を創り出すことと、個人の購買決定を誤らせる欺瞞を極力避けようとすることとの狭間で考えを巡らさなければならない人々に、どのような影響を与えるのだろうか。

われわれは、消費者が小説をむさぼり読んだり、映画や演劇に夢中になるなど、しばしば欺瞞を求める行動をとることを認識している。また、欺瞞は芸術やエンターテインメントの欠かせない一面であることも確かである。この文脈では、消費者は登場人物が互いにだましたりだまされたりするドラマだけでなく、著作者が巧みに自分たち読者をだますことを評価したり楽しんだりする。こうした経験を通じて、読者や観衆は、登場人物の心や行為の中で欺瞞がどのように理解されて実行されているのかを学ぶのである。市場も、欺瞞の摘発（警察の取り調べ）や欺瞞のスキル（弁護士、広告制作のプロ、医師）におけるプロのサービスを購買する機会を提供してくれる。このような状況においては、欺瞞のレベルとタイプに関して難しい問題が発生する。すなわち、一方では、買い手が望んだり望まなかったりする欺瞞のレベルとタイプがあり、他方では、いかに欺瞞を用いて、あるいは用いずに効果的にサービスを提供したらよいかに関する提供者の側の見解が存在するのである。このような種類のプロのサービスを提供することは、演劇に類似したものとして捉えることができる。すなわち、買い手が望んだり必要とする欺瞞のレベルやタイプと、提供者がサービスをうまく提供するのに不可欠だと考える欺瞞のレベルやタイプの間に、緊張と交渉、そして誤解とズレが認められるのである。

本書では、現代の消費者が日々直面するさまざまなタイプの欺瞞を、どのように見抜き、無力化し、そしてそれに抵抗するかが検討される。具体的には、以下の諸点が含まれる。

（1）明確に述べずに何かを暗に示すために、単語を入念に選択したり散文テキストを構成する欺瞞

（2）写真、ビデオ、その他の視覚表現を、戦略的にデジタル変換すること

（3）数値情報や計算、統計情報や研究結果による不当表示
（4）巧妙な情報削除、隠蔽、カモフラージュ、不明瞭化
（5）ディストラクション（注意放散）や情報過剰の戦略的使用
（6）効果を増すため欺瞞に頼る説得技法を使用すること、および、消費者の警戒や疑念を低めるために欺瞞に加えて堕落的な説得戦術を使用すること
（7）消費者との友人関係や共通の関心を築くための行為
（8）販売やサービス提供の場面で、欺瞞の感情を表出すること
（9）比較、リスク情報、意思決定課題の不完全なまたは誤解を招くような構成
（10）情報探索や製品使用に関する不適切な教示
（11）ブランドの模倣や巧妙な広告の混同
（12）ブランドの特性やイメージの捏造
（13）映画、テレビ番組、ウェブサイトにおけるプロダクト・プレイスメント*の偽装
（14）雇用した一般人を日常的な消費者であるかのように偽装し、いわゆる便乗宣伝（アンブッシュ・マーケティング）**、ゲリラ・マーケティング***を行うこと
（15）誇張、絶賛、マーケティングにおける戯言（bullshit）
（16）製品の属性や使用結果に関する露骨で見え透いた嘘

*　広告とわからないようにして、映画やテレビ番組の中に特定の商品を絡ませる広告手法。

**　スポーツイベントなどで、スポンサー料を払わずに自社の製品をそのイベントと結びつけること。

***　資金や人材が乏しい起業家や中小企業が効率的に利益を得るためにC・レヴィンソンによって考案されたマーケティング手法。顧客の心に強い印象を残すことによって安定した関係性を築くことが目標とされる。

市場における欺瞞の問題が非常に重要なのは、医療、金融、住宅など社会的に重要な市場も含めて、いたるところで人々が欺瞞や詐欺を目にすることによって、社会全体における不信感が増大してしまうからである。消費者がだまされないために自己防衛しようとしても、そのスキルや資源には限界がある。一方、現代のマーケティング企業は潤沢な資源と専門性を誇っている。このような不均衡があることに人々が気づくと、不信感にさらに拍車がかかることになる。さらに、一般社会で起きるその他の出来事、たとえば、国の指導者や政治家候補が嘘を言ったりだましたりする光景を人々が目の当たりにしたり、世界規模のインターネットの登場によって個人のプライバシー侵害の危険が増したりすることによって、市場における欺瞞に対して人々が感じる脅威はより強いものになると考えられる。

## 惑わすこととだますこと——市場における欺瞞を定義する

「欺瞞」(deception) とか「欺瞞的」(deceptive) という概念は曖昧で、社会-文化的に構成されたものである。欺瞞の概念は文化によって異なるし、一つの文化の中でも時代によって異なる。本項では、西欧の学界、米国の法曹界、プロの欺瞞プランナーの視点からこれらの概念の定義について検討する。まず、マシップ、ガリド、ヘレロ (Masip et al. 2004) は、社会科学の研究論文の中からさまざまな欺瞞の定義を徹底的に精査し、それに基づいて統合的な定義を提案した。すなわち、欺瞞とは「成功するか否かに拘わらず、送り手が誤りと考えている信念を、(誰かの中に) 創り出したり持続させたりするために、事実や感情的情報を言語的手段や非言語的手段によって隠蔽したり、捏造したり、その他のやり方で操作しようとする入念な企てである」というものである。この定義は、送り手の意図と事前の信念という考えを取り入れている。以下では、実社会の市場における欺瞞に適用できるように、マシップらによる定義をいくつかの点でより厳密に考察する。

第一に、社会科学全般の定義の中に「意図的な」欺瞞や「入念な」欺瞞という概念を含めると、故意でない欺瞞や無知による欺瞞、それに、「真実」を上手に入手したり、記憶したり、伝えることができない場合の欺瞞を例外として認めてしまう点が問題となる。確かに、一般の議論においては、意識して意図的に行う真の欺瞞と、故意でない欺瞞や非意図的な欺瞞を区別することが多い。たいていの場合、こうした区別は、自分が言ったこと、見せたこと、暗に示したものが実際には間違いであることを知らなかった人たちを除外するためのものである。たとえば、この見解に基づけば、子どもや青年が実際にやったことや見た内容を誤って記憶したり報告したりする場合、欺瞞を行ったとは見なさないことになる。ここで問題にされるのは、人間は欺瞞を避けるために最善を尽くそうとしている場合でさえも、意図せずに欺瞞的に行動してしまうことがあるという点である。われわれの立場では、このような弁解は、市場における欺瞞には適用されない。

市場のコミュニケーションにおいては、あらゆる欺瞞は意図的なものである。それらは、意識的に立案され、デザインされ、コミュニケーションのプロによって実行に移される。われわれの考えでは、マーケティング担当者は、消費者を惑わせたり欺いたりする可能性があるすべての行為および非行為に対して常に責任がある。マーケティング担当者は、自らのマーケティング活動が欺瞞的なものになるかどうかについて理解を深めるのに必要な資源と専門性をもち合わせているのである。したがって、マーケティング担当者が欺瞞を用いないように「最善を尽くす」ためには、自分たちの行為あるいは非行為が、いつ、どのように人々に誤解を与えるかを理解する立場にあることを自ら知る必要がある。このステップを踏むことによって、マーケティング担当者は、消費者をだましたいというのでなければ、消費者を惑わせないために自らの行為をコントロールできるのである。

マシップらの研究グループの定義で次に再検討すべきなのは、送り手がその信念を欺瞞だと見なしていなければならないという要件である。日常生活における一般の人々の欺瞞の場合には、自分が何か言うときに、いちいちその妥当性について十分に注意することが期待できないのは確かである。しかし、市場においては、消費者に促す信念が誤りかもしれないという「疑念」が少しでもマーケティング担当者にあればそのマーケティング担当者に責任があること、そして、マーケティング担当者は自分たちの表現が誤解や不正確な信念を生み出す可能性があることを知るべきである、というのがより良い基準といえるであろう。マーケティング担当者は、自らの言明の妥当性について、また、その言明がいかに消費者を惑わせる可能性があるかについて十分に知るための資源、時間、専門性をもっている。したがって、悪意、怠慢、無謀、不注意によって生じる欺瞞について、責任をもつべきなのである。

最後に、市場以外の社会科学の領域では、欺瞞は、広範囲にわたる取るに足らない、害のないコミュニケーションを含むように定義されるのが普通である。人々の信念や感情、あるいは自叙などに関して日常的に他者との間で交わされる「小さな嘘」とでも言えるものがこれにあたる（DePaulo et al. 2003）。たとえば、二つの研究で、参加者は注意深く日記をつけるように求められた。すると、大学生の場合は他者との相互作用三回につき約一回は嘘をついていた。もっと大きなコミュニティから選ばれた参加者の場合には、五回の相互作用につき一回、嘘をついていた（DePaulo et al. 1996）。こういった嘘は、主として個人の感情、信念、業績、過去の行動、将来の計画、目下の居所などに関する自己呈示的な言明であった。これらの研究では、日常的な会話における一般の人々の嘘を扱った他の研究と同様、個人の内的感情を不正確に伝えることが欺瞞の定義に含まれていた。たとえば、少し緊張して調子が悪いのに気分は良好と言ったり、本当はある人を好きではないのに好きだと言うような場合である。さらに、日々の社会生活の中では、人のコミュニケーション能力の信頼性には限りがあることから、結果として「不意の」欺瞞が生み出されることがある。人は、こうした些細な嘘を入念に作り上げたり、考え直したり、リハーサルしたり、事前テストをしたりするわけではない。この場合は、話し手が単に明確で適切な、嘘のないメッセージをうまく作り上げることができないがゆえに、メッセージの受け手はしばしば間違った方向に導かれたり、惑わされてしまうことになる。日常的なやり取りにおいては、欺瞞とコミュニケーション能力の欠如が混同されていることが多いのである。しかし、情報が誤って伝達されるのは些細なことだとか、送り手の能力に限界があるとかいう話は、メッセージがプロによって作られ伝達される市場に関しては適用されない。これがわれわれの立場である。

## 法律的な定義

商業言論――これにはすべてのマーケティング・コミュニケーションが含まれる――における欺瞞性は、米国におけるいかなる形態の言語よりも厳密に定義され、規制されている。そのために、専門的なマーケティング会社は、法律の専門家をコンサルタントとして雇ったり外部契約したりして、専門的、法的な観点から欺瞞となる可能性を洗い出す作業をしていることが多い。また、欺瞞に関する法律や判例の解釈について助言する法律コンサルティング・サービスも存在する。多くの社会科学者は、欺瞞に関して法の及ぶ部分がいかに幅広く解釈できるとされているかを知って驚くと思う。実際、法的な観点というのは、欺瞞行動に関して多くの社会科学の研究がとっている観点に比べると、責任の割り振りについて包括的で厳格である。これは、市場における欺瞞が、消費者にとって、また、一般の公正な競争において、深刻で重大な結果を招く可能性が高いからである。米国の法律制度の中で提案されてきた市場における欺瞞のさまざまな定義は、いくつかの異なる目的を反映したものである。そうした目的の一つは、消費者保護のための規制である。そこで、まず連邦取引委員会（ＦＴＣ）による法的な定義を、検討の出発点としたい。ここでわれわれが法的な定義を検討するのは、それらが社会全体の考え方を浮かび上がらせてくれるからである。これらの定義は、長年積み重ねられてきた法学者、学識経験者、弁護士、規制当局者の議論を反映しているのである。

連邦取引委員会法は、不公正あるいは欺瞞的な商行為を「当該の状況で合理的に行為する消費者を惑わせたり、消費者に被害を及ぼす可能性がある表示、不作為、もしくは実践」(FTC 1984) と定義し、これらを禁じている。表示 (representation) という語は、異なる様相《モダリティ》(言葉、統計、画像、表情など) や戦術など、欺瞞的実践が伝達されるさまざまな手段を意味する。この定義では、不作為も欺瞞的であることが明確に指摘されている。「惑わせる可能性がある」という表現は、たとえ実際にはだまされている人がまだ誰もいなくても、その実践が欺瞞的とされることを示している。これは、欺瞞が証明された後に売り手を罰するのではなく、人々を守ることに焦点を合わせる姿勢と一致している。売り手の動機に一切言及しないので、この法律の下では、欺瞞が意図的であるかどうかを証明する必要がない。意図性の証明が必要となれば、欺瞞を取り締まったり起訴したりすることはさらに困難なものになってしまうだろう。

いかなる行為が欺瞞と見なされるかについての連邦取引委員会の方針は、現在の社会の見解に対しても重要な観点を提供してくれる (Richards & Preston 1992)。連邦取引委員会は、各委員は以下の行為を欺瞞とみなすだろうと述べている。すなわち、①マーケティング担当者による明らかな要求、②売り手が知っている、または知っているべき情報で、消費者が製品やサービスを評価するために必要な情報を表示しないこと、③売り手が知っている、あるいは知っているはずの主張が誤りであること、④(売り手が意図的に伝達したことが証明されている) 暗黙の主張、⑤健康や安全に関する不当表示や誤った情報、⑥製品の目的、安全性、効能、価格、耐久性、性能、保証、品質など製品の中心的な特性や、他の機関(調査・検査会社、アメリカ食品医薬品局〔FDA〕など) が製品について得た知見に関する不当表示あるいは誤った情報、である。さらに、連邦取引委員会の見解によると、マーケティングにおける不当表示は、それらが個人の購買以前の意思決定過程、実際の購買事象、そして製品を使用する際の購買後行動を左右するような消費者の重要な認知や行動に影響を与えれば、欺瞞にあたる。したがって、この見方によれば、以下のいずれかの消費者行動に影響を与える行為は、欺瞞的とみなされることになる。①情報探索活動——広告製品や他の競合製品に関する情報探索を中止する決定など ②考慮集合 (消費者が買ってもよいと思う商品群) の形成――すなわち、広告されている製品や他の製品について既に考えている事柄に基づいて、特定の製品を購買候補から外す決定　③重要かつ有用な評価基準――すなわち、どの製品属性について知りたいか、異なる属性についてどう重点をおくかに関する個人の判断　④使用に関する信念――すなわち、予見可能な使用条件、情報処理の限界、身体的スキルの下でどうしたら製品を効果的かつ安全に使用することができるかに関する信念　⑤購買時期の決定――たとえば、ある製品カテゴリーのいかなる製品も近い将来には購買しないという決定や、広告製品を急いで購買するという決定　⑥最後に残った二製品からの最終決定。

市場における欺瞞に関する学術文献の中では、これまで主に欺瞞的広告に焦点が当てられてきた。そして、法的な定義に倣ってはいるが、いくつかの点で異なる定義を生み出してきた。リチャーズ（Richards 2000）は、消費心理学者の手による定義と連邦取引委員会の見解との違いについて検討している。たとえば、ガードナー（Gardner 1975, p.42）が提案しているのは、次のような定義である。すなわち、「ある広告（あるいは広告キャンペーン）が、消費者が適度の知識をもっていれば普通は予想できるものではない印象あるいは信念を与え、かつ、その印象と信念の両方またはいずれか一方が実際に事実でなかったり誤解を招いたりする可能性があれば、欺瞞が存在すると考えられる」というものである。ガードナーは、欺瞞を三つのカテゴリーにまとめている。第一は「非良心的な嘘」であり、完全に誤りである主張がこれに含まれる。第二は「主張と事実の不一致」であり、その主張が適切に理解され評価されるには何らかの説明が必要な場合が含まれる。第三は「主張と信念の相互作用」であり、これには消費者の不正確な推論が、彼らが以前からもっていた信念に基づく場合が含まれる。このガードナーの定義では、顕在的な欺瞞的言明や主張に焦点があてられており、多数の欺瞞的戦術が除外される結果となっている。

ジャコビとホイヤー（Jacoby & Hoyer 1987）は、誤解を招く欺瞞的コミュニケーションを、「その言語的内容・デザイン・構造と、視覚的アートワークまたはそれが表現される文脈の両方あるいは一方によって、関連する代表的な消費者集団のn％（決められた数値を挿入）が、広告された製品、ブランド、あるいはサービスについて（中略）不正確で不当な、共通する印象ないし信念をもつようになるもの」と記述することによって、欺瞞の境界を拡張した。この定義は、裁判における法的証明のためには欺瞞の操作的定義に基づく測定が必要になるのではないかという懸念を反映したものである。また、この定義では因果関係が明記されているので、不正確な信念を形成させる原因が他にある可能性を排除するためには検証手続きを精緻化する必要が出てくる。さらに、この定義は、誤りに導かれる消費者の人数について、（特定はされていないが）それを超えたら欺瞞であるという基準が必要だという考えや、そうした誤りに導かれるのは「関連をもつ」消費者であるという考えを支持している。消費者が共通して誤った印象をもつという規定は、法律的な欺瞞と偶然による理解の誤りとを区別するものである。また、こうした規定の仕方によって、大多数の消費者が共通して誤解するケースが除外されるというよりもむしろ、マーケティングにおけるプレゼンテーションが生み出す多種多様な誤解のケースが除外されてしまうと考えられる。

しかし、法律的な定義について評価すべき最も重要な事柄は、実際の訴訟手続きにおいては、欺瞞というものに対する人間の判断に大幅に依存する手続きがとられる、ということである。実証的に妥当な検証手続きを好む研究者もいるが、この場合には、法で定めた規約が欺瞞となり得る範囲の行為を定義し、裁判官、陪審員、弁護士、鑑定人、連邦取引委員会の委員が、マーケティング担当者の特定の行為が欺瞞的であるか否かを決定することができるのである。したがって、たいていの場合、ある事例を不法な、制裁に値する、許すことができないマーケティング・コミュニケーションだと規定するのは、文化的に学習された欺瞞の素人理論*、もしくはメンタルモデルなのである。また、連邦取引委員会の広範な見解は、過去三〇年以上にわたり、政府機関の法制化過程に消費行動研究者が積極的に参加するようになったことを示すものでもある。そして、彼らが参加することは、この非常に重要な領域において、人間の判断や社会的認知に関する主要な研究によって、欺瞞ができる限り現実的に解釈されることを保証することになるのである。

## 市場における欺瞞は説得である

市場における説得は必ずしも欺瞞を含むとは限らないが、市場における欺瞞はすべて説得のために行われる。市場における欺瞞は本質的に説得であり（Miller & Stiff 1988）、常にマーケティング担当者の説得目標を達成するための手段である。消費者の信念に影響を与えること自体を純粋に目標にして行われることはないし、単に楽しませたり、びっくりさせるためだけに行われることもない。市場における欺瞞が人々の注意を引いたり、ある心の状態や感情状態を作り上げることを求めるのは確かであるが、最終的な目標は常に説得である。欺瞞は広範な包括的説得、社会的な影響戦略である。説得のいかなる行為や方略も、欺瞞の側面を伴う可能性がある。それらは、あるメッセージやキャンペーンのどこかで実行される欺瞞の成功を後押しするために、「欺瞞の共犯者」として使うことが可能である。しかし、社会的影響について書かれた著名な書籍を何冊か調べたところ、説得の決定的な特徴として、あるいは説得方略の本質的な種類として欺瞞に言及しているものはほとんどなかった。同様に、日常の社会生活における欺瞞の理論にも数多くあたってみたが、著名な説得理論の中で欺瞞に言及したり理論的統合を試みているものはわずかだった。説得理論の中にそのような試みが乏しいのは、当初、欺瞞の研究が個人間の日常会話で見られる小さな即席の嘘に強く焦点を合わせていたために、欺瞞を説得と考えるのは余りに形式的でそぐわないと考えられたからであろう。

しかし、われわれは、このように欺瞞研究と説得研究が歴史的に分断されてしまったのは、社会科学の中で専

---

＊ 科学的に検証されていないが一般には因果判断に用いられている考え方。

門化が進んだことと、それと相まって、影響力ある初期の研究の流れが各領域の話題の方向性を導いたことによるものと考えている。たとえば、草分け的な欺瞞研究者たちは（たとえばEkman & Friesen 1969）、説得の社会心理学という視点からアプローチすることはなかったし、それが彼らの強みでも専門でもなかった。また、彼らが最初に関心をもったのは、表情など内的感情のシグナルであった。同様に、態度変化の理論は、欺瞞性（対・非欺瞞性）が理論的関心となるような方法で理論化されることはなかった。実際には、説得の科学は、大部分、欺瞞的説得の科学なのである。実験室における研究は、説得の心理について多くの実証的証拠を提供してきた。そして、とりわけ社会心理学や消費者行動の研究者によって実験室で実施されてきた説得研究では、説得戦術に不可欠であるメッセージ内容や文脈に関する情報が、研究者によって加工されたり、あるいは架空のものが作り上げられ、これらが実験参加者に提示された。研究者が作り上げた現実の中でそれぞれの役回りを演じる行為者と詐欺師の真の目標は、隠されるか、偽って伝えられた。こうした実験では、刺激となるメッセージに含まれる言明が真実であるかどうかには、ほとんど関心がもたれない。なぜなら、これらのメッセージは、研究者が注目する構成概念をうまく操作できるように創り上げられたものに過ぎないからである。代表的な欺瞞の研究者であるデポーロら（DePaulo et al. 2003）は、搾取的な欺瞞について次のように述べている。「われわれは、優れた実験社会心理学者のスキルは、詐欺師やペテン師のスキルと類似していると考えている。彼らは、人が引き込まれるような現実を大学の実験室の中に作り出した上で、そこに実験参加者を招き入れ、演技が本物かどうか問いかける時間もないほど参加者をそのショーに深く関わらせるのである」（p.402）。われわれは、研究目的のためにこの種の欺瞞を使用することを批判しているのではない。しかし、実験室で説得の実験が行われる場合、現実に研究されているのは本質的には欺瞞的説得であることを理解しておくことは重要である。

## 文脈に組み込まれる欺瞞

ある行為が欺瞞的であるかどうかは、その行為が組み込まれているコミュニケーション文脈全体の中で評価されなくてはならない。行為の中には、広範囲にわたる文脈や聴衆に対して欺瞞的なものもある。しかし、ある行為が現実世界のコミュニケーション文脈から取り出されたときに、それ自体は本質的に欺瞞的でもなく誤解を招くものでもなくても、マーケティング担当者がそれを使用したり消費者が遭遇したりする特定のコミュニケーション文脈においては、欺瞞的なものになる可能性がある。たとえば、それ自体は明確であり、他のメッセージ要素や外部のディストラクションと分離すれば正確に解釈できる言語的メッセージであっても、ペースが速く情報負荷の高いテレマーケティングやテレビコマーシャルの中の無関連な情報に埋め込まれれば、欺瞞的になり人を誤らせることは十分にあり得る。したがって、ある行為を文脈から切り離して検討する（たとえば、目立つ活字で印刷した文章メッセージを消費者に示して何度も読んで考えてもらった後で、その意味を理解したかどうか尋ねる実験を行う場合、実際にはそのメッセージをテレマーケティングの電話のように大量の情報の一部として音声で提示したり、テレビコマーシャルの中に小さな文字で埋め込んで一瞬画面に映し出したりする）ことは、マーケティング担当者の実際の行為が欺瞞的かどうかを判断するにはあまり意味がないであろう。

いかに全体的な文脈が重要かを示すもう一つの例を挙げてみよう。正直に実行された説得戦術（たとえば、某医学博士が自分の家族のためにXという薬を処方するという言明）であっても、それと同じメッセージを、隠蔽、不当表示、省略といった欺瞞を強めるように提示することもできる。ブラーとバーグーン（Buller & Burgoon 1994）は、日常における欺瞞の場合でも、嘘をつく人は単一の嘘に頼るのではなく、補助的な嘘を並べて核となる嘘をもっともらしく見せたり誠実な人間という印象を強めたりするというように、いくつかの嘘をうまく組み合わせて使うことを指摘している。欺瞞は文脈から切り離された単一の行為以上のものであるという考えは、市場における欺瞞を理解するうえで不可欠なものである。

## 欺瞞の担い手による定義——ターゲットが欺瞞だと知覚するなら欺瞞である

欺瞞の担い手が欺瞞をいかに実践するかについての説得力ある説明が、国防総省に提出された驚くべき文書の中に書かれている。この論文の中で、コーエンら（Cohen et al. 2001）は、軍情報部や国防の領域における秘密の軍事行動の領域で、欺瞞の計画の立案と実行には認知心理学に精通したブレーンがあたることがいかに必要かを説いている。コーエンら（2001）は、社会科学者や法学者とは異なる観点から欺瞞を定義している。彼らの定義は、以下のように、非常に現実的な欺瞞実行者という観点から、欺瞞を厳密に眺めたものである。「欺瞞とは、一群のターゲットが、もし彼らがそうと知っていれば行わないであろう（実行者が望む）方向に行動する可能性を高めるための一連の行為である」。この定義では、「もし彼らがその行為を知っていれば」という部分が重要な意味をもつ。すなわち、欺瞞的行為やその意図をターゲットがどのように知覚するかを強調しているのである。もしターゲットが自らの思考過程や第三者からの情報によって、担い手の単一の行為もしくは一連の行為が「欺瞞的」だと考えたり疑念を抱いたりすれば、そのことが欺瞞の意図された効果を骨抜きにし、担い手による全体的な説得の試みを弱体化ないし無きに等しいものにしてしまうことになる。この場合、ターゲットがある行為を欺瞞的と知覚すれば、その行為は欺瞞的とされる。そして、実行者がどのような行為を行っても、ターゲットのそうした解釈が、その行為に対するターゲットの反応を変容させることになる。

この非常に実際的な観点をスパイの世界から消費者行動の世界に拡張してみると、説得することに夢中になっているプロのマーケティング担当者がどのように考えるか、その挑戦的な姿が見えてくる。このシナリオでは、マーケティング担当者は、マーケティングの説得目標をうまく達成するためには、自分が決して疑われてはならない、決して見抜かれてはならない、そして、とにかく欺瞞全体を何とか成し遂げなければならない（すなわち、目的とする変容された現実を、ターゲットとなる消費者に確実に受け入れさせる）と考えている。説得に成功することが最重要の目標であるなら、ターゲットによって欺瞞的と知覚される行為は、説得の企画者によって欺瞞であると定義されなければならない。なぜなら、知覚された欺瞞は、消費者の頭の中では「見つけられた」欺瞞となるからである。消費者の知覚が説得に関連した行為に特別な意味を与え、そしてそれが説得の試みの心理学を変えるのである（Friestad & Wright 1994 を参照）。そのような解釈は、マーケティングの表示の説得的な力を弱体化させたり失わせたりすることができる。この観点が含意するところは、説得の立案者にとって、欺瞞的説得の試みとして何を含めるか判断する際には、ターゲットの消費者が合理的に欺瞞と解釈しうるものは欺瞞として扱わねばならないということである。

この欺瞞の定義は、ターゲットとなる消費者が抱く欺瞞についての信念を強調し、強力なパワーをもつ位置にその信念を高めている。そうした信念が、欺瞞の実行者が試みる説得が効果をもつか否かに強い影響を与えると考えられるからである。この場合、送り手側の行為が社会科学者、裁判官、規制当局者による欺瞞の定義に従っているかどうかは重要ではない。結局のところ重要なのは、送り手が欺瞞を試みていたという消費者の信念によって、ターゲットとなる消費者に対して意図された行為の効果が損なわれるという点である。これは、欺瞞の道具的効果という観点からの非常に実際的な定義である。知覚された欺瞞性は、市場における欺瞞の場合、重要な問題である。マーケティング担当者による行為を知覚した消費者が、それを欺瞞の試みとして扱うかどうかを自ら判断するのである。研究者が強く関心を抱くのは、そうした判断を生み出す認知過程であり、そして他の文脈（たとえば、犯罪捜査や国防）においては使用されてきた欺瞞検出の技術や特化された定義ないし公式の欺瞞 - 検出のセキュリティ・システムなどによらずに、背信行為に気付いた個々の消費者が、それらに対して自分なりの罰を与えるまでの過程である。したがって、コーエンらが指摘しているように、善意のマーケティング担当者であっても、自分なりの欺瞞検出ルールを適用する個々の消費者に対しては、自分たちが欺瞞的に行為するような様子を見せることさえ避けるように注意しなければならないのである。

## 倫理と道徳

市場における欺瞞の分析を複雑にしている原因の一つは、一般的に、欺瞞性それ自体は本質的に非倫理的、あるいは不道徳とは見なされていないことである。欺瞞に関する文献を読むと、欺瞞性と倫理性を混同している事例にしばしば出会う。しかし、あるコミュニケーション行為が欺瞞的であると判断したり信じたりすることは、その行為が非倫理的と判断したり信じたりすることとは異なる。学究的世界の中でも外でも、欺瞞は「ターゲットにとって一番の利益になる」という良い目的のために使われうるとか、誰かを欺いて何かをさせても、結局それが相手のためになれば道徳的（少なくとも不道徳ではない）だとか、欺瞞があるからこそ優しく協調的な人間関係が可能になるのであり、本当の意見や信念を何でも話してしまったらそのような関係を維持することはできない、などの議論がなされているからである。たとえば、権威ある著作『道徳発達ハンドブック』（Killen & Smetana 2006）では、子どもの道徳価値や信念体系の発達に関する研究が概観されているが、欺瞞をどのように学ぶかに関してはほとんど言及されていない。編者の一人にこの点について尋ねたところ、彼女は、道徳行動の研究者は欺瞞を本質的に不道徳なものとは考えていないと、きっぱりと答えた。欺瞞的な手段を目的が正当化する状況を想像することは、少なくともある倫理的信念システムにしたがえば比較的簡単なことである。たとえば、新薬を試しに使ってみることをためらっている人をだましてうまく使わせたとしても、その薬を使うことで実際に苦痛を和らげたり病気を治すことができ、使わなければ苦痛が持続し身体も衰弱してしまうのであれば、それは正当化できるし、倫理的であると思われる。しかし、われわれの考えでは、市場において企業が「消費者にとって一番の利益になる」から、あるいは良い意図をもちながら、消費者をだますということはない。現実の欺瞞は消費者を害し、公正な競争を害し、企業の価値を害し、企業文化を破壊するのである。また、意図的に欺瞞を使ったり、不注意で使ってしまったように見せかけることは、危険で、捨て鉢で、そして多くの場合、まずい発想のマネジメント方略である。欺瞞的なマーケティングに頼ることは、知的なマネジメント、真の革新、長期的展望がないことの証である。

## 市場における欺瞞は社会的欺瞞の特殊な領域である

混乱した二一世紀の市場でうまくやっていくには、人はマーケティング担当者が使用する方略の詳細や、市場における意思決定という実社会での課題環境を考慮に入れなければならない。われわれは、市場における欺瞞は、それ自体、非常に複雑な領域を構成しており、他の文脈における欺瞞とは異なる研究テーマとして追求すべきだと考える。市場への参加者や観察者は、多様な思考世界によって隔てられている。学歴、学問領域、専門教育によって、個人の価値システムや他集団のもつ価値によって、さらには、選択された職業によっても隔てられている。個人や集団は、市場における欺瞞という問題の限られた部分だけを、自分の専門、価値、職歴というフィルターを通して見ている。しかし、現代の市場は多様な文脈的特徴が絡み合う泥沼的状況であり、それぞれが異なるタイプのコミュニケーション・メディア、マーケティング手法、製品市場、意思決定問題をもっている。そして、ミース・ファン・デル・ローエ（Mies van der Rohe 1969）には申し訳ないが、細部においては神ではなく悪魔が存在するのである。たとえば、二〇歳の女性が、友人や求婚者の説得や欺瞞の策略にどのように立ち向かうか多くを学んだとしても、それだけでは巧みなテレマーケティング担当者、訓練された販売員、多くのメディアを用いたマーケティング・キャンペーンにうまく立ち向かえるということにはならない。今日の消費者にとっての大きな課題は、欺瞞的説得から自らを防衛するときに、状況を越えてうまく適応しなければならないことである。同じ欺瞞からの自己防衛でも、高校の友だちや、ありふれた職場環境で効果的であったものが、プロのマーケティング担当者の策略に対して効果があるとは限らない。われわれは、本書を通じて、市場における欺瞞という独特な環境を浮き彫りにしたいと思う。そうすることで、他の文脈（たとえば、知人同士の自叙的欺瞞、目撃者の報告、犯罪容疑者の尋問、法廷での審理、企業の財務報告の監査）における欺瞞的説得に関する研究が現代の市場というものに適用できるのか否か、そして、市場における欺瞞に関する将来の研究がどの方向に進むべきか、そういったことを理解するのに役立つはずである。

## 市場における欺瞞を検討する枠組み

この節では、基本的な一般的枠組みを提示するが、これが読者の方々に、市場における欺瞞という現象の体系的な概観を提供することになればと思う。この枠組みは、市場における欺瞞の一般理論とかモデルというわけではない。そうしたものを構築するには時期尚早であり、ここでは、市場における欺瞞の完璧な理論が、究極的にどのような事を説明できなければならないかを述べるにとどめたい。市場における欺瞞の研究は探求すべき重要な領域であり、研究プロジェクトを立ち上げる価値が十分にある。それは、われわれの思考を刺激してくれる具体的な、なじみ深い、重要な、よく定義された、そして詳細な現実世界の文脈を提供してくれるのである。また、消費者、教育者、経営者、市場を理解しそれに介入しようと努める規制当局者に対して、実践的価値のある洞察をもたらす。したがって、市場における欺瞞の概念的枠組みは、以下の要因を含む必要がある。

まず、われわれは、究極的にはマーケティング立案者が欺瞞についてどのように考えるかを説明しなければならない。すなわち、信念体系（belief system）、学習経験、獲得されたスキル、判断過程、個人的および職業的価値観、組織文化、および状況的な諸条件が、マーケティング管理者やそれを支える人たちが消費者をだましたり戸惑わせたりする試みを立案ないし実行するとき、あるいは、消費者がだまされないように適切な予防処置を計画する（またはそれを怠る）ときに、どのような影響を及ぼすかを説明しなければならないのである。完全な理論は、市場の制度や社会の価値観がマーケティング担当者の欺瞞関連行為をいかに形成するかを説明する必要がある。米国では社会の価値観が、公正で活気のある競争を促進し、言論の自由を保護し、消費者の選択を推進し、消費者の安全を守るシステムを創り上げている。米国において、市場における欺瞞を規制する制度は連邦規程によって定められており、これら四つの目標を、それらが互いに相容れない場合でも達成しようとする社会の試みを反映している。第二に、完全な理論は、信念体系、学習経験、獲得されたスキル、判断過程、価値、状況的な諸条件が、マーケティング担当者の欺瞞的説得の試みから消費者が自らを守るときにどのような影響を及ぼすのか、また、消費者が欺瞞への自己防衛をうまく働かせて、市場でのさまざまな決定を成功させるときにどのような影響を及ぼすのかを説明しなければならない。第三に、市場における欺瞞の影響から消費者を保護する達成水準が、規制機関、コミュニケーション技術とメディア、消費者教育のプログラム、大衆文化、経済システム、関連する文化的価値観によってどのように促進あるいは疎外されるのかを説明しなければならない。最後に、市場における欺瞞の理論は、以上すべてが、社会や経済にいかなる影響を及ぼすかを扱わなければならない。社会のレベルでは、市場における欺瞞が蔓延すると、おそらく社会のあらゆる領域において社会的信頼が蝕まれることになるであろう。何も信じることができない市場は、競争相手よりも優れた製品を売り出したマーケティング担当者に報いることもできない。欺瞞は、個々の消費者のレベルで不信を生みだすだけではない。別のレベルにおいては、ある企業が市場における欺瞞に頼ったり、それを容認したり、それに報償を与えたりすることは、企業内部の従業員間の信頼に影響するだろうし、ひいては企業文化全体に影響を及ぼすことになるだろう。

## 本書が扱う範囲

本書は、百科事典のように諸研究を概観するものではない。むしろ、異なる研究領域の理論や研究を選び出して、それらを分析したり組み合わせることを試みる。そうすることが、さまざまな形態で市場における欺瞞を理解したり研究したりするのに役立つと考えるからである。本書では、具体的には以下の諸点について検討する。


⦿マーケティング・コミュニケーションを欺瞞的にするものは何なのか。

⦿欺瞞的説得戦術の根底にある心理的過程は何か。

⦿マーケティング責任者は、マーケティング・キャンペーンを立案するとき、欺瞞を防いだり実践したりすることをどのように決定するのか。

⦿マーケティング担当者の欺瞞戦術を認識し効果的に対処するために、消費者はどのようなスキルを学ぶ必要があるのか。

⦿欺瞞的な説得の試みを人々がどのように検出し、無力化し、対抗するかについて、これまでの研究で何がわかっているか。

⦿市場における欺瞞防衛スキルを青年や成人にどのように教育したらよいかについて、これまでの研究は何を示唆しているか。

⦿青年、成人、高齢者を対象に教育を行う人は、受講生たちがマーケティング担当者の欺瞞的説得を見抜き、無力化し、対抗する自己防衛スキルを獲得するための教材や学習環境を形作るときに、何を理解しておくべきか。

⊙消費者行動の研究者やその他の社会科学者は、人々が欺瞞的なマーケティング戦術の問題を理解するうえでいかなる役割を果たすことができるか。
⊙特に、刺激的な研究としてどのようなものがあるか。

具体的には、第2章において、行動科学者が欺瞞的説得の過程をどのように理論化してきたかを検討する。第3章と第4章では、他の研究者が、そしてわれわれが本書を執筆する中で同定した欺瞞戦術のタイプについて議論する。第5章では、戦略的欺瞞についてプロの欺瞞実行者がどのように考えているかを、彼らが残した文章や、彼らが実践した事柄の分析に基づいて吟味する。第6章では、一般の人々が、指導や訓練プログラムの恩恵を受けることなしに、欺瞞防衛にどのように心理的に対処するかを検討する。第7章では、消費者が獲得すべき欺瞞防衛スキルのタイプについて論じる。第8章では、子どもや青年が欺瞞防衛スキルをどのように発達させるかに影響を与える学習と認知発達の過程、および、欺瞞防衛スキルの学習を困難にさせる問題について考える。第9章では、研究者がさまざまな指導手続きを考案して公式化し、それが消費者の欺瞞防衛行動に及ぼす効果を検証した研究について、検討を加える。第10章では、規制当局が直面する最前線の問題である消費者の欺瞞防衛プログラムに関連する研究の必要性と機会、および、市場における欺瞞の実践がマーケティング担当者、マーケティング一般、そして社会文化的な環境全体への信頼に及ぼす影響について検討する。

# 第2章　欺瞞的説得の理論的視点

市場における欺瞞についての理解を容易にするために、ここではまず、欺瞞に関する一般理論が提供してくれる観点を見ていくことにしたい。すなわち、アノーリ、バルコーニ、キケリ（Anolli et al. 2002）の欺瞞的ミスコミュニケーション理論、ブラーとバーグーン（Buller and Burgoon 1996）の対人的欺瞞の理論、コーエンら（Cohen et al. 2001）による欺瞞の枠組み、デポーロら（DePaulo et al. 2003）による日常的な欺瞞に関する自己呈示的な観点、エクマンとフリーセン（Ekman & Friesen 1992）の欺瞞手がかりの理論、ジョンソンら（Johnson et al. 1993; Grazioli 2006）の敵対的欺瞞（adversarial deception）の情報処理理論、マコーナック（McCornack 1992）の情報操作理論、そして経済学者によるゲーム理論モデル（Ettinger & Jehiel 2007; Gneezy 2005）である。これらは、市場における欺瞞の領域に多かれ少なかれ適用可能な洞察を提供してくれる。しかし、これらの説明の多くは、一般の人々の会話における日常的な個人間の欺瞞を扱うものであり、消費者の重要な購買決定に影響するプロによる組織的な欺瞞キャンペーンという、市場の領域への関連性という点では限界がある。

欺瞞は説得と考えることができるので、説得や社会的認知に関する現代の理論が欺瞞的説得について示唆することも検討することにしたい。たとえば、説得の二過程理論（Chaiken 1987; Petty & Wegener 1999）、社会的影響の原理や戦術（Cialdini 2001; Pratkanis 2008）、説得に関する一般の人の知識（Friestad & Wright 1994, 1995）、メタ認知的な社会的判断（Petty et al. 2007）、自己防護動機（Block & Keller 1998; Higgins 1987; Rogers 1993）、だまされることへの反感（Campbell 1995; Vohs et al. 2007）である。

## 欺瞞理論

欺瞞を理論化しようとする初期の研究では、個人間の会話における日常的な欺瞞が検討された。すなわち、だます人が個人の内的世界や過去の行動について話をする際の欺瞞である（Zuckerman et al. 1981; Ekman 1992; Buller & Burgoon 1996; DePaulo et al. 2003; McCornack 1992）。これらの欺瞞は、嘘をつく人の個人的感情、態度、信念、将来の計画、自叙に関連している。すなわち、過去のさまざまな機会に自分がやった、見た、言った、考えたとか、いつどこにいたという主張や、過去の業績に関する主張である。これらの研究では、日常的な個人間の嘘における手がかりや、嘘発見に関する素人理論に焦点があてられた。一般の人は嘘を見抜くときにどのような手がかりを使うのか、それらはどの程度正確なのか、という問題である。日常的な嘘を扱うこの領域では、嘘は、その場で構成され、実行される。準備なしの、パッケージされていない、リハーサルなしの小さな嘘である。人々は、そのときの個人的な利害に合わせて、そのような嘘をつくのである。たとえば、自分自身をよく思いたい、自分が考えている以上に高潔で、洗練されていて、好ましいように見せたい、他者や自分自身を落胆、争い、感情の傷つきから守りたい、などである。嘘をつく人もつかれる人も、こうした小さな嘘を取るに足らないものと考えている。人々は、そうした嘘を言うことで苦痛を感じることはほとんどないし、嘘をつく前に時間をかけて計画を練ることもないし、嘘がばれないか心配することもない（DePaulo et al. 2003）。

日常的な嘘にスポットライトをあてる理由は、これらの些細な個人間の嘘が、人々の生活に満ちている欺瞞経験の大部分だからである。誰でも、こうしたタイプの嘘をいつでもつくし、誰でも他者のこうした嘘に対処しなければならないのである。デポーロら（2003）も、印象深い展望論文の中で、同じような考えを表明している。彼らは、物質的利益を得ようとして自分が嘘をついたり、物質的利益を得る目的の他者の嘘に対処しなければならない機会などはほんのわずかだと考えているのである。しかし、われわれの立場はこれとは違っていて、市場における欺瞞は人々の欺瞞経験のなかでも非常に重要な部分であり、欺瞞を国民の隅々にまで伝達してしまう。そして、それらの欺瞞は、人々の健康、安全、経済的選択に影響を及ぼしうるのである。

日常的な欺瞞の初期の理論化においては、エクマンとフリーセン（Ekman & Friesen 1969）が、嘘をつく人が隠そうとしても出してしまう「漏出手がかり」を強調した。これは、嘘をつく人自身が経験している内的感情を外部に伝えている可能性がある手がかりである。彼らが主として焦点をあてたのは、嘘や隠蔽の経験と正直な会話を見分けられそうな表情であった。同様に、ザッカーマンら（Zuckerman et al. 1981）は、嘘をついているときとついていないときで、思考、感情、心理過程がどのように異なるかを調べたところ、嘘をついているときのほうが生理的喚起、罪悪感、不安が高く、心理過程が複雑だった。エクマン（Ekman 1992）は、嘘をついているときの感情の役割にもっと焦点を合わせた。たとえば、彼は、嘘をつく人の露見への懸念、罪悪感、「だましの喜び」に伴う興奮、ごまかしの表情を調べた。ブラーとバーグーン（1996）は、内的感情に加えて、ギブ・アンド・テイクや適応を必要とする社会的相互作用のストレスとダイナミクスを強調した。彼らが強調したのは、嘘をつく人が相手の反応をよく観察し、それに応じて伝え方を調整することで会話をよりコントロールすることができれば、気持ちも落ち着き、最初の不快感やぎこちなさは次第に消失する、という点であった。そして、嘘をつく人の期待、動機づけ、ターゲット（嘘をつく相手）との関係、ターゲットの全般的な疑念などが相互に影響し合うという、日常の嘘や嘘発見の現実的な、しかし複雑な見方を導入した。

デポーロら（2003）は、日常的な嘘の自己呈示的な見方を強調した。彼らは、内的自己や自叙的な詳細に関する嘘のかなりの事例が、自己呈示の目的のために行われていることに注目した。彼らは、効果的な自己呈示には、巧みな嘘に加えて、同じくらい巧みな真実の語りが必要とされることを指摘している。だからこそ、これまで研究されてきたタイプの欺瞞に関しては、そうした欺瞞を示す手がかりが非常に微弱であることが多くの実証的研究で明らかにされているのである。彼らは、日常会話に関して、欺瞞と真実をよりよく識別できると考えられる手がかりを五つ、理論的命題として導いた。嘘をつく人は、真実をいう人よりも「積極的でない」であろう（反応が遅い、詳細をあまり話さない）。話す内容は、説得力がないであろう（内的一貫性が乏しく、興味をそそらず、流暢でなく、能動態の表現が少ない）。嘘をつく人は、楽しそうでなく、緊張しているであろう。嘘をつく人は、自分の話の中に、普通よくある「不完全さ」や「ふだんと違う」内容（たとえば、過去の出来事を思い出して伝えるときに、予期しない連想的な「余談」に迷い込んでとりとめのない話をするなど）を含めないであろう。

われわれの考えでは、市場における欺瞞の領域は、多くの点で、日常場面における嘘の文脈の対極に位置するものである。したがって、日常的な嘘に関するこれら先駆的な考察は貴重で刺激的なものであるが、市場における欺瞞を理解するためには、関連が薄いという印象を受ける。市場における欺瞞の場合、まず嘘そのものがあり、加えて、見え透いた嘘を越えた、膨大な数の抜け目ない欺瞞的行為や戦術が存在する。欺瞞の実行者は、欺瞞が成功するように専門的な訓練を受け、プロとしてその仕事に携わる。彼らは、協力しあって欺瞞の戦略を練り、それを達成するための戦術の組み合わせをあれこれ考え、事前テストを実施し、ターゲットに対して使用する前に改良を加え、そして、実行に移されれば効果をモニターしながら修正する。彼らは、欺瞞のあらゆる要素をうまく構成するために、コミュニケーションの職人を使う。話し手が完璧な話し方ができるまで、そして意図したようにストーリーを提示できるまで、リハーサルを繰り返す。彼らは、注意深くターゲットの弱みを見極め、格好の餌食になる消費者と、慎重で熟練した消費者とを識別する。彼らは、通常、感情的な漏出手がかりを露呈してしまうことはないし、実行している間、認知過程にかかる突然の負荷によって進行中の認知的混乱を示してしまうこともない。伝達の一つひとつについて、時と場所を選ぶ。彼らは、個人的な自己呈示の動機は背後に押しやって、戦略的な動機を優先させる。そして、自分たちの専門的な欺瞞活動を欺瞞の独特な領域とみなし、他の個人間の欺瞞と混同しないように努める。また、心理学者らが「ご提供」(give-away) 手がかりになるだろうと考えるものをよく理解しており、そうした手がかりを取り除いたり、あからさまに正反対のことをしたり(「真実を示す」手がかりを示したりする)、欺瞞の試みや真実の語りのやり方に変化をもたせることによって、欺瞞の手がかりを戦略的に無効にしてしまうのである。

マコーナック (McCornack 1992, 1997) は、一般的に欺瞞は、グライスの原理に述べられている協調的コミュニケーションの逆を行うことと理解できる、という有用な考えを提案している。ここでの出発点は、人間同士のあらゆるコミュニケーションにおいて、聞き手は、話し手が何を言いたいのかを明確にするために、単にメッセージ内容を文字通りに理解する以上のことをしなければならない、というよく認められている原理である。解釈過程をスムースに働かせるために、話者が発話内容によって伝達しようとしていることを聞き手が正確に推測できるように、両者とも共有された実践的ルールを適用する、という社会的「契約」が存在する。グライスの協調的コミュニケーションの原理に含まれる格率は以下の通りである (Grice 1975)。

(1) 量の格率：会話の目的のためには、話者は必要な量の情報をメッセージに盛り込み、必要以上の情報を含めないように努めなければならない。伝達しようと意図している内容を聞き手が理解するのにちょうどよい量を話すこと。

(2) 質の格率：話者は、誠実さと妥当性の点でメッセージの「質」を最大限に高めるように努めなければならない。誤りだと信じている事や誤りの疑いがあること、妥当性を示す適切な証拠がないことを話してはならない。

（3）関係の格率：話者は、会話の目的のために、聞き手に直接関係があると考える事だけを話すように努めなければならない。
（4）様態の格率：話者は、曖昧さや不明瞭さを避けるために、簡潔に、明快に、順序立てて話すように努めなければならない。

欺瞞の試みは、常にこれらのうち一つ、あるいはそれ以上の格率を破ることによって、あるいは、何らかのやり方で大きく逸脱することによって進行する、というのがマコーナックの確固たる洞察である。欺瞞の実行者は故意に、あるいは不注意で、情報を過剰にあるいは過少に提供し、誤った情報や不正確な情報、妥当性が確認されていない情報を提供し、無関係な情報を含め、関係ある情報を除外し、曖昧な言葉、難解な視覚的シンボルや数値形式を示す。逆から見れば、誰かが一つあるいはそれ以上の格率から逸脱したりそれらを破っていることに気づいた場合には、常に（意図的な、あるいは不注意な）欺瞞が企てられていることに警戒する必要があるということになる。したがって、市場のように欺瞞の企てが一般的に行われ、伝達者が巧妙である社会的領域においては、消費者は、協調的コミュニケーションの規範を破っているように見えるものは、不器用で不作法なコミュニケーションなのではなく、すべて悪意があるものと解釈しておくべきなのである。

スペルベルとウィルソン（Sperber & Wilson 1986）は、受け手が使用できる、洗練化の程度が異なる三つの実践的なメッセージ解釈方略を記述している。消費者は、いずれの解釈方略を使用するにあたっても、基本的に以下の場合にコミュニケーション過程が混乱する可能性があることを認識している。すなわち、①話し手の能力が低い場合、②話し手が消費者をだまそうと思っている場合、である。このような条件のもとで、消費者は、第一に「素朴な楽観主義」という解釈方略を使用することができる。その際に消費者は、マーケティング担当者は能力が高く、かつ親切（協調的）であると仮定する。したがって、ここには関係の格率が働いており、受け手が利用できる最初の解釈でこれに一致するものが受け入れられることになる。この場合、伝達者が誠実だと信じ、その解釈を確認する方向の意図的なバイアスが存在する。第二の方略は「用心深い楽観主義」であり、消費者は、マーケティング担当者は親切だがおそらく能力が低いと仮定している。つまりマーケティング担当者は誠実に、かつ関連性が高い情報を含めるように努めてはいるが、それを実現する能力に欠けている、すなわち、消費者が何を関連性が高く明確で十分な情報と考えているかについて完全には理解していない、と感じている場合である。したがって、欺瞞の可能性はあっても、そう判断するには証拠不十分ということで、コミュニケーション・スキルの不足が原因とみなされる。第三の方略は、スペルベルとウィルソン（Sperber & Wilson 1986）が「洗練された理解」と呼ぶものである。この場合、消費者は、マーケティング担当者の能力が高く親切だとは必ずしも考えておらず、むしろ、能力が高く親切に見えることを望んでいるにすぎないと仮定している。以上の三つに加えて、われわれは、「洗練された市場の理解」とでも呼べる第四の解釈方略を考えている。この場合、消費者は、マーケティング担当者は能力が高く、かつ誠実であると仮定している。消費者は、マーケティング担当者は受け手の欲求に合わせて明確で関連性の高いメッセージを作り上げるやり方を十分に理解していること、その気になれば受け手をだまさないようにできること、しかし、自らの目的に合致する場合には、欺瞞を使う用意があることを知っているのである。したがって、洗練された消費者は、マーケティング担当者が誠実さと欺瞞を巧みにブレンドするのではないか、メッセージの中やプレゼンテーションの中で、うまく関連づけてくれるやり方から欺瞞的なやり方へシフトするのではないかと考えて、用心深い態度を崩さない。

アノーリ、バルコーニ、キケリ（Anolli et al. 2002）の欺瞞的ミスコミュニケーション理論（DeMiT）は、実行可能な一般的欺瞞理論を目指そうとするものである。彼らはマコーナック（1992）と同様、日常会話における欺瞞を扱った初期の理論は、欺瞞の性質や欺瞞検出に関する「希望に満ちた神話」を体現し、それを促進してきたと見ている。以下の六つがその神話である。①欺瞞の実行者が欺瞞的メッセージを構成（符号化）する行為は、必然的にその場での積極的，戦略的で詳細な認知処理を伴う，②それゆえ，欺瞞的メッセージを構成して伝達することは，明確で関連性が高く，誠実なメッセージを構成して伝達するよりも，高い認知的負荷が必要となる，③欺瞞的メッセージを作り出すことは，真実のメッセージを作り出すことよりも高い生理的喚起を伴う，④欺瞞を構成したり伝達したりするときには，表情のように生理的喚起に基礎をおく同定可能かつ一貫した一連の行動的手がかりを伴い，送り手がメッセージを伝達する際に「漏れ出て」くる，⑤人は，生得的に（教えられなくても）日常的な欺瞞を見抜くことができる，⑥欺瞞的なメッセージには単純で特定可能な特徴があり，これによって文脈に関わりなく，真実のメッセージとは区別できる。

アノーリら（Anolli et al. 2002）は，欺瞞理論のための究極的目標と彼らが考えるものを追究している。すなわち，送り手と受け手が，悪意のない欺瞞的行為の構成と搾取的な構成をどのように区別するか，というものである（Goffman 1969）。アノーリらは，欺瞞行為の基本的区別について述べており，これは，さまざまな欺瞞の文脈と市場における欺瞞の位置を明確にするのに役立つ。まず彼らは，準備された欺瞞と準備なしの欺瞞を区別する。準備された欺瞞というのは，前もって計画され，その主要な要素が注意深く分析されるものである。もう一つの区別は，高含量（high-content）の欺瞞と低含量（low-content）の欺瞞である。高含量の欺瞞は重大な話題に関するものであり，重要な文脈において実行され，送り手と受け手だけでなく他の多くの人々に顕著な影響を及ぼすものである。これに対して，低含量の欺瞞は，かなり些末な話題に関するものであり，どのような文脈においても生じ，関係者に及ぼす影響も取るに足りないものである。この枠組みでは，高含量の欺瞞の送り手は，面目が丸つぶれになったり，信頼できないと見なされたり，自尊心がボロボロになったり，罪悪感や恥など否定的感情にとらわれて苦しむというリスクを負うことになる。さらに，腹を立てて報復しようとする人たちから，だましたことを公開の場で糾弾されるリスクもある。高含量の欺瞞の場合には，被害者のほうも，実際に受けた大きな被害に加えて，だまされたという嫌な気持ちをもち続けるリスクがある。また，さまざまな要因が複雑に絡まった状況で実行されるので，包み隠しのない開示が大きな問題となる。したがって，高含量の欺瞞の送り手は，「自分にとって，できるだけ欺瞞を含めないで効果をあげるように努めて，でも説得に失敗する危険を冒すほうがよいのか」「見抜かれたり非難されたりしないように予防策を打った上で欺瞞を実行し，非難されたらそれと闘い，だまされて身体的，精神的，経済的危害を受けた消費者もろともに生きていくか」の間でジレンマを感じることになる。

われわれは，消費者研究者やその他の社会科学者には，消費者が対処しなければならないような重大な結果を招く欺瞞，そして，人々の健康や福祉に害を及ぼすほど重大な結果を招く多くの欺瞞に，引き続き焦点を合わせていただきたいと思う。マーケティング担当者は確かに，安価な製品を他のブランドと区別するような場合は低含量の欺瞞を大量に試みようとするが，本書でわれわれが扱うのは，マーケティング担当者による十分に準備された，高含量の欺瞞である。マーケティング担当者の些細な欺瞞について心配するのは，一種のディストラクションだと思われる。もちろん，安価で均一な，比較的害のない製品を広告するブランド・マネジャーは，自分のブランドと他のブランドが区別されて知覚されるようにうまく欺瞞的な戦術を駆使することが自分のキャリアにとって重要だと考えるかもしれない。そして，そのような重要でない欺瞞を数多く実行して，その一つひとつが多数の消費者のブランド選択にわずかに影響を及ぼすだけでも，市場シェアがかなり上昇し，それらが累積して膨大な利益につながることはあるだろう。それでもやはり，ここはしっかり狙いを見定めて，結果が重大なものとなるマーケティングの策略を研究することを優先させたい。

アノーリら（2002）は，一般の会話においては，通常，欺瞞的メッセージの生成は，全体的なトップダウン型の企画システムの下で行われることはないと主張している。すなわち，日常的な場面では定式化された欺瞞計画が練られることは稀である。普通，欺瞞を企てるときに，時間をかけて考えるようなことはしないのである。機能が索引化されているレベルの高いさまざまな方略や欺瞞形態のなかから，注意深く考えて選択することはない。一般の人々は、その瞬間に適応的に欺瞞を構成するのであり、これは、意思決定のためのプロセスを構成するのと何ら変わるところはない（Bettman et al. 1998）。アノーリら（2002）の言葉を使えば、一般の人が会話の中で聞き手をだまそうとする場合、人は、さまざまな機能をもつ低次の欺瞞の材料の中から具体的な言葉やジェスチャー、表情を、素早く選び出し、まず何か話をして相手の反応を読み、また別のことを話すというように、行ったり来たりを繰り返す。しかし、マーケティング担当者は、全体的な欺瞞キャンペーンというトップダウン型の計画を使用する。その際には、さまざまな戦術をさまざまなやり方で使用した経験に基づいて、巧みに戦術を選択して組み合わせるのである。彼らは、さまざまな形態の戦略と実行を事前にテストして修正を加え、これを繰り返して次第に洗練されたものにしていく。そして、公式に欺瞞の中に不測の事態に対応するための計画を組み入れる。販売員は「会話ライブラリー」を与えられ、消費者と一緒に会話を作り上げていくなかで自分が話す事柄を調整するために、そこから必要な言葉を引き出す。しかし、プロのマーケティングの世界では、未熟な販売員や広告担当者を除けば、完全に「即興でやる」ことは稀である。

ジョンソン、グラジオーリ、ジャマル（Johnson et al. 1993）は、異なったアプローチで欺瞞の分析を行っている。これは、プロの会計検査官が企業の財務報告書の中にある欺瞞を見抜く試みを検討したものである。現在では敵対的欺瞞の情報処理理論（Grazioli 2006）と呼ばれているが、この研究の中で、彼らは、当初、プロの会計検査官や投資マネージャーを欺くために財務報告書が作られる金融詐欺、営利貸し付けの不当表示などの文脈に焦点をあてていた。これは、企業金融、原価計算、財政投資市場の領域であり、非常に分化した専門性、高配当の欺瞞、現代会計学の難解な概念、形式化されたモデルが必要とされる。一九九〇年のノーベル経済学賞を受賞したビル・シャープによれば（Sharpe 2007）、この市場は、事実上、一般人や多くの企業経営者にとっては不可解な世界である。したがって、企業の情報公開や資本市場で詐欺がどのように実行されるのか、どうやって欺瞞が見抜かれるのかを理解することも、非常に困難かつ特殊なものである。しかし、この領域の研究は欺瞞防衛スキルを理解する上では非常に役立つ（Grazioli 2004；Johnson et al. 2001）ものなので，この問題を第7章で詳しく検討することにしたい。

グラジオーリとジャベンパ（Grazioli & Jarvenpaa 2000, 2003）は，インターネットにおける欺瞞は，インターネット技術の特徴を巧みに利用する点で，他の場面における欺瞞とは区別すべきだと論じている。彼らは，とくに悪質な欺瞞戦術として「ソース・コピー（ページ・ジャッキング）」の例を挙げている。この場合，インターネットのマーケティング担当者は，あるサイトを見ようとしているインターネット利用者をハイジャッカーが管理するサイトへと誘導する。このやり方が特に欺瞞的になるのは，ハイジャッカーが，そのサイトを消費者が閲覧しようとしたサイトと類似したものにする場合である。こうしたハイジャッキングは，リストの類似化，電子的な転送，広告やサイトのレイアウトの類似性などによって，消費者が混同するように導くことで達成される。さらに，インターネットの場合，情報プロバイダーやマーケティング組織が身元を偽ることがきわめて容易である。インターネットでは，信頼できそうな「店先」を低価格で作り上げることができるし，潜在的被害者に個人的に近づく機会が幅広く提供されるからである（Grazioli & Jarvenpaa 2000）。インターネットを使うことによって，欺瞞を使うマーケティング担当者は，欺瞞によって得た利益を簡単に隠すことができるし，消費者からの損害賠償の訴えや法的な処罰から逃れることもできる。

もう一つ，問題のある要素として，ウェブサイトのコンテンツや表示が極端に移ろいやすいことがあげられる。消費者が最初にウェブサイトを見たときにどのような情報が提示されていたかを示す記録を全く残さないまま，ウェブサイトのデザイン，アイコン，転送ルート，コンテンツは，マーケティング担当者によって短期間のうちに何度も変更されてしまう。もちろん，口頭での対人的な販売プレゼンテーションの場合にも，このような移ろいやすさはある。消費者や販売員の頭の中に残る記憶を別にすれば，とくにその内容が記録されることがない点も同様である。しかし，インターネットにおけるマーケティング担当者の発言や欺瞞が極端に移ろいやすいという事実は、それらの情報がインターネット上では文字やグラフで示されることによって、消費者からは見えにくくなっている。他のメディアでは、文字やグラフで示される情報は永続的な証拠として残されるのであり、消費者はそのことに慣れきっている。消費者が自分でウェブサイトのコンテンツを印刷したりメモリに記憶させて必要なときに内容を調べられるようにしておくのでなければ、彼らをだましたそのコンテンツは、後で欺瞞を示そうにもサイト上から姿を消してしまっているかもしれない。インターネットにおけるマーケティング担当者は、一夜にして欺瞞の痕跡を一掃させてしまうことができるのである。

さて、欺瞞に関するいくつかの理論を概観してきたが、われわれは、経済学者による市場交換の諸理論では、欺瞞の問題を表面的にしか扱えないという印象をもった。伝統的にゲーム理論に基づくモデルでは、欺瞞の概念は信念操作とは関連がないものとされてきた（Ettinger & Jehiel 2007; Gneezy 2005）。たとえば、これらのモデルでは、混合戦略ゲームやシグナリング・ゲーム（Spence 1973; Crawford 2003）、繰り返しゲーム（Kreps & Wilson 1982; Kreps et al. 1982）のプレイヤーは自分の手を見抜かれないようにするものと考える。近年、エティンガーとジェヒール（Ettinger & Jehiel 2007）は、伝統的な均衡アプローチではプレイヤーが相手の戦略を十分に理解していることを仮定しているので、ゲーム理論の観点からは信念操作や欺瞞の問題を「捉えがたい」のではないかと論じている。

## 説得理論

### 説得の二過程モデル

二過程理論は、説得（Chaiken et al. 1989; Petty & Wegener 1999）、社会的認知（Petty et al. 2008）、消費者行動（Schwartz

2004）を説明するために、社会心理学者や消費心理学者によって広く使われてきた。これらのモデルにおいて、システム1の過程は、素早く直観的で、努力を必要としない。一方、システム2の過程は、緩やかで分析的、注意深いもので、しばしばシステム1のアウトプットを修正する。システム2の過程は、マーケティング・コミュニケーションの処理における脅威、誤り、疑念、理解困難、所々でのつまづきなどの認知的経験によって活性化される。これらの認知的経験やメタ認知的経験は警告や「中断」の役目を果たし、分析的な思考を活性化させる。より分析的なシステム2の思考過程が、直観的な推論を含むアウトプットを評価したり修正したりするのである。欺瞞の文脈でいえば、システム2の分析的思考が欺瞞の検出、無力化、抵抗、そして罰を与える活動を可能にし、促進することになる。さらに、システム2の思考過程によって欺瞞防衛に関する思考を繰り返し行うと、長期的には、そうした思考がシステム1の市場欺瞞防衛ヒューリスティックス（簡便な判断規則）の中に変換される可能性もある。したがって、マーケティング担当者のメッセージをシステム1で処理することが誤った（間違った、根拠のない）信念を作り出していることに消費者がどの段階で気づいて、欺瞞防衛知識やスキルを活用するシステム2の思考に移行するのかを明らかにすることが、欺瞞研究にとっての重要な課題となる。

## 社会的影響と説得戦術

チャルディーニ（Cialdini 2001）とプラトカニス（Pratkanis 2008）は、効果的に説得を行えることが研究で明らかにされている、さまざまなタイプの戦術について説明している。これらは、誠実に実行されるにせよ欺瞞として実行されるにせよ、可能性としては欺瞞的に実行されたり、欺瞞の片棒を担ぐことになったりするものである。チャルディーニ（2001）は、これらの説得戦術が成功するのは、主として消費者のシステム1の処理だけを引き起こす場合であると考えている。すなわち、そうした戦術が消費者の欺瞞防衛レーダー網の下をかいくぐることができる場合である。チャルディーニは、説得的メッセージに対して自動的な反応をするよう人々を駆り立てる六つの要因を特定している。その事柄に関心がないとき、切迫しているとき、一般的なストレスを感じているとき、不確かなとき、注意をそらされているとき、疲れているとき、である。これは、われわれの目的にとって重要な洞察である。マーケティング担当者は、説得戦術を欺瞞的に実行したり、欺瞞的な目的に使用する場合、これらの要因のいくつか、あるいはすべてによって特徴づけられる状況を巧みに作り上げようとするのである。これらの条件が偶然重なる（たとえば、無関心、注意の散逸、認知的疲労）場合もあるだろうが、欺瞞の実行者は、これらの条件を作り出す傾向がある。実際のところ、説得戦術の効果が人の欺瞞防衛能力を弱めたり抑圧したりする条件を作り出すことによって生じるのだとしたら、これらの戦術は本質的に搾取的なものである。したがって、実のところ、過去三〇年にわたる実験室的研究によって発展した説得の科学は、欺瞞的説得の科学と言えるかもしれない。すなわち、誰かが、不正な指示、嘘、隠蔽、省略、誤った現実のシミュレーションによって、相手の心の中に巧みに架空の心理的現実を作り上げるときに使われるような説得なのかもしれないのである。ご存じない読者もいるかもしれないが、説得の科学の屋台骨になっている心理学実験では、意図的な欺瞞がかなり一般的に使われている。こうした事実を理解しておくことは有用であろう。社会心理学者もマーケティング担当者も、好ましい状況をただ待つということはない。欺瞞が必要となる場合でも、彼らはそうした状況を巧みに作り上げるのである。欺瞞の全体性のレベルという点で、社会心理学者が作る嘘の状況が市場における欺瞞をはるかに超えていることは、ほぼ間違いない。心理学者は、しばしば、ある事柄に関する話の妥当性や真実性を実証せずに、実験参加者に提示するメッセージの内容を作り上げる。ごく普通に、メッセージの出所が、実際の作者（研究者自身）以外の人物あるいは情報源だと伝える。「これは研究です」という、安心させるような、搾取しやすい、そしてマーケティング担当者はまず使うことができない仮面を用意して、何らかの欺瞞が行われるという事実をしばしばカモフラージュするのである。このような問題について詳述することは避けるが、読者がプラトカニスやチャルディーニが効果的だとして挙げている説得戦術を解釈（あるいは、再解釈）する際には、心に留めておくべきであろう。

## 説得への抵抗

心理学者は、応諾や説得の受容の問題ほどには、説得への抵抗の問題を積極的に扱ってこなかった（Knowles & Linn 2004a）。しかし、近年、抵抗の研究は増加傾向にあり、抵抗のメカニズムについても新しい視点が提供されてきた（e.g., Ahluwalia 2000; Briñol et al. 2004; Pfau et al. 2004; Sagarin et al. 2002; Tormala & Petty 2004; Wheeler et al. 2007）。概して研究者は、説得への抵抗は、妥当な態度をもちたいという欲求や、コントロールと一貫性を得たいという欲求によって起きると考えている（Wegener et al. 2004）。抵抗は、説得の対象となる態度の特性、事柄の重要度、メッセージの受け手の抵抗力など、多様な要因によって影響を受ける（Briñol et al. 2004）。

しかし、これらの研究の中には、学習された巧みな欺瞞防衛的思考が、説得への抵抗のメカニズムとして特に効果的であることを示したものはない。また、説得への抵抗は、特別なタイプの獲得された専門性であるという考えを追究したものもない。さらに、これまでの研究では、説得への抵抗は、説得の担い手が克服すべき厄介な問題であるという考え方が優勢であり、欺瞞や紛らわしい説得に対する自己防衛的な抵抗を非常に好ましいものだと考えることは少ない。たとえば、説得への抵抗を扱ったノウルズとリン（Knowles & Linn 2004）の最近の著作における全一三章のうち、説得への抵抗をその学習の促進という観点から扱ったものはたった一つしかない。これまで通り、ほとんどの章は、自己防衛的な抵抗を克服するための説得方略を扱っているのである。同様に、ウィルソン（Wilson 2002）が著した『応諾を求めることと抵抗すること』と題する本では、四百頁のほとんどが応諾を得るスキルに関する記述で埋められており、応諾への抵抗を扱った部分は三〇頁に満たない。本書の第7章と第8章では、これとは逆の立場から、欺瞞防衛的な思考や、より一般的な説得抵抗というものが、説得を効果的にするために克服すべき障害というよりも、洗練させ奨励すべき基本的な生存スキルであることを議論する。

## 説得知識モデル

フリースタッドとライト（Friestad & Wright 1994）は、人は「市場における説得の消費者」であるという立場をとっている。説得知識モデル（PKM : persuasion knowledge model ; Friestad & Wright 1994, 1995）の基本的な仮定は、人は説得的メッセージの上手な消費者になろうと努めるということ、そして、説得を上手に消費することは、製品の消費の成功に役立つということである。人がマーケティング担当者の説得の試みをいかに上手に評価し賢明に使用するかが、最終的な購買決定や製品消費経験の賢明さをある程度決定するのである。説得知識モデルは、消費者が説得について学ぶ能力、ひいては自己制御によって不正な欺瞞的説得を見抜き、無力化し、抵抗し、罰することを学ぶ能力を強調する。当初、説得知識モデルを提唱するにあたって、フリースタッドとライトは、特に欺瞞的説得に焦点を当てていたわけではなかった。彼らの自己防衛の議論は、説得一般を扱うものだったのである。以下では、欺瞞防衛の信念やスキルに重点を置きながら、説得知識モデルの命題をいくつか要約することにしたい。

説得知識モデルの原理では、欺瞞的説得に関する信念と、自分自身の欺瞞防衛知識に関するメタ信念が、特に重要なものとされる。これらの信念は、どのような状況のもとで、目的をもった知的な担い手が巧みに内的自己（信念、感情、態度、決定、思考過程）を導いて人生を変容させてしまうかを教えてくれるからである。気づかないうちに自分の内側の心的世界への侵入を許し、それによって自らの行動が変えられてしまう人は、生き残り、繁栄することはできない。欺瞞防衛信念があれば、消費者は欺瞞の試みを認識、分析、解釈、評価、記憶し、さらには、それに対して効果的かつ適切だと考える対処戦術を選択して実行することができるのである。ただし、一般の人の欺瞞防衛信念やスキルは、発達面での制約がある。基本的な社会的思考能力の発達、一生にわたり自ら進んで行う持続的なスキル学習、そして市場における欺瞞防衛に関する正式の、あるいはそれに準じる指導に、ある程度依存しているのである。消費者が市場における欺瞞をどのように考えるかには、歴史的な制約もある。市場における欺瞞について文化が供給する知恵は時代によって変化するので、新しい世代の考えは、その前の世代とは異なる可能性がある。一般的に、欺瞞防衛行動には、説得を受けることを予期しているとき、説得を受けている最中、説得を受けた後、そして、説得実行者による複数の説得キャンペーンの合間、以上の場合における、認知的、身体的行為が含まれている。

フリースタッドとライト（1994）は、最初、消費者がマーケティング・メッセージを処理するときに働く三つの重要な信念体系があると考えた。最も一般的なものは、市場説得知識（PK）であり、すべてのマーケティング担当者の目標・戦術に関する信念や、説得対処に必要な自分自身の知識やスキルに関する信念を指す。第二は実行者知識（AK）であり、これは、メッセージを提示している当の特定のマーケティング担当者の特性、能力、目標に関する信念である。第三はメッセージの話題知識（TK）と呼ばれ、マーケティング担当者が示すメッセージがどのような製品、サービス、消費問題、取引を扱っているかに関する信念を意味する。われわれは、さらに四番目として、市場における欺瞞に関する信念あるいは知識（MDK）を加えることもできるかもしれない。しかし、これは市場説得知識（PK）と密接に関連するものなので、本書では、新たに加えることはせずに、欺瞞に関する信念も第一の信念体系に含めて検討することにしたい。フリースタッドとライト（1994）によれば、心的資源をこれらの知識体系（欺瞞防衛知識、実行者知識、話題知識）にどのように割り振るかは、説得のエピソードによって異なる。その時点における各信念体系の接近可能性や関連性の程度、メッセージ処理の目標、その環境におけるメッセージ処理の機会などに依存するのである。ある人の欺瞞信念や欺瞞防衛スキルの使用は、メッセージ処理の過程でも刻々と変化するし、マルチメディア・キャンペーンのどの部分に接しているかによっても変わってくる。消費者にとっての課題は、これら欺瞞防衛知識、実行者知識、話題知識を上手に使いこなす方法を学ぶことである。

フリースタッドとライト（1994, 1995）は、説得の重要な心理的媒介過程に関する信念が、日常的な説得の知識における中心的な要素であることを強調した。欺瞞戦術に関する信念とは、説得の試みの一側面と、説得を媒介する（とマーケティング担当者が考えている）と思う心理学的事象を、心の中で結びつけることである。まず、特定のタイプの発言、複数の発言のパターン、視聴覚刺激と言語刺激の混合が潜在的な「欺瞞戦術」であることを認識することが、非常に重要な説得事象となる。消費者は、欺瞞戦術を単一のメッセージ要素として考えるかもしれないし、複数の要素の配置として考えるかもしれない。メタ信念は、欺瞞防衛過程の重要な部分である。メタ信念とは、市場欺瞞防衛を達成するための重要な種類の認知的、感情的、身体的行為を実行するにあたっての自己効力に関する信念である。市場における欺瞞防衛スキルとは、異なる種類の思考をそれぞれが必要なときに最大限働かせることを、認知的資源を使いすぎずに行うことを学ぶことである。説得知識モデルに関するわれわれの研究では、欺瞞防衛知識やスキルを生涯にわたって獲得する過程を理解するためのアイデアがいくつか生み出された（Boush et al. 1994; Friestad & Wright 1994, 1995, 1999; Wright et al. 2005）。青年や成人がどのように欺瞞防衛スキルを学習するかについては、第8章と第9章で検討する予定である。

## メタ認知と欺瞞防衛

ペティ、ブリノール、トーマラ、ウェゲナー（Petty et al. 2008）は、消費者のメタ認知的信念が、説得的メッセージに対する彼らの反応に影響を及ぼしうるかどうかを議論している。一般的に、メタ認知的信念は、特定のメッセージ処理エピソードにおける「自分自身の思考に関する自分の思考」，または，自分の認知的自己効力，すなわち特定の種類の課題環境における思考スキル，思考方略，思考の効果性に関する思考である。われわれがここで関心をもっているのは，消費者が潜在的に欺瞞的なマーケティング・メッセージを処理しているときの自分自身の思考過程に関するメタ認知的信念や，市場領域において効果的な欺瞞防衛的思考を行っているときの知覚された自己効力に関するメタ認知的信念である。メタ認知は，近年の消費心理学の議論の中で大きな役割を果たしている（e.g., Alba & Hutchinson 2000; Wright 2002）。

消費者は，欺瞞的なマーケティング・メッセージに反応するとき，自らの思考についてさまざまなことを考える。たとえば，「自分自身が生み出した」思考と，「広告が私の頭に植え付けた」思考を区別する場合のように，自分の思考の「源泉」について考えるかもしれない（Greenwald 1968; Wheeler et al. 2005; Wright 1973）。自分が生み出したと考える思考は，広告が一時的にそのような思考を提供した（顕現化した）ので生まれたと考える思考よりも，説得の戦術や話題について判断を行うときに重視される。また，消費者は，「メタ認知的自信」を反映する信念をもつであろう。たとえば，マーケティング担当者の欺瞞や説得への試みに対する自分自身の思考の妥当性や質についての確信や疑念である（Kruglanski 1989）。マーケティング担当者のメッセージに対する「自分の思考」の妥当性について疑念を感じると（「私は，まだ有効な欺瞞防衛的思考を十分に行っているとは思えない」），その人は，言われたり示されたりした事柄について，もっと入念に考えるようになる。マーケティング・メッセージを受けたときに，消費者が自分の欺瞞防衛的思考の妥当性に関するメタ認知的自信を強く感じるのは，同じ種類の思考が頻繁に起こると考える場合，他の多くのマーケティング・メッセージを分析・解釈するときにもその思考を使ったと知覚する場合，その思考が非常に詳細なものに思える場合である。

ペティら（Petty et al. 2008）は，研究がさらに進展すれば，説得に関連する自らの思考，スキル，そして経験に関するメタ認知のほうが，メッセージによって喚起される直接的な思考や感情よりも，説得に対する諸反応の重要な説明になるだろうと予想している。同様に考えれば，欺瞞に関連した思考，欺瞞防衛スキル，欺瞞防衛の遂行に関する消費者のメタ認知が，将来の欺瞞的説得理論の非常に重要な要素になるであろう。

## 防護動機理論と制御焦点理論

いくつかの社会心理学理論は，危害から自分を守ろうと人々を動機づける要因は何か，それらの要因はどのように社会的コミュニケーションの処理に影響を与えるのかを扱っている。そのなかでも代表的なものが，防護動機理論（Rogers 1983）と制御焦点理論（Higgins 1997, 2000）である。防護動機理論（ＰＭＴ）は，危害を受けそうな事柄から自分を守ろうとする動機や意図がどのような要因によって変化するかを明らかにしようとする。防護動機理論は，主として，健康への危険から自分を守ろうとする要因の研究に適用されてきた。たとえば，骨粗鬆症やヘルペスを予防したり治療したりするための医療実践，製品，ツールなどについて出来うる限り学ぼうとしたり，逆に学ぼうとしないように人を動機づける要因は何か，という研究である（Block & Keller 1998）。しかし，それだけではなく，防護動機理論は，人が，欺瞞的マーケティングに誘われて粗悪な医療を選択してしまった場合に引き起こされる危害からいかにして自分を守るように動機づけるのかを説明する助けになるかもしれない。たとえば，骨粗鬆症の薬の購買や服用に際し，欺瞞的なメッセージに惑わされて決定を誤り，被害を受けてしまうような場合である。したがって，欺瞞から自分を守ることは健康を守ることにつながるのである。

防護動機理論は，いかなる領域，いかなる形態の自己保護であれ，人はそれにどの程度努力を費やすかを判断する際に「脅威評価」と「コーピング（対処）評価」を行うことを提唱する。これに基づけば，消費者が市場における欺瞞防衛に努めようとする動機づけの強さは，①だまされることによる危害の大きさ，②自分自身がだまされる危険度（可能性），③欺瞞防衛に成功することに伴う自己および重要な他者の利得，に関する信念の影響を受けることになる。これら三つが，知覚された脅威評価を構成する。さらに，欺瞞防衛への動機は，以下に関する信念の影響を受ける。すなわち，①説得への試みに対して欺瞞防衛スキルを行使することで，それまでに獲得した自己効力感，②当該のケースにおいて，自分が知る限りすべての欺瞞防衛活動を行うことで達すると思われる，最高レベルの防衛（反応効力感），③その状況で上手に欺瞞防衛を行おうとするときの認知的コスト，である。これら三つが，知覚された対処スキル評価を構成する。

ブロックとケラー（Block & Keller 1998）は，健康防護動機とコミュニケーションの統合理論を提唱した。これによると，脆弱性，自己効力，脅威の重大さに関する信念の相対的な重要度は，次の三つの段階によって変化することが主張されている。すなわち，健康問題について考える以前の前熟考段階，健康問題について考える熟考段階，健康に関する自己防護について考える行為段階である。われわれは，欺瞞的な健康管理メッセージに関して，消費者は欺瞞の脅威と病気／被害の脅威の両方に対処する必要があること，そして，欺瞞の脅威への対処が，病気／被害の脅威への対処の成功を媒介すると考えている。つまり，これが二段階の自己防護過程，すなわち，①健康に関連する選択に関する欺瞞から自らを守り，②病気や被害から自己防衛するための最良で賢い選択をする，という過程があると考えている。したがって，いずれの段階における自己防護動機も，オリジナルの理論（Rogers 1983）でもその拡張理論（Block & Keller 1998）でもうまく説明ができると思われる。

制御焦点理論（Higgins 1997）は二種類の異なる自己制御方略を扱うものであるが，そのうちの一つが将来の被害を防ぐ方略とされている。第一の方略は，獲得の追求（あるいは非獲得の回避）や理想への志向性を強調するものであり，促進焦点（promotion focus）と呼ばれる。第二の方略は，損失の回避（あるいは非損失の追求）や義務の達成を強調するものであり，予防焦点（prevention focus）と呼ばれる。促進焦点は方略的な熱望，予防焦点は方略的な警戒，という特徴をもっている（Higgins 2000）。コミュニケーションのなかには，ある自己制御方略と相性がよく，その結果，高水準で「適合」（fit）するものがある（Aaker & Lee 2001; Higgins 2000; Lee & Aaker

2004）。適合の程度が高いと処理の流暢性（fluency）も高まり、その場合、メッセージ処理の経験は喜びを伴うものとなる。リーとアーカー（Lee & Aaker 2004）は、制御焦点と損失－獲得のメッセージ・フレーミングは複雑に絡み合っていると主張する。制御焦点理論は、多くの場合、製品領域や決定領域に関する目標という点から解釈されてきた。たとえば、新しい車を買おうとするときに、それがいかに自分の生活をよい方向に変えてくれるかを一生懸命考えるか、それとも、選ぶ車が自分の生活の質を低下させることがないか慎重に確かめようとするか、という目標の違いである。しかし、前述のように自己防護を二つの段階で考えれば、その第一段階に戻って、消費者がマーケティング担当者の欺瞞の可能性に対処する際に、促進的目標、予防的目標いずれを採用しているかという形で検討することができる。たとえば、消費者は車に関するマーケティング担当者のメッセージについて考える場合、そのメッセージを受ける前と比べて、だまされないように予防すること、つまり、その車を購入することでさらに悪くなってしまうことに主として焦点をあてるだろうか。おそらく、説得的メッセージを受け取るときの予防焦点は、欺瞞に対する警戒を強め、市場欺瞞防衛スキルを使いやすくすることになるだろう。

### だまされることへの反感

ヴォース、バウマイスター、チン（Vohs et al. 2007）は、マーケティング担当者にだまされたと感じることで、消費者は怒りや欲求不満を起こすと論じている。したがって、このだまされたという強力な嫌悪感情は、繰り返し同じことが起こることを防ぐようなパーソナリティ構造を発達させることになる。彼らによると、なかにはだまされることに対する持続的かつ多分に誇張された恐れをもっている人がおり、彼らを「欺瞞恐怖症」（sugrophobia）と名付けた。ラテン語でsugroは、「だますこと」を意味する。したがって、sugrophobiaは、「だまされることへの恐怖」、つまり、カモになることへの恐怖ということになる。ヴォースらは、人によっては、欺瞞恐怖が持続的なパーソナリティ特性となっているのではないかと考えている。慢性的な欺瞞恐怖症になること、すなわち、常に用心深く、不信感を抱き、斜に構えるような態度をとることには、良い面も悪い面もある。ちょうど、いつも信頼して何も疑わない態度をとることに、良い面と悪い面があるのと同じである（Campbell 1995; Cialdini 2001; Friestad & Wright 1994）。もう一つの見方として、われわれは、だまされることを避けようとする動機は市場におけるさまざまなやり取りのなかで変動することを指摘したい。

キャンベル（Campbell 1995）は、広告主に「やられた」（フェアでないやり方で操作された）という消費者の気持ちを、衡平性評価の過程によって説明している。同様に、ヴォースら（2007）は、以下の場合に、人は自分がだまされたと感じると主張した。すなわち、①共有された公正の基準が作用していると最初は考えていた、②別のやり方で行えば、原理的にはだまされなかったはずのやり方で何らかの意思決定をしたことを認識する、③実行者は、自分たちをだまそうと意図して不誠実に対応したと考える、④知覚された不公正は、実行者による意図的で入念な行為が原因だと考える、⑤マーケティング担当者も購買者も、その結果が共有された公正の意味を侵害したことに今は同意していると感じる、である。欺瞞恐怖症が、（社会的）交換を基礎にした関係において発生したこと、そして、それが非常に強い自己意識を伴うことを考えると、人類の歴史においてこの恐怖症が進化してきたのは比較的最近であると考えられる（Vohs et al. 2007）。急性の欺瞞恐怖のような嫌悪的な感情状態は、反事実的思考（別の選択肢をとれば現実に起こった事柄とは異なる結果が生み出されたはずだという思考）を強力に促すはずである（Roese 1997）。したがって、二度と同じようにだまされないことを生来、または、ある状況のもとで学びたいと考える消費者は、相互作用後に反事実的分析を行うかもしれない。彼らは、自分に起こったことを繰り返し思い出して、「どうすればだまされずに済んだのだろう」と自問するのである。下方比較（「もっとひどい目に遭っていたかもしれない」）を使うこともあるかもしれない。しかし、同じ状況が繰り返されると、上方比較（「どうやったら、別のやり方をとってだまされないようにできたのか」）が行われることのほうが多い。ヴォースら（2007）によれば、だまされたという気持ちは、マーケティング担当者に対する怒りだけでなく，本人に困惑や恥の気持ちを引き起こす。したがって，この考えに基づけば，消費者はたとえ自分がだまされたとしても，そのことを容易には認めないことが示唆される。

# 第3章　マーケティングにおける欺瞞の戦術 I

本章および次章において、欺瞞的な（人を惑わす、だます）説得法を解剖する。われわれの枠組みでは、以下にあげる規準の一つにでも当てはまる場合、マーケティング担当者の行為は、欺瞞的であると判断できる。

（1）第1章で論じた、欺瞞性に関する社会科学的定義に当てはまる場合

（2）米連邦取引委員会による、欺瞞に関する広義の定義に当てはまる場合（第1章）

（3）説得を受ける側から見て、計画された欺瞞であると解釈される可能性があり、説得を成功させるのに大きな効果をもち、その結果、コーエンら（Cohen et al. 2001）の定義に当てはまる場合（第1章）

（4）他の社会科学者が、欺瞞的な方法であると指摘している場合

（5）説得の受け手自身がマーケティング担当者の行為を欺瞞的であると判断している場合。すなわち、マーケティング担当者の消費者に対する全体的な働きかけのなかで、製品が不当表示されたり、消費者が欺瞞的説得から自らの身を守ったりすることができないようにすることにおいて、マーケティング担当者の行為がいかに大きな効果をもっているかを消費者自身が理解している場合である。

ある行為が人を惑わせ、欺瞞的であるかどうかを判断するのに使うことのできる別のテストもある。一つは次のように消費者が自問することである。マーケティング担当者が製品やサービスについて消費者に真実、偽りのない真実、真実のみを知ってほしいと本当に思っているならば、その担当者の行為は、担当者が消費者に対してとるべき方法であったと言えるであろうか。あるいは、次のように尋ねてもよい。本書を読んでよく考えた後、欺瞞的説得に対する消費者としての防衛スキルを自分の十代の子どもたちや家族に教える際に、その送り手の行為を欺瞞的であると説明するであろうか。

われわれはこれらの（欺瞞的な）方法が本質的に非倫理的であると主張しているのではない。欺瞞的だと言っているだけである。倫理に関する信念が異なれば、特定の状況で用いられるさまざまな戦術が倫理的かどうか、その見方も異なってくるだろう。

第１章で述べたように、欺瞞それ自体が、社会科学者や倫理学者によって本質的に非倫理的であると見なされているわけではない。われわれは、個々の欺瞞的戦術をいろいろな視点から分析するために必要な、さまざまな倫理的信念について十分に熟知しているわけではないし、この問題に関する自分たちの広範な見解を示すつもりもない。また、これらの方法が本質的に違法であると主張しているのでもない。われわれは弁護士ではないので、これらが人を惑わす欺瞞的な説得法であると判断する際に、法的な視点には基づいていない。われわれは、これまで繰り返し議論されてきた欺瞞的な方法全体を説明することとし、推論の活用（第４章参照）をはじめ個々の方法について一つひとつ扱うことはしない。なかには、本章では触れる程度にしておき（たとえば、七四頁の「省略」）、そうした戦術に対する消費者の反応に関する研究を総覧する第６章で詳しく説明するものもある。また、読者にとってあまり明白でない戦術と考えられる場合には、その戦術がなぜ、どのように欺瞞的であるのかを詳しく説明していくことにしたい。

本章では、まずマーケティングにおける欺瞞を概観し、次のようなことを指摘する。すなわち、マーケティング担当者によって実践される欺瞞が、単一の行為というよりも、演劇として捉えるとうまく概念化できること、マーケティング担当者はこうした問題を統合された欺瞞プランニングという観点から考えていること、そして、欺瞞にはメッセージの内容とメッセージを広める戦略の両方が含まれていること、である。その後、（マーケティング担当者にとって）不利な情報を消費者から隠すための方法である「隠蔽」と「省略」、そして、「武装解除」（消費者が使用する欺瞞防衛スキルを抑制、妨害し、メッセージの隠蔽や省略が検出されたり疑われたりしないようにする方法）に焦点を当てる。続く第４章では、欺瞞的情報の先を見越した提示方法を含む欺瞞について扱う。

## マーケティングにおける欺瞞的戦略の概観

マーケティング担当者が行う欺瞞というのは、つまるところ消費者の注意をコントロールすること、（マーケティング担当者にとって）望ましくない思考を抑制すること、そして、消費者の思考の方向性をコントロールすること、である。それは、文字通り「惑わす（mislead）」という言葉が意味していることである。つまり、マーケティング担当者は消費者を真実から遠ざけるように導き、消費者は、そのマーケティング担当者の思惑どおり、彼らが導くところへついていく。消費者をだまそうとするマーケティング担当者は、消費者がある製品に関するメッセージの好ましい部分だけに注意を払って理解し、そして、それ以外の欠点、リスク、限界の開示や示唆を、完全にもしくは実質的に無視することを望んでいるのである。「欠点」という言葉は、消費者の心理的なブレーキや対象物から距離を置こうとする反応を引き起こすのであるが、マーケティング担当者は、そうした消費者の反応をどうにかして阻止しようとする。マーケティング担当者は、自分たちが望んでいるまさにその時に、望んでいるやり方で消費者がシステム１（第２章参照。今までの体験に基づいて形成された、簡便な判断規制〈ヒューリスティックス〉にしたがって判断を下すプロセス）に頼るように仕向けること、そして、自分たちが望んでいる時に、望んでいるやり方でシステム2（システム1に対して、対象についてよく吟味、精査する、多くの認知的努力を必要とするプロセス）の思考だけを消費者が用いるように仕向けている。しかし、消費者がシステム2で思考する場合、マーケティング担当者は消費者の注意をコントロールできなくなるというリスクを負うことになる。そのコントロールを回復するために、マーケティング担当者は、消費者が（マーケティング担当者にとって）望ましい方向に考えたくなるように、また、そう考えるのがたやすくなるように、事前のシミュレーションを通してシステム2で思考するように仕向ける。さらに、製品の欠点やリスクに関する思考に加えて、システム2による欺瞞防衛的な思考を抑制しようとするのである。タイミングは欺瞞において重要なポイントである。したがって、認知社会心理学者によって明らかにされてきたように、マーケティング担当者は、タイミングを考えて消費者の気を逸らせたり、あることを隠したり、注意をコントロールしたりするためのトリックを用いて、消費者の注意を操作し、自己防衛的思考を抑制しようとする。彼らは、必要なときに消費者の気を逸らしたり、消費者の心を無力化したり、情報の開示を遅らせたり、欺瞞を見逃させたりするために、消費者にあらかじめ然るべき情報を与えるのである。

　大きな虚偽は、いくつかの小さな虚偽から成り立っている。マーケティングにおける欺瞞は組織化されており、単独の行為ではない。それは、演劇や誘惑のプロセスとして捉えることができる。欺瞞を実行するための特定の行為、あるいは離ればなれになっているいくつかの行為が、組織化された、舞台用のプレゼンテーションの中に埋め込まれているのである。マーケティングにおいて、担当者たちは、統合されたマーケティング・コミュニケーション計画を実行することに頭を使っている。欺瞞が進行中の場合、彼らは「統合された欺瞞計画」について考えている。一つの広告や販売のプレゼンテーションの中でさえも、たとえば、欺瞞的な行為を包みこむ偽装（カモフラージュ）戦術である「ソフト・エンディングアップ」イベントや、欺瞞的行為であることがわからないようにするために、消費者の心を欺瞞的行為から遠ざける「締め出し」イベントが含まれている。したがって、われわれは以下の二点を理解しなければならない。すなわち、①欺瞞を生み出しうる特定の行為、②その前後や周囲に、欺瞞的行為がうまく機能するような行為を戦略的に配置すること、である。

現実の欺瞞について理解するためには、それらを分解して考えることが役立つ。そこで、まず基礎となる戦術を精査し、テレビ広告、販売プレゼンテーション、パンフレット、ウェブページなど、個々のマーケティング・プレゼンテーションやメッセージについて考えていくことにする。しかし、現実の欺瞞キャンペーンの壮大な全体像を理解するためには、もっと広い視点から眺める必要がある。欺瞞的戦略では、多様なメッセージが使われ、プレゼンテーションをいろいろな形式で繰り返している。メッセージやプレゼンテーションは、言語的にも視覚的にも提供されるし、長さや強調点も異なる。また、いろいろなメディアやコミュニケーション媒体（紙、音声、言葉、静止画、動画、あるいはこれらの複合型）が用いられる。種々のメッセージは連続して伝えられる。ある順序で、あるいは、送り手が意図した順序で、あるいは、それとは別の順序で消費者に提示される。これらのメッセージのなかには、消費者に認識されないものや処理されないものもあるかもしれない。たとえば、購買決定過程の最後の方で利用可能となった情報は見逃されてしまうであろう。逆に、これらのもののなかには、特に惑わされまい、だまされまいとして、油断なく自己防衛的になっている消費者によって、何度も何度も再確認され、再検査されるものもある。

本当は何かを隠そうとしているのに、それを開示しているかのように見せることが主要な欺瞞的戦略である。人をだまそうとするマーケティング担当者は、法律に基づいて、ある時点で、何らかの方法で製品の本質的な欠点や、限界、リスクといった不利な情報を開示しなければならない。そのため企業は欺瞞的な「開示」戦術（DDT：Deceptive "Disclose" Tactics)、つまり、飾りに過ぎない、効果のない情報の開示に特に注意を払っている。もちろん、ＤＤＴは農業で害虫を殺したり、マラリアのような病気を媒介する虫を殺したりするのに使われる殺虫剤と同じ頭字語である。ＤＤＴは、殺虫剤の世界でも、マーケティングの世界でも有毒である。ＤＤＴが成功するか否かは、主としてマーケティング担当者が次にあげる事柄をどの程度遅らせることができるかにかかっている。

すなわち，①消費者が製品の欠点やリスク，限界について知ること，②消費者が欺瞞（隠蔽，省略，嘘）が使われているのではないかと疑念をもつこと，③欠点に関する意味のある情報開示が実際には行われないだろうと消費者が判断すること，である。

したがって，マーケティングのキャンペーンにおける特定のメッセージ内容だけではなく，メッセージの伝達方法が欺瞞の成否に影響を与えることになる。たとえば，マーケティング担当者は，一つのメッセージを一回限り提示することで欺瞞を行うことができる。その一つのメッセージのなかに欺瞞がすべて含まれているのである。あるいは，マーケティング担当者は，そうしたメッセージを，あまり効果のない教示（インストラクション）と共に提示することもできる。消費者に対して，曖昧に記述された場所やメディアに存在する別のメッセージを見るようにやんわりと指示するような，「詳しくお知りになりたい場合は」の類の教示である。この場合，そのメッセージ自体が欺瞞性を軽減するかもしれないし，しないかもしれない（たとえば，「ゴルフ・ダイジェスト誌に掲載されている広告をご覧ください」「購入条件に関する文書をご覧ください」）。マーケティング担当者は，受け手がすべてのメッセージを大体同じ順序で受け取るように，複数のメッセージを送ることができる。その際，人をだまそうとするマーケティング担当者は，意思決定過程の最後まで，すなわち，消費者がメッセージの初めのほうにある欺瞞的戦術の影響を受けて，製品を買おうという気持ちになった後まで，製品の欠点の情報開示を遅らせることができる。あるいは，欺瞞を促進するようなメッセージを手当たり次第に伝達することもできる。実際，マーケティング担当者が欺瞞を防止するためにメッセージ伝達についてしっかり計画しなければ，消費者に伝達されるメッセージの提示パターンは完全ではなくなり，大量のメッセージのなかにある，欺瞞を防止しうる大事な部分に，多くの消費者が触れることはなくなってしまうのである。つまり，多くの消費者が，欺瞞からわが身を守ることができるような，メッセージの重要な部分に接触することはなくなるのである。たとえば，もしメッセージの中で，欠点を開示する恐れのあるメッセージ（たとえば，ダイレクトメール）がある場合，欺瞞的なマーケティング担当者は、いかにも迷惑郵便物に見えそうな封筒を使ってそのメッセージを送り、消費者がすぐにそれを廃棄したり、無視したりしたくなるように仕向けるのである。そうすれば、そのメッセージが消費者の目に届くのを妨害できる。彼らは、返金やその他の支払小切手を郵便で消費者に送る際には、開封されないことを願って迷惑郵便物のように見える封筒を使うということもする。

## 欺瞞戦術のタイプ

欺瞞に関する多くの理論家は、欺瞞は偽装とシミュレーションで構成されていると主張する。アノーリら(Anolli et al. 2002)は、欺瞞には四つの基本型があると述べている。すなわち、隠蔽、省略、シミュレーション、嘘である。これらが互いに関連し合っていることに注意すべきである。マーケティング担当者はこれらを組み合わせて用いている。たとえば、隠蔽と省略は偽装する(真実を隠す)ために使われ、欺瞞的なシミュレーション(消費者に間違った現実を見せること)を補助するためにも使われる。ジョンソンら(Johnson et al. 1993)は、敵対的な欺瞞に関する研究において、ベルとホエイリー(Bell & Whaley 1991)の分類を欺瞞に適用している。ジョンソンらによれば、偽装とは「欺瞞の核」のうち、正しく表象することを妨げる方法である。そして、シミュレーションは、「欺瞞の核」のうち、間違った表象を助長する方法である。この「欺瞞の核」という概念は便利である。これは、人をだまそうとする送り手が事実を曲げて見せること、あるいは、消費者が頭の中に間違ったイメージを形成するように仕向けることを意味している。ただし、マーケティングの文脈では、もう少し広く定義する必要がある。欺瞞は、売り込みが行われた製品やサービスの属性、使用した結果、便利な点、リスクなどの不当表示という形で生じうるのである。

「欺瞞の核」には、説得力を高めるためにメッセージ内で使われている、欺瞞的な表現(文章、もの、画像)も含まれる。販売されているものとは別の製品やサービス、たとえば、競争相手のブランドや別のタイプの製品を不当に表示することも含まれる。もし消費者がその製品を購入した場合に起こるかもしれない、望ましくないことや驚くべきことについての不当表示も含まれる。「欺瞞の核」には、売買条件に関する不当表示も含まれる。批評家や科学者が述べた、あるいは、述べるかもしれない製品の欠点やリスクに関する不当表示も含まれる。さらには、製品について検索したり、追加情報を得たりする方法や、異なるレベルの知識や能力をもつユーザーが、予見可能な使用条件下でどのように安全かつ効果的に製品を使用することができるかについて不当表示することも含まれる。

マーケティング担当者が用いる表示や不当表示には、すべての視覚的、言語的なものが含まれる。視覚的、言語的な不当表示は次のような形を通して行われる。すなわち、グラフィック・デザイン、静止画、動画、デジタル処理されたイメージ、数値や数的関係、算術計算、統計情報や数値情報に関するチャートやグラフ、人間や消費者、製品に関する研究から得られたデータ、ものごとの関係性を示すために使われる統計（基準値、比率、回答者数）、使用する言葉の選択、命題論理、アニメーション、作られたデジタル画像、情報の過多、過少、不均衡、そして物語（ストーリー）、である。こうした象徴的な不当表示やそれらを効果的に実行するための道具は、ここ二世紀の間に、速いペースで変化を遂げてきた。不当表示に用いる道具の変化は、（こうした状況に）適応し自己防衛しようとする消費者各世代の能力を超えている。なんとか後れを取らずに、拡大し続ける不当表示の形を理解し、自分たちがいかに不当表示に慣れてしまうかを理解しようとする人々の学習能力に圧力をかけているのである。

ベルとホエイリー（1991）は、現実を隠すための、三つの一般的な偽装戦術を見出した。彼らはそれらを次のように名づけている。①マスキング――現実を見えなくすることによって現実を隠すこと、②再包装――偽装によって現実を隠すこと、③幻惑――混乱によって現実を隠すこと、である。さらに彼らは「誤りを見せる」ための欺瞞的シミュレーション戦術を次の三つに分類している。①模倣――模倣によって偽物を見せること、②創作

——異なる現実を示すことによって偽物を見せること、③おとり——現実から注意を逸らすことによって偽物を見せること、である。このように六つの構成要素に分類することは確かに役立つのだが、マーケティングの欺瞞に関する心理学を議論するには少々限定的であろう。マーケティングの欺瞞戦術に関するわれわれの議論では、（消費者の）心理的特性に基づいた中範囲の概念化を目指している。それは、法律で規定されているような具体的なものではない。したがって、法的に細かく規定されているマルチ商法のような企てや、信用詐欺のような特定の詐欺商法については、本章では取り上げないことにする。また、商標の混乱や偽造についても、他のところで詳しく検討されているので（Jacoby 2001; Zaichkowsky 2006）、ここでは議論しない。欺瞞的な価格設定は、われわれがまさに議論している欺瞞的戦術によってうまく分析できるのだが、これについても本章では具体的に取り上げることはしない。

## ディストラクションと偽装

悪意に満ちたディストラクション（人の注意を何かに逸らすこと）は、マーケティング担当者によって用いられている、広く行き渡った欺瞞戦術の一つである。それは、反論や欺瞞から身を守る思考など（Petty & Brock 1981; Wright 1981）、ものごとを認識するのに努力を要する防衛的な認知反応を抑制するものとして知られている。説得の研究において、研究者は通常、実験参加者（被験者）に別の課題をやらせたり、説得メッセージ内にある形容詞を数えさせたり、色の使われ方を調べさせたりするなどの補助課題（ディストラクタ課題）を与えて説得メッセージから注意を逸らす。そのことによって、説得メッセージを提示している間ずっと、説得メッセージそれ自体と、ディストラクタ課題とをはっきりと切り離す。しかし、人をだまそうとするマーケティング担当者は、それよりも芸術的かつ巧妙にディストラクションを行う。広告内にある、製品の欠点やリスク、限界に関する開示情報が消費者に認識されないように、タイミングと場所を考えて広告の中にディストラクタを配置するのである。マーケティング担当者が消費者に行うディストラクションは、消費者をうまくだませるように、巧妙に構成され、事前に調査されており、戦略的にタイミングが図られている。マーケティング担当者は、現代のコミュニケーション・メディアによって消費者の注意を引くための技術力というすばらしい武器を得ている。つまり、マーケティング担当者は、広告やウェブサイト、宣伝資料などを配信する前に、できるだけ巧妙に消費者の注意を方向づけるように、自らの技術力を実験し、調整し、予備調査し、使用法を修正しているのである。心理学の研究では、瞬間的なディストラクタと同じくらい抵抗不可能な、多くのタイプの刺激が見出されている。これらは、不利な開示情報から消費者の注意を逸らすために、単独でも組み合わせた形でも、かなり効果が確かな形で用いられている。よく知られている例としては、視覚的に訴えるサイズと目立ちやすさ、明るさと鮮やかさ、音の大きさ、驚き、斬新さ、心地よいあるいは困惑させる複雑さ、人々の基本的欲求に関連しているので日常生活で習慣的に注目している刺激（安全性やセックス）、芸術的な美、処理の円滑さ、特定のメディアを見る際の習慣的反応（たとえば、中央付近に注目しやすい）、などがあげられる。したがって、消費者を惑わすのに役立つ効果的なディストラクタをデザインし、配置することは比較的簡単なのである。

　不利な開示情報の効果を弱め、開示情報の欺瞞を隠せるように消費者の思考を混乱させるために、マーケティング担当者は、その意図が明確にならないように消費者の注意を逸らす必要がある。その際、マーケティング担当者は、その開示が認知処理される間、あるいは認知処理されそうな間、一度だけ、または断続的に消費者の注意を逸らす必要がある。マーケティング担当者は、この目的のために、一群の刺激を使うことが可能である。あるいは、的を絞らない、手当たり次第のディストラクション戦略でさえも、欺瞞を成功させるのに効果的である。テレビ広告の場合、不利な開示情報が画面上に表示されている間、マーケティング担当者は視聴者の注意を逸らすために以下のことを行うことができる。すなわち、画面の上部に何か驚くものを提示する、俳優が突然叫び声をあげ急に動く、画面上のどこかに、誰もが「いい気持ち」になるディストラクタ（赤ちゃんや美人）を提示する、画面を素早く切り替える、画面の下に示されている不利な開示情報と関係のないことをナレーターが話し出す、などである。人を惑わそうとするマーケティング担当者にとっては、これらのうち、どれが十分なディストラクタとして働くかはどうでもよいことである。実際、さまざまな消費者が、マーケティング担当者によって用意されたさまざまなディストラクタによって開示情報から注意を逸らされている。どれでも、あるいは、どの組み合わせであっても、とにかく消費者の気を逸らすことができれば、それで十分なのである。たとえば、医薬品のテレビ広告で、リスクに関する開示情報が画面下の渦巻状のリボンによって提示されている間、画面上部から列車が轟音を立てて近づいてくる。その一方で、有名人がリスクの開示とは関係のない話題で話し続ける、といった具合に。

誤りなく誠実に情報を提示する仕方を理解するために、タフト（Tufte 1997）は、手品師が人を惑わせる錯覚をどのように作り出しているかについて調べている。タフトによれば、手品師の目指すところは、誠実な教育者が目指すところとは正反対である。すなわち、「錯覚を作り出すことは、逆情報（disinformation）を作り出すことであり、視覚情報を壊すことであり、観客を欺くことである。（中略）もしわれわれの目指すところが錯覚を作り出すことよりも真実を伝えることにあるならば、マジックの戦略は、何をしてはならないかを示唆している」（Tufte 1997, p.55）。手品師は、面白いが取るに足らない錯覚をマスターする。一方、マーケティング担当者は、非常に重大な錯覚を作り出すことをマスターしようとする。手品の古典的な書物によれば、手品師は、観客に見抜かれないような驚きや困惑、楽しくちょっとしたフラストレーションを感じさせる混乱を作り出そうとする。彼らは、大事な事実や要因を隠すことによって、あるいはそれらを過度に錯綜させることによってその混乱を作り出す。彼らが専門とするのは、偽装戦略と注意のコントロールである。彼らは、優れたミステリー作家がするようなことを行う。注意を逸らせるできごとが生じた時に、ちょうど手がかりが与えられるよう、ショーを演出するのである（Fitzkee 1945）。彼らは視覚的なマスキングを行う。ブレイトメイヤ（Breitmeyer 1984）によれば、マスキングとは、ある刺激（第一刺激）と時間的、空間的に重複している、あるいは近接している第二の刺激（マスク）を提示することによって、第一刺激を目立たなくさせることである。手品師は、マーケティング担当者や多くの一般人と同様、動きが刺激への注意を引きつける一方で、刺激を目立たなくさせることを知っている。大きな動きを使うことで、小さな動きを隠すことができる（Nelms 1969）。タフトは、次のように指摘している。視覚的なコミュニケーション材料を作るプロのデザイナーは、鋭くてどぎつい視覚的な動きが、情報の空間を支配しがちであり、そのことによって、重要で詳細な内容が混乱させられてしまうことを、手品師が了解しているのと同様に知っている。たとえば、「サン・セリフ体」（明朝体に対するゴシック体のように文字の太さが均一で装飾のないフォント）の大文字だけで書かれた警告文の回りを太枠で囲むと、文字や単語間の識別がほとんどできなくなり、消費者はその警告文を読みにくくなる。タフト（1997）は、広告や包装物、他のマーケティング素材を扱う現代のグラフィック・デザインにおいて、その内容を意図的にマスキングすることが蔓延していると考えている。ランド（Rand 1993）は、このことを「情報に対する装飾の勝利」と表現している。彼によれば、広告や包装物などのグラフィック・デザインは、無秩序と混乱のコラージュ（複合体）であり、目を見張るようなハイテクのおもちゃと低級の芸術、意味のない小物、安っぽい特別な効果、判読できない滑稽な印刷、そして、ちょっとした悪賢さ、といったものを大胆に結びつけたものである。

手品に関する初期の教科書では、視覚的な錯覚をうまく作り出すための基本的な原則が二つあげられている。観客に前後関係に注意を向けさせないこと、そして、観客が今見ていること、それまで見たことを思い出して分析するのを防ぐことである。これらの原則は、欺瞞的なマーケティングの実践にもよく当てはまる。手品の教科書には、さらに次のように書かれている。腕のいい錯覚の専門家（手品師、マーケティング担当者）は、これから欺瞞が行われると観客に決して感じさせてはならないし、これから自分が何をしようとしているかを観客にあらかじめ言ってはならない。自分が行おうとしていることについて観客が事前に知識を得ないように努めるべきである。そうした知識は、観客に警戒すべき方向を示し、観客が欺瞞を検出してしまう可能性を高めてしまうからである。手品師は同じトリックを一晩に二回使わないように教えられている。有効なトリックであっても、繰り返すことによってその効果が半減してしまうからである。また、観客は次に何が来るのかを正確に知ることになり、手品師が最初の段階でいかに観客の「目を欺こう」としていたかを見つけるために、観客は自分の欺瞞検出スキルを総動員することになる。手品の観客は、驚き感を持続させてそれを楽しむために、時として自らを「暗闇」に放り込むこともする。多くを知りすぎて、楽しみを台無しにしてしまわないようにするためである。しかし、錯覚ではなく、真実を求めている消費者は、別のやり方でマーケティング担当者のトリックを見抜くことができる。そこで、経験豊富なマーケティング担当者は、手品師の原則に従って、一連の広告の中で同じトリックが消費者の目に触れる状況を避けるために、情報の伝達と商品の流れのなかで使われる欺瞞戦術を変化させようとする。消費者をだますことに熱心な企業は、研究者や教育関係者が、役に立つ欺瞞防衛スキルを消費者に勝手に教えないように、彼らに暗に圧力をかけ、説得し、報酬を与え、そして、自分たちの餌食である消費者が賢くならないように努める。そして、視覚的、言語的な欺瞞の検出について内容的に薄めた形で教えるように仕組んだり、内容的に不十分な形の教材を無料で配布したりすることによって、消費者教育の教材内容をコントロールしようとするのである。

マーケティング担当者は虚偽を作り出すために、第一に、消費者の注意を一方向から逸らすだけでなく、ブックエンドのように両側から挟み込む形を取る。このブックエンド型のディストラクションの場合、導入部とその直後にディストラクタを配置して開示情報を挟み込んでしまうのである。導入部のディストラクタは、欺瞞の効果を減じてしまう開示情報が現れる直前に消費者の心を捕らえているので、開示情報が利用可能になったときには、もう消費者はうまくその開示情報に注意を向けられないようになってしまう。このディストラクタは、消費者が欺瞞効果を弱める開示情報を理解し学ぶために必要な信念体系とは異なる、特定の信念体系をまず活性化させる。そうすると、消費者は活性化された信念の下で考え続けることになり、それを切り離して、新しく提示された開示情報に対処するには大きな認知的努力が必要となってしまう。同様に、マーケティング担当者は、消費者が開示情報に気づいたら、それについて考えないよう、消費者の注意をすぐに逸らしてしまうために、開示情報の直後にもディストラクタを置く。ある場合には、広告の導入部と直後にそれぞれ、好ましい商品属性に関する、色鮮やかで、おもしろく、はっきり見え、人目を引き、関連性のあるものを提示する。こうして、短くて、つまらなく、ぼんやりして、大げさで、曖昧で、おもしろくない開示情報を挟み込むことになる。マーケティング担当者は、ディストラクションを覆うこともする。種々の広告の提示において、印刷物や話し言葉による情報の開示が行われるよりも先に、興味を引きつけるような視覚的なテーマや物語が始められ、それは開示が行われている間中続けられる。そして、開示の中央あたりで、別の魅力ある視覚的な物語やテーマに移っていくのである。二番目の視聴覚的ディストラクタは、伝達可能性の高い視覚物の特徴を利用して、聴覚的あるいは印刷物による開示から、消費者の注意を視覚物に釘付けにすることである。ディストラクションによる隠蔽を行う場合、マーケティング担当者の扱う商品とは関係のない楽しい刺激、あるいは、商品に関する派手で人目を引き、心を奪うような好ましい商品情報を示す楽しい刺激を、面白く魅惑的に提示することもある。これは、「幻惑」(razzle-dazzle) と呼ばれており、「きらきら光るスパンコールに目を奪われていたら」ものが見えなくなるだろうと問いかけるポピュラー・ソング（映画「シカゴ」内の挿入歌）にうまく表現されている。その歌は次のように続く。「叩かれりゃホコリの出る身、我ながらヘドの出る悪党、だけど、ラズルダズル（キラキラに目を奪われて）、誰にもバレやしない！」（江崎リエ・藤田真利子訳『シカゴ』角川文庫、カッコ内は訳者）

　偽装（カモフラージュ）も、不利な開示情報を隠すために、ディストラクションを補うものとして使われる。狡猾な形の場合、そうしたメッセージの形式としては、別の話題と思われるような段落や項目のちょうど真ん中に特定の開示情報を埋め込んだり、ある項目の内容を勘違いさせるような、曖昧な見出しや題名を付けられた項目のなかに開示情報を埋め込んだりするものがある。このやり方は、文書や口頭での提示を組織化し強調する方法に関する、一般的なルールに反している。消費者は、通常、あるプレゼンテーションにおける（タイトルや副題、ラベルの付けられた）段落や項目の内容は、常にその見出しやトピック・タイトルに示されていると期待している。これは、話者がこれから話す題材に題名をつけることで聴取者の理解を助けるような、口頭でのプレゼンテーションにも当てはまる。人は、次に提示される項目の見出し文を読む（聞く）とともに、そうした題名や見出しに頼ることを学んでいる。それは、人々が善意の伝達者を信頼し、伝達者が文書や口頭のコミュニケーションをわかりやすくするための、広く知れ渡っているルールにしたがって、受け手のためにプレゼンテーションを区分してくれていると信じているからである。段落や項目の真ん中にほとんど関係のない開示情報を目立たないように置くことは、それを切り離して配置して、自然に目立たせることと比べると、本当に悪意のある欺瞞の形態といえる。

## 堕落的説得戦術

欺瞞を含めずに、誠実に使うことが可能な、名の通った説得法であっても、それがマーケティングで使われるとしばしば堕落してしまう。われわれは、欺瞞を用いて実行される、潜在的に強力な説得戦術を「堕落的説得戦術」と呼んでいる。これは、「まっすぐで、正しく、真実である状態」から、「堕落した、劣化した、誤りに満ちた」状態へ変化した戦術である。第2章で述べたように、チャルディーニ（Cialdini 2001）とプラトカニス（Pratkanis 2008）は、ある条件の下で効果をもつ説得戦術を数多く見出している。チャルディーニは、六つの「社会的影響の原理」をあげている。すなわち、①返報しようとする動機、②コミットメントと一貫性の動機、③社会的証明の切望、④説得者に対する好意、⑤権威への服従、⑥稀少性への信念、である。他方、プラトカニス（2008）は、ある条件下で効果的であることが心理学者によって明らかにされている一〇〇以上もの社会的影響戦術をあげた。彼は、それらの戦術を、四つのカテゴリーにまとめている。すなわち、①説得が始まる前に好ましい雰囲気を作ること（「状況づくり」）、②受け手から信頼感を勝ち取り、受け手との心理的関係を強めること、③製品自体に関するメッセージを説得力ある形で提示すること、④説得するために消費者の心のなかに情動を喚起すること、である。

さて、チャルディーニのあげた一般的な説得戦術でも、プラトカニスのあげた個別の説得戦術でも、マーケティング担当者がそれらを偽りなく、誠実に、そして欺瞞のないやり方で実行することは可能なはずである。そうすれば、消費者に伝達される情報にはごまかしや虚偽は含まれないことになる。しかしながら、マーケティング担当者は、これらの説得戦術を人を惑わせるような形でしばしば用いている（Cialdini 1997）。欺瞞戦術に関して言えば、堕落した説得戦術を実行する際には、誤った提示、省略、隠蔽、嘘を組み込んでいる。たとえば、「権威戦術」を人を惑わす形で実行するために、マーケティング担当者は消費者に「権威」であることをほのめかすニセの手がかりを広告の中に組み込む。広告内の送り手がその製品に関する本当の権威であるという、欺瞞を通して作り上げられた印象は、受け手の心の中に好ましい状態を作り出す。そして、その好ましい心の状態は、広告内の送り手や広告全体が作り出す、製品を良く見せようとする主張の影響力を増幅させるのである。説得戦術を実行する際の欺瞞は、プレゼンテーションの背後にある本当の目標を隠すことでもある。たとえば、返報性に基づいた説得を行う場合、説得の受け手に何かを与えたり、受け手のためになることを行うという最初の行為は、正直かつオープンに行われるかもしれない。たとえば、「これをあなたに無料ギフトとして差し上げます。なぜなら、あなたがお返しに何かをしてくれることを願っているからです。……私がお伝えしなければならないことに、あなたが耳を貸してくださることを……」とか、「……なぜなら、この商品をお買いになって決して損をしないことを確信していただきたいと願っているからです」。しかし、マーケティング担当者は、しばしばそれを下心をもって行う。彼らの行為は親切心から出たものではなく、本当は、段階的に展開する説得戦術の大事なステップであることを、可能な限り長い間、隠しておくためである。

堕落した説得戦術における消費者の欺瞞検出を理解するために、次のような場合を考えてみよう。マーケティング担当者が行う説得において、チャルディーニやプラトカニスがあげている方法のうちの一つだけが用いられている場合、二つの方法が組み合わせられている場合、三つの方法が組み合わされている場合、などである。たとえば、ある説得的な働きかけ、あるいは、あるキャンペーンに関する一連のメッセージにおいて、稀少性の原理だけが用いられる場合、稀少性の原理と社会的証明の原理が組み合わせて用いられる場合、それら二つの原理に、信頼性を高める戦術がいくつか付け加えられて用いられる場合などである。簡単な計算により、マーケティング担当者が用いることができる説得戦術の組み合わせは、数多くあることがわかる。そして、そのいずれもが、それらを実行する時の欺瞞によって、いろいろな形に堕落してしまう可能性がある。たとえば、説得効果を高める五つの戦術を用いて説得を試みる場合、それらを実行する際に欺瞞を導入することによって、五つそれぞれを堕落させることもあるし、説得戦術を誠実に実行している間に、欺瞞性をうまく偽装するために一つだけを堕落させることもある。

第2章で議論したように、これらの説得戦術は、受け手が当該の製品に無関心であったり、何かに心を奪われていたり、注意が散漫であったり、別の認知的課題に没頭していたりする場合に、効果的なようである（Cialdini 2001）。したがって、説得戦術が実行される間、システム1の処理が受け手の主たる処理モードになっていることが必要である。しかし、システム1の処理だけでは、概して弱くて一時的な効果しかもたらさない（Petty & Wegener 1999）。それだけでは受け手の持続的な態度変化を生み出さないのである。そこで競合するメッセージに対抗するような持続的かつ安定した効果を生み出すには、メッセージ内容について自分でよく考えるというシステム2が必要となる（Petty & Wegener 1999）。チャルディーニやプラトカニスによって議論されている説得戦術は、主に、マーケティング担当者が消費者に誘導しようとするシステム2の処理における「好ましい反応」を増加させる心理的状態を作り出すがゆえに、（マーケティング担当者の視点から見て）効果的なのである。また、説得する側の目標にとって好ましくないシステム２の処理（たとえば、欺瞞の防衛）を妨害するような一時的な状態を消費者の心の中に作り出すことも説得戦術の効果を高めることになる。

　われわれはここで一つの重要な現実にたどり着いたと言える。これらのよく知られている、そしてよく研究されている説得戦術は、実際にはしばしば「欺瞞の共犯者」になるということである。なぜなら、製品の欠点やリスク、限界に関する本質的な欺瞞を含むメッセージのなかにこれらの戦術を含めることは、本質的な欺瞞を成功に導く力になるからである。説得戦術が欺瞞の共犯者として働く場合というのは、消費者が欺瞞的なメッセージ全体を処理している間、消費者の欺瞞防衛の能力や動機づけを弱めたり骨抜きにしたりすることによって、欺瞞が成功するようにその戦術が使われるときである。説得戦術それ自体が誠実に実行されても不誠実に実行されても、それは、上述のような形で欺瞞の共犯者として働くのである。たとえば、**誠実に実行された**社会的証明の説得戦術の場合であっても、消費者がマーケティング担当者の欺瞞的メッセージを受容し、隠蔽や省略、欠点やリスクに関するメッセージを用心深く調べないような心理的状態を作り出すことによって、マーケティング担当者による後続の欺瞞を増強することになる。同様に、社会的証明による説得戦術の**堕落した形**（つまり、社会的証明の情報を偽ったり、省略したり、隠蔽したり、不当に提示したりする形）であっても、マーケティング担当者の製品や取り引きに関する欺瞞を増強し、（社会的証明戦術の実行における欺瞞それ自体が、疑問をもたれたり検出されたりしなければ）消費者の欺瞞防衛能力を低下させることになる。前述のように、説得戦術が欺瞞の共犯者として作用する場合、その説得戦術は、一時的に消費者の欺瞞防衛能力を低下させてしまう、「弱体化」戦術であると捉えることができる。そうした説得戦術は、消費者の欺瞞監視の目を眠らせてしまうのである。なぜならば、欺瞞を防衛するための準備とスキルには、システム２で情報を処理するための防衛的な心構えと認知的努力が必要だからである。

## 欺瞞防衛の動機づけと機会を抑えこむ

人をだまそうとするマーケティング担当者は、消費者がマーケティング担当者のメッセージを処理する際に、欺瞞から我が身を守るために個人的なスキルを適用しようとする動機づけと機会を何とか抑えこんでしまおうとする。われわれは、効果的な欺瞞防衛的思考を、システム2の思考の特殊な形態として捉えている。概して、欺瞞から我が身を守るには多くの認知的な努力を必要とする。欺瞞を見つけ出し、欺瞞を中性化し、欺瞞に抵抗するために、消費者は努力を払い、思考することが必要である。消費者のなかには、今までの体験を通して欺瞞防衛スキルが十分に身についているので、効果的な欺瞞防衛が自動的なシステム1の下で行われるようになっている人もいる。しかし、マーケティング担当者は、消費者の欺瞞防衛的思考を何とか抑え込んでしまおうとする。なぜなら、欺瞞防衛スキル（MDP : Marketplace Deception Protection skill）を短期間で身につけることはできず、消費者の自己防衛的思考は、混乱や認知的資源の枯渇の影響を受けやすいからである（Vohs 2006）。

適切な時期にディストラクションを使えば、消費者の欺瞞防衛活動が実を結ぶ前に、それを混乱に陥れることができる。たとえば、欺瞞防衛的思考の列車がゆっくりと加速し始めたとしよう。その思考の列車は、挿入されたディストラクションによって、旅の途中で脱線させられてしまうことがある。つまり、消費者は、欺瞞防衛的思考が効果を発揮する前に方向転換させられてしまうのである。「混乱－再構成」（disrupt-then-reframe）と呼ばれる欺瞞的戦術が、そのよい例である（Fennis et al. 2004; Kardes et al. 2007; Knowles & Linn 2004b）。これは、巧妙なディストラクションと混乱を根幹に含む欺瞞的戦略である。その戦略の中ではタイミングよくディストラクションが用意され、消費者にとって大事な時点で混乱させられるようにメッセージが作られている。その結果、消費者の欺瞞防衛的な思考は弾みをつけ力を発揮しようとする前に、中断させられてしまうのである。

市場における欺瞞防衛スキルの使用を抑え込む、もう一つの方法がある。それは、欺瞞防衛スキルを弱体化させるために、隠蔽や省略を仕組む前に、消費者をさまざまな情報処理課題で圧倒してしまうやり方である。すなわち、認知的処理が不可能になるくらい大量の無関連情報で消費者の心を氾濫させ圧倒してしまうのである。たとえば、重要な隠蔽を行う前に、次から次へいろいろな話題について細部に至るまで消費者に考えさせることで、消費者の心をへとへとに疲れさせてしまうのである。話題の変更と詳細な情報によって、消費者にはより多くの認知的資源が必要となり、欺瞞を常に監視するために必要な認知的資源が少なくなってしまうのである（Wegener et al. 2004）。プレゼンテーションを詳細な情報で満たすことは、消費者の自己防衛を弱体化させるだけでなく、詳細な開示がなされているという印象を消費者に与えることで、何か重要な情報や不利な情報が省略されているのではないかという疑念を抑えることにもなる。その一つの形が「鉄砲水」（flash flooding）である。情報の鉄砲水は、豪雨後の鉄砲水と同じように、大量の情報が、局地的に、短時間、突然に提供されることを意味する。たとえば、電話で勧誘販売をする人は、最初に消費者にたたみかけるように大量の情報を与えて圧倒し、突然、「無料の」提供だということで、何かはっきりしないサービスのリストを早口でまくしたてる。その直後に、このやり方が実は「ネガティブ・オプション」（商品送りつけ商法）的なものであることを明かすのだが、消費者には十分理解できないような内容を、短く端折った、分かりやすいとはいえない語り口で伝えるのである。この種の鉄砲水によって消費者の認知的な欺瞞防衛能力を水浸しにし、自己防衛的武装を骨抜きにしてしまう。

ノウルスとリン（Knowles & Linn 2004b）は、マーケティング担当者が提供するメッセージに対する消費者の抵抗を弱めるための、「オメガ」戦略と呼ばれる説得法について説明している。彼らは、このタイプの説得法が説得の領域であまり研究されていないことを指摘し、説得時に使える道具として紹介している。結局のところ、多くのオメガ戦略は、消費者を惑わしたりだましたりする方法であり、その効果の多くの部分は欺瞞に依存している。ノウルスとリンは、欺瞞的なオメガ戦略の使用には消極的であった。彼らは、おそらく「社会的に望ましい」

目的をもったメッセージに対する抵抗を和らげるための方法として、それらを捉えていたのであろう。説得の当事者からすれば、善なる目的は疑わしい手段を正当化するのである。欺瞞の可能性があるオメガ戦略の一つに（Knowles & Linn 2004b）、「相互作用の再定義」がある。これは、説得の本当の目標が消費者の目から隠されてしまう方法であり、マーケティング担当者にはおなじみのものである。ノウルスとリンは、例として、消費者との相互作用を「説得やマーケティング」として定義するのではなく、「コンサルテーション（相談）」として定義づけする、販売員の研修を引用している。彼らは、この欺瞞的説得（彼らはそのように認識しているのだが）の利点として次の三つを挙げている。①消費者自身が当該の状況をコントロールしているような気になり、用心する必要性をあまり感じない。②販売員と消費者の両者で共通の計画を立てることが目標であるかのように状況を定義づけるので、消費者が自分自身の利益に注意を向けにくくなる。③販売員とのその場の相互作用を超えて、長期的な相互作用になることが示唆されることによって、消費者は、欺瞞を防衛し始めることを先延ばししてもかまわない（たとえば、その場の相互作用でマーケティング担当者が欺瞞や「誤解」を作り出していたとしても、次の機会にはそれらに対処できる）という気にさせられる。

二つ目の欺瞞的なオメガ戦略は、説得的な意図や目標を消費者の目から隠すための手段として、物語（ストーリー）を使うことである。マーケティング・メッセージで物語を用いることは、そのプレゼンテーションが現実からかけ離れた娯楽であるかのように見せることになる。サスペンスに満ちたストーリーが次々に展開していく構造は、マーケティング担当者のメッセージの話題が何であるか（つまり、製品やサービスのどのようなタイプやブランドが本当の説得の話題であるか）を一時的に隠すことになる（Campbell 1995; Dal Cin et al. 2004; Escalas 2007）。この「これが娯楽」的な提示の仕方は、消費者が情報処理の初期の段階でメッセージから自己防衛するために心理的な準備を行わせないようにし、かつ、早々に説得の働きかけから逃げ出してしまわないようにする。消費者が疑念を抱かないように、彼らを物語にうまく巻き込んで関与させ、マーケティング担当者が最適と思われる箇所で、本来の（製品に関する）話題を一気に消費者に提示するのである。グリーンとブロック（Green & Brock 2002）によれば、物語は、「もっともらしい」心的シミュレーション、あるいはシナリオ（消費者にとって必ずしも価値あるものではないが、価値がありそうに見えるもの）を作り出す。消費者は、そのもっともらしい物語の展開を、本当の物語と勘違いしてしまう。ダルシン、ザンナ、フォン（2004）によれば、多くの場合、物語は、実際に語られていること以上に物語の詳細について自発的な推測を受け手に行わせる。つまり、物語とは、読者、視聴者、聴取者に何かをほのめかして、彼らが自分自身で頭のなかで穴埋めするように仕向けることである。実際、想像して穴埋めをするという作業は、受け手にとって喜びの体験となる。しかし、物語を読むときには必要不可欠なこの穴埋め作業に消費者が一度捕らわれてしまうと、話題が現実の製品に切り替わっても、それまでの勢いで、しばしば間違った推論作業を続けてしまう。グリーンとブロックは、すべての注意を物語に向けていくという過程を通して、人は次第に物語に心を奪われるようになると説明している（Green & Brock 2002; Green, Garst & Brock 2004）。そうだとすると、物語そのものから受け手が「一歩離れて」欺瞞防衛を行うときや、メッセージの説得的な部分を注意深く精査するときに利用できる認知能力が制限されてしまうのは、まさにこの物語に集中してしまう過程があるゆえだということになる。グリーンとブロックは、これを心理感情的な**移行過程**（transportation process）と呼んでいる。

　このように、マーケティング担当者が提供する物語は、消費者が欺瞞を検出するために適用できたかもしれない注意深い精査を解除し、無能力化してしまう。フィクションと事実が混合された提示や、非現実（アニメーション）と現実（現実の人々と場所）が混合された提示によって、消費者は真剣な欺瞞監視を一時的に中断してしまう特別な心理状態に置かれる。ダルシンら（2004）によれば、物語によって、欺瞞的な方法が作動していることを示唆する予告や、文脈的あるいはメッセージ上の手がかりに対する消費者の警戒心が弱められる。さらに、彼らは、物語の内容を割り引いて考えることは難しいとも述べている。消費者が真実性を評価するときに使う基準はもっともらしさだからである。「ありそうもないこと」は、それが現実であろうとフィクションであろうと真実とは言えず、また、「ありそうなこと」は、たとえ真実ではないにしても、少なくとも真実で「あり得る」のである。さらに、物語に没頭するには認知的、感情的な資源を必要とするので、読者や視聴者は、大量の物語を含んだメッセージの中にある製品情報について批判的に考える余裕がほとんどなくなってしまう。先にあげた「移行過程」は、消費者の心理システムと能力が物語内の出来事に焦点を当てる過程である。そのため、製品に関連するマーケティング担当者の主張が正しいかどうかを判断できなくなってしまうのである。

## 言い逃れ

隠蔽戦略を促進するために、しばしばマーケティング担当者は、広告や資料の別の箇所で、または、他のメディアに提供したメッセージの中で、開示情報（定義、説明、必要条件）の探し方について消費者に不明瞭でわかりにくい指示を与える。また、欠点やリスクに関する定義、説明、必要条件を実際にどこか別の箇所に示す場合、それらを、元のプレゼンテーションの欺瞞的な部分の近くには置かないようにする。そのことによって、消費者は、さらに明確に理解しようとしたり、後で見つけようと覚えておいたりするために、現在のメッセージ処理を中断せざるを得なくなる。さらに、そうした開示が実際に一度だけは行われたとしても、マーケティング担当者は滅多にそれを（自発的に）繰り返すようなことはしない。たとえ、メッセージやプレゼンテーションが長々として単調なもので、処理するのが困難な場合でも、反復はしない。そのような開示がただ一度だけ、理解を助けるのに十分な情報や繰り返しもなしに行われた場合、消費者がそれを無視してしまう確率は非常に大きくなる。したがって、消費者は何か疑念を感じることに関する繰り返しや説明を、自分で探さなければならないのである。

消費者がよりよい情報を見つけようとしているとき、マーケティング担当者は「言い逃れ」戦略を用いることがある。消費者が欠点やリスク、限界に関する有用な情報を得られる可能性について欺くやり方である。その一つの形として、落胆戦略がある。これは、マーケティング担当者が、わかりにくい開示情報を見つけるための条件が満たされていないことを消費者に示す方法である（Rowe 2007）。この落胆法を成功させるためには、嘘をつくことが必要となってくる。ロウ（Rowe 2007）によれば、落胆戦略が特に効果を発揮する理由がある。すなわち、①意図的な欺瞞を連想させることが少なく、②もっと多くのことを知ろうとする消費者のやる気を削ぐことが少ないからである。彼によれば、マーケティング担当者は、そうした消費者を落胆させる一方で、「引き続き注意していれば」この会社から必要なことを知ることができるはずだという期待を巧みに消費者に抱かせる。そうすることによって、消費者が求めている情報の提供を送り手が拒否すると同時に、消費者の時間とエネルギーを浪費させることになる。こうして、他の欺瞞防衛活動に使えるはずの消費者の認知的資源を消耗させてしまうのである。ロウは、言い逃れ戦術が実際にどのように実行されるかについて説明している。電子メールや電話で消費者とやり取りをしている販売員は、たとえば、①消費者が必要としている欠点やリスク、限界に関する情報を、現時点では見つけることができないと言ったり、ほのめかしたりする、②消費者には何らかの情報を得たり、その時点でもっていないパスワードやコード番号、その他の固有番号を照会したりする権利がないと主張する、③「エラー」あるいは「開けません」という不可解なメッセージを出したり、単に返信や返答をしたりしない、④消費者が求めている情報を得るのに必要な機器が動かないとか、検索の途中で止まってしまったとか伝えたり、消費者を一見終わりのない（落胆するような）ループに陥らせたりする、などである。これらの方法は、いずれも、製品の欠点を判断するのに必要な情報を得ようとする消費者に対する欺瞞的な言い訳である。人をだまそうとするマーケティング担当者にとって、消費者を落胆させる言い逃れは、見抜かれやすい欺瞞をメッセージの冒頭で用いるリスクを冒したり、実際に重要な欠点を最初から開示したりすることに比べれば、消費者には目立ちにくいように思われるようである。さらに、マーケティング担当者が言い逃れの開始を遅くするほど、また、何とか欺瞞を検出しようとする消費者が欺瞞を検出しないように時間かせぎをするほど、マーケティング担当者が欺瞞的な物語全体を一貫したものにするための言い逃れを繰り返す必要は少なくなるのである（Rowe 2007）。

## 省略

特定の欠点やリスク、限界、あるいはこれらのいくつかに関する情報をすべて省略することは、マーケティングにおける欺瞞戦略の常識である（Kardes et al. 2004）。マーケティング担当者は、省略していることが消費者に気づかれないように、不利な開示を省略したり、消費者が自分の判断基準を思い出さないようにプレゼンテーションを行ったりする。ふつうマーケティング担当者のプレゼンテーションでは、部分的な省略、いわゆる「半分だけ真実」（真実の開示の中に省略を混ぜたもの）という方法が用いられる。何世紀にもわたり、人々は欺瞞の中でも特に有害なものとして「半分だけ真実」に言及してきた。「嘘の中で最も腹黒いものだ」と指摘されることも少なくない。重要な事柄が提示されていないことを認識するために必要なのは、何が明示されうるか、何を明示すべきかに関する明白な判断基準を消費者がもつことである。これを妨害するためのマーケティング担当者側からの方法は、消費者に切迫感をもたせたり、「思い切りよく」素早いアクションを取ることが思考やセルフ・コントロールのためには好ましいとほのめかしたりすること、また、ライバル会社の広告や資料と自分たちのものとは異なることを示して、ライバル会社のほうに情報の省略があることを際立たせることである。消費者が情報の省略に対処する際に生じる問題については、これまで多くの議論がなされてきている（Gaeth & Heath 1987; Kardes et al. 2004; Shimp 1979）。第6章において、これらの研究を詳しく検討することにしたい。

# 第4章　マーケティングにおける欺瞞の戦術 II

本章では、マーケティング担当者が行う（情報の）隠蔽や省略による欺瞞ではなく、（情報の）明示によって生じる欺瞞に焦点を当てる。すなわち、シミュレーション、フレーミング、偽装、防衛的な言葉、曖昧な言葉、推論しながら広告の内容を理解しようとする消費者の傾向を利用すること、消費者の数学音痴や研究方法への不十分な理解を利用すること、言語的視覚的な嘘とレトリック、そして戯言《ざれごと》である。

## シミュレーション

消費者側から見ると、メンタル・シミュレーションとは、ある出来事、あるいは、一連の出来事について、それらを模倣するように頭に描かれた内面的な過程である（Taylor & Schneider 1998）。欺瞞理論においても**シミュレーション**という言葉は使われているが、この場合、説得者が消費者に対して、明らかに間違った形でものや行為、状況、出来事を頭に描かせる行為をさす。そのイメージは、消費者が自分でメンタル・シミュレーションを行う際に、魅惑的なルアー（疑似餌）に包囲され、それを「うのみに」してしまう感じである。消費者は、最終的にはメンタル・シミュレーションを行うのだが、その過程を惑わすために、マーケティング担当者は、メンタル・シミュレーションをどのように行うのがよいのかを消費者に対してあらかじめ描写したりモデル化したりする。われわれがこの点を明確にしたいのは、欺瞞の戦略としてシミュレーションを議論する際に、シミュレーションという言葉が、外部の説得者の行為を記述するために使われることがある一方で、説得者によって導かれた受け手の心理的反応を記述するためにも使われることがわかったからである。

現実の姿を頭に思い描くものを伝える際に、シミュレーションというのは、明確に伝えられたことであり、伝えられなかったことではない。しかしながら、マーケティング担当者によるシミュレーションは、それが、ある状況や出来事、過程（プロセス）、事物など、何に関するものであっても、省略や隠蔽（つまり、伝えられなかったこと）としても定義される。また、マーケティング担当者のシミュレーションというのは、狭く捉えた概念であり、包括的には概念化されていない。シミュレーションというのは時に中立的で誠実なものであるが、日常会話や欺瞞的な文章においては、不誠実で、劣っていて、捏造され、偽りのある、人を惑わすような表現のことである。マーケティング担当者が欺瞞的シミュレーションに関わるのは、提供する製品やサービスの基本的な部分を積極的にごまかす場合である。これには、提供される製品そのものをはじめ、以下のような不当な表示が含まれる。すなわち、サービス提供サイト、取引サイト、企業の製造あるいは営業活動サイト、サービスを提供する「サービス・スケイプ」（レイアウト、デザイン、照明、音楽、色遣いなど、サービスが行われる物理的環境のこと）、何らかの結果につながる課題（何か作業をしたり、頭の中で考えたりするような課題）を消費者が行う際の手続きの記述、あるサイト内で企業の従業員や他の消費者とのやりとりに関するサービスを提供する手続き、そのサービスを利用する際にパソコン上の、現実の、あるいは他の道具を用いること、サービスを提供する従業員の言葉遣いや態度・行為、いろいろな点から見た製品の外見（大きさやその内部）、消費者がその製品を操作し、使用し、安全性や危険性を知るために必要な行為、製品を保管したり維持したりする際における製品の包装やラベル、他製品の広告などからの重要な情報の探索、である。消費者のメンタル・シミュレーションに関する研究においては、特定の形態の認知的な原因－結果シミュレーションやプロセス・シミュレーションがいつ将来の行為を導くのか、また、それはなぜなのか、どのような形態のシミュレーションが消費者の生活にポジティブな効果やネガティブな効果をもたらすのか、が検討されてきた（Escalas & Luce 2003; Gregory et al. 1982; Keller & McGill 1994; Taylor et al. 1998）。

ここで特に重要なことは、人が、将来のできごとのメンタル・シミュレーションを行うときに、送り手が提示するよく目立つ、利用が簡単な、具体的な「シミュレーションのルアー」にしばしば影響されてしまうという事実である。人は、誰かがはっきりと提示する、明白で説得力のあるシナリオにしたがって将来像をイメージしがちである。マーケティング担当者がはっきりと提示するシナリオとは異なる将来のシナリオを、自分で作り上げていくのはたやすいことではない。人は、現実に体験したことがなかったり、滅多に見たことがなかったりするようなできごとの因果関係や一連のプロセスを想像することはできないのである。

消費者の頭の中のプロセス・シミュレーションは、特に大事である。マーケティング担当者は、誤った提示をして、「もし〜ならば、〜である」という因果関係を示す物語をよく提示するからである。たとえば、もし消費者がマーケティング担当者が推奨する製品を買わずに、それ以外の行動をし続けたり、新しいことを始めたりすれば、何か悪いことが生じる、逆に、マーケティング担当者が推奨する製品を買って使いこなせば、素晴らしいことが起きるという内容である。これが、基本的な事前－事後物語であり、問題解決メッセージ、事前－事後メッセージ、恐怖（脅威）喚起メッセージ、損失フレーミング・メッセージ、社会的モデル・メッセージが多少なりとも関連し合っている。欺瞞は、こうした物語の基本的要素が事実を曲げて伝えられたときに生じる。

ここで、「おとり」という概念が役に立つ。おとりは、誰かを危険な状態におびき寄せるために使われるものである。何かを隠すために使われる一時的なディストラクションではない。おとりを使う場合、欺瞞の担い手は、消費者におとりを信じさせるために、それに注意を引きつけようと躍起になる。そのことによって、消費者の頭の中でシミュレートされる、欺瞞的な「もし〜ならば」というプロセスに消費者をおびき寄せることができるからである。マーケティング担当者が伝える基本的な「もし〜ならば」という物語では、いくつかの架空の現実が作り出される。その一つは、「ブギーマン（悪い子どもをさらっていくとされる小鬼）おとり」とでも呼べるものである。ブギーマンおとりは、もしマーケティング担当者が勧める製品を選ばないと恐ろしいことが起こるかもしれないと伝える、欺瞞的シミュレーションである。ここでのおとりは、消費者がブギーマンから逃れ、中に入りたいと思う「お菓子の国」である。それは、マーケティング担当者が同時に提示している、もう一つの作り出された現実（もしくは、実際の現実）である。お菓子の国のおとりは、素晴らしい未来を架空に描いたものである。事前‐事後物語の重要な部分は、消費者がブギーマンの恐ろしいシナリオを回避して、お菓子の国のシナリオ通りに行動するために取らなければならないとされる、一連の行為である。このときマーケティング担当者は不当な提示をすることがある。この一連の行為についてマーケティング担当者が示す表現が、甚だ不完全であったり、明らかに人を惑わすものであったりすることが多いのである。それは、過度に単純化され、不正確で、しばしば明らかに危険な一連の行為として設定されており、想定したり、計画を立てたり、実行したりするのが困難なほどである。その複雑な一連の行為をマーケティング担当者は「マディソン街（広告業界）の2《ツー》ステップ」に単純化する。つまり、「製品を買いなさい、そうすればブギーマンを避けてお菓子の国に住めます」ということである。実にはっきりして単純な構造である。このようにモデル化された行為の流れは、次のようなとき欺瞞的になる。すなわち、①ある製品を使用して、何らかの結果が出てくることに欠かせないか、もしくは、望ましい結果を生み出す重要な行為のステップを、あるいは、頭の中で考えるステップを不正確に提示したり、記述したり、省略したりするとき、②必要となる一連の行為の中で、特定の行為を行うことの難しさについて明らかに事実を曲げて伝えるとき、③特定のステップの実行を特に困難にさせるような条件や消費者の能力について不正確に伝えるとき、である。多くの場合、消費者は、適切な条件下で以前に実行したことがない行為や認知的操作を行っている自分を想像できないので、取るべき行為に関する不正確なシミュレーションによって危険な状況に導かれてしまう。新しいあるいは馴染みのない製品やサービスが市場に出された際に、必要となる行為のメンタル・シミュレーションを消費者が行えるようにマーケティング担当者が配慮しない場合は、（その製品について）より多くの情報を見つける方法、欠点を知る方法、製品を安全にかつ効果的に使う方法について、マーケティング担当者が（消費者の）誤解を招きやすい提示をすることがある。この点については留意しておく必要がある。たとえば、ある企業は、新しいブランドの粉ミルクが適さない乳児について医療専門家に情報を提供することなく、短いテレビCMを通じて、その製品を宣伝した。そのブランドの責任者は、以前、ペットフードの市場で働いていた。そのテレビCMには母親と乳児が映し出されていたが、かなりの数に上る乳糖不耐症の乳児にはその粉ミルクが適さないことを警告していなかった。その結果、CMを見た母親がその製品を購入し、乳糖不耐症のわが子にその粉ミルクを与え、そのうちの何人かはかなり重い症状に陥ってしまったのである。

## 欺瞞的なフレーミング

こうした事実からわれわれは、「フレーミング戦術」と呼ばれる、多くの欺瞞的な戦術から構成される一群に導かれる。「フレーミング」とは、判断を下すべき問題の認識と分析について消費者を惑わすような不完全で偏った提示を行い、それによって消費者の意思決定過程全体を間違った方向に導くことである。消費者の購入決定あるいは選好判断に関してフレーミングを行う場合、マーケティング担当者は、複雑な意思決定中のいくつかの側面だけに焦点を当てたり、マーケティング担当者にとって好ましいフレーミングに注意を引きつけたり、それが客観的であり、実際、使用すべき根拠のある唯一のものだと述べたり示唆したりして、消費者の思考を狭めるように提示する。不完全なフレーミングには、製品の属性や製品使用の結果のうち限られたことだけを議論したり、巧妙に選ばれたライバル製品とだけ自社製品を比較したり、製品に伴う損失やリスクを偏りのある不完全な形で提示したりすることが含まれる（Bettman et al. 1998; Kahneman et al. 1982; Kivetz & Simonson 2000; Levin et al. 1998）。

この種のフレーミングは、意図的な欺瞞戦術として研究者によって議論されることはほとんどない。しかしながら、フレーミング戦術は、本質的に次のようなものに基づいている。すなわち、製品に関連する情報の省略や巧妙な隠蔽、消費者からの精査を免れるための隠蔽や省略、そして、特に、マーケティング担当者が提示するものとは別のフレーミングを採用する可能性とそれによってもたらされる利益を消費者に隠蔽することである。選択課題や判断課題を不完全で偏った形で消費者に提示すること、これがフレーミング戦術のすべてである。消費者は、明確に提示された枠組みだけにしたがって考えようとするし、提示されている不完全で巧妙なフレーミングが自分たちの選択をいかに偏らせてしまうかに気づかない。マーケティング担当者に役立つフレーミング効果は、こうした消費者の反応によって生み出されるのである。この点について理解を深めるために、次の二つの例を考えてみよう。第一のケースでは、マーケティング担当者は、広告製品にとって望ましい決定をするように、部分的に不完全な視点を消費者に提供する、古典的な単一視点的フレーミングを提示する。第二のケースでは、同じようなバイアスのかかった単一視点的フレーミングだけでなく、別の複数のフレームも提示する（たとえば、次のように消費者に伝える。「この商品について考える際に、まだお話していない特徴や、まだお伝えしていない競合商品についても検討されたくなるかもしれません」とか「こういう風にもお考えになれるのではないでしょうか……先ほどお話しした見方と同じくらい、良くて正しい考え方ですよ」）。あるいは、消費者は次のようにアドバイスされるかもしれない。「今お話しした以外の視点からお考えになると、これらの商品に対するお好みも多少変わるかもしれません。結論を出す前に、見方を変えていろいろ考えてみるのがよろしいかと存じます」。あるフレーミングが唯一のものだと伝えて、フレーミング戦術を使っていることを隠すか、経験の浅い消費者に「与えられたやり方でフレーム化すること」の危険性について注意を喚起するか、そのいずれかを説得の担い手は実行することができるということをわれわれが一度でも理解すれば、伝統的な隠蔽的フレーミング戦術に欺瞞が本質的に含まれていることは明らかになる。

フレーミングのもう一つのタイプに、喪失－獲得フレーミングがある。製品を使わないことによる望ましくない結果（たとえば、新しい薬や健康管理法を使わないことから生じる望ましくない結果）を提示する場合、それを描写するやり方はさまざまである。どのやり方も効果的ではあるが、多かれ少なかれ恐怖心をあおる生々しさで、冷たく、不安を喚起するようなものである。説得メッセージによって作り出される最適の不安喚起レベルを選ぶ方法に関しては、膨大な数の研究がある。これらの中で、広く行き渡っている狭量な考え方は、消費者に悪い結果を提示するには、効果的なやり方の中から一つだけを選べばよいというものである。しかし、説得する側が選んだ提示方法が専門的には正確なものであったとしても、「ネガティブな結果」の一つの側面しか提示しないならば、それは消費者にとっては欺瞞的であり、選別されバイアスのかかったフレーミングといえるのである。このやり方は、引き起こす恐怖の程度に差はあったとしても、同じように効果的な別の提示方法を消費者に隠していることになる。説得する側が自らの目標を達成するために、消費者にすべての情報を開示していないことになる。これは、巧妙に人をだますシミュレーションであり、また、そのようなものとして理解すべきである。

こうしたなかで、製品やサービスを使用しないことによってもたらされる悪い結果を提示する場合の欺瞞的でない方法は、製品やサービスの紹介や説明を、いろいろなやり方で行うことであろう。ある部分は真実だがどぎつく、ある部分は真実だがあまりどぎつくなく、ある部分では厳しい事例を提示し、ある部分ではそれほどでもない事例を提示するという具合にである。このようにして、起こりうる悪い結果のネガティブな側面をさまざまに描写したりフレーミングしたりすれば、説得する側が思い描く方向に偏った将来のシナリオではなく、現実的な将来のシナリオを消費者にもたらすことになる。同じことが、いわゆる喪失－獲得フレーミング戦略内の「喪失フレーミング」にも当てはまる。喪失－獲得フレームを一つだけ提示する場合，たとえそれが正確で妥当なものであっても，同じシナリオに関する別の形態の喪失－獲得フレーミングも提示しなければ，欺瞞的なものとなる。同じ程度に妥当な，複数の視点からのフレーミングを提示するならば，欺瞞的ではなくなる（あるいは欺瞞性は低くなる）。しかし，製品やアイデアを販売するために意図的に特定のフレーミングだけを提示することは，たとえそれが有益なものだと信じていたとしても，搾取的であり欺瞞的である。これまで，将来起こりうるネガティブな出来事を一つだけ選んで提示することに内在する欺瞞性について述べられることはほとんどなかった。ましてや，多くの論文の中でオープンに議論されることは，さらに少なかった。こうした状況における最優先事項は，脅威的事象を表現するいろいろなやり方がどのような効果を生み出すかを理解すること，そして，説得的なインパクトを最大化するために用いられる「ベストの」表現を戦略的に選ぶことであった。この作業は，しばしば称賛すべき意図をもって行われる（たとえば，ある疾患に苦しむ患者に対して，新しい治療法を試すように説得するための効果的な方法をデザインする場合〔Block & Keller 1995〕）。単一フレーム説得法における欺瞞性は，医療場面も含めて，こうした戦術の研究や使用においてさらに評価され，明らかにされることになるだろう。

## なりすまし

なりすましとは，楽しみや詐欺のために，別人のように振る舞うことである。これには，次のようなものがある。広告におけるなりすまし，詐欺（一人の人間が電話で複数の役を演じる）におけるなりすまし，そして，あるマーケティング担当者が偽の身元情報や小道具を手に入れて，別のマーケティング担当者が消費者をだますためにそれらを使えるように販売するという戦略におけるなりすましである。その際，消費者に対して，自分には権威があることを示す情報を提供したり，消費者の個人的な情報（たとえば，

VISAカードの番号）を既に知っているとは消費者に知らせたりせずに、したがって、実際にはそうではないのに、消費者自身の個人情報は安全であると安心させて、なりすましを行うのである。より明確なのは、別人の名を騙って品物を購入するというやり方である。時として、消費者は他人を惑わす目的で、「なりすまし」の道具一式を、それとわかっていながら意図的に購入することがある。そのような例としては、なりすましの電話勧誘を自ら行おうとする顧客のために、台本一式を販売する電話勧誘販売の企業、学生が担当教員に提出する偽レポートを販売するインターネット会社、ある新参の不動産業者が成功していると示せるように、グッチの偽造ハンドバッグをその不動産業者に販売する企業をあげることができる。

どんなマーケティング担当者も、メッセージの見えない送り手としてであれ、広告のなかの登場人物としてであれ、たいていは何らかの役を演じている。消費者は、マーケティング担当者のあらゆる行為や発言は、仕事として演じているのだと解釈すべきである。マーケティング担当者やその助手が、実は自分の利益には頓着しておらず、また、本当に客観的で、正直で、注意深い、友好的なカウンセラーとして活動していることを示す明確で強力な証拠がない限りは、そのように判断した方がよい。どんな目立たない役であっても、そうした人たちは、自分の役に没頭しようとする。彼らは、自分のパーソナリティや信念、個性を一時的に隠すのである。彼らはその役をうまく演じることを学んでいる。プロの広告戦略家は、自分たちの目標が「迫真性」を確立することであるとよく述べている。迫真性とは、真実あるいは本物であるかのように見える**外見**、あるいは、意図的に人を惑わすが、簡単な検査なら合格させてしまうような、**適度な**本物らしさを意味する。舞台のセット、衣装、小道具、そして役者の演技でさえも、本物に寄せる受け手の期待にうまくマッチしている限りは、「本物」そっくりである必要はない（DePaulo et al. 2003）。たとえば、多くの青年や成人は、実際の権威や専門家が本当にはどのように見え、どのように行動しているのかについて、おそらく漠然としたイメージしかもっていない。このことが、彼らを詐欺師の格好の餌食にしてしまうのである。詐欺師が多少ぎこちなくても、一般の人は簡単にそれを見過ごしてしまう。なぜなら、一般の人というのは、多くの人間はその役柄に関係なく、権威者であろうと専門家であろうと、自分を完璧に表現できるはずはないと考えているからである。広告に出てくるプロの役者は、どんな役を演じるように求められても、たいていの場合、消費者に怪しいと思わせることなく、十分、詐欺師になれるのである。こうした茶番劇は、視聴者が広告の中に描かれている人物に会ったり見たりすることがなかった場合に、特にうまくいく。

## 人を惑わし、責任を逃れる言葉

欺瞞戦略には、失敗（検出され、疑念をもたれ、暴露され、罰せられる）というネガティブな結果を避けるためのプランや仕組みもある。ゲイリン（Guerin 2003）は、人が自分の発言によって生じるネガティブな結果を避けるためにどのような言葉を使うかを扱った研究をまとめている。人を惑わす発言をしたというネガティブな結果を避けるための言語的方略としては、垣根表現（hedging）、緩和表現（mitigation）、曖昧表現、免責要請（disclaimer）がある。ゲイリンによれば、ネガティブな結果を避けるということは、説明のあからさまな要求を避けることを意味する。しかし、マーケティング担当者の場合、消費者の心の中に疑念を伴うネガティブな結果が生じないようにするために、婉曲表現や曖昧表現を用いる。マーケティング担当者は、これらを消費者への対応策として使うことができる。つまり、プレゼンテーションの誠実性について消費者の心に疑念が生じたり、あるいはその疑念が（販売員に対して）表出されたりした後で、何らかの回避戦術によって対応するのである。しかし、ほとんどのマーケティング担当者は、これらをむしろ予防的に使おうとするだろう。ゲイリン（2003）は、垣根表現、緩和、曖昧表現に関する研究が、さまざまな社会科学の領域で異なる名称の下に行われていること、その分類の仕方も多様であること（たとえば、Caffi 1999; Coates 1988; Holmes 1990）を指摘している。垣根表現というのは、受け手に認識されうる欺瞞的な行為に対して事前に「理由づけ」や「言い訳」をすること、自分とプレゼンテーションとの距離を置くこと、自分が受け手と同じ側にいることを提示すること、である。一般的な形としては、「～のはずだ」「～もありうる」「おそらく」「たぶん」というような様相表現や「二、三の～」、「十中八九」というような限量詞の使用があげられる。これらの表現を用いると、限定的で明確な言葉を使いやすくなる。そして、その明確な言葉にいろいろなバリエーションを付けて、その言葉を和らげるのである。

　このような垣根表現に関しては膨大なリストがある（Coates 1988; Turnbull & Saxton 1997）。抽象的な表現は、具体的な表現よりも「安全」であり、話者にもたらされる何らかの結果を軽減し回避してくれる。研究者ならよく知っているように、抽象的な言葉を使うことは、たくさんの情報を提示しているという姿勢を一方で示しながら、相手からのあからさまな異議や反論から身をかわすことになる。言語学者によれば、抽象的表現というのは、特に何かを要求しているメッセージを処理する条件下では、面と向かって反論することが難しいものである。なぜならば、抽象的表現全体の妥当性に反論するためには、それに関する多くの事例を頭の中で並べたて、それらに反論しなければならないからである（Guerin 2003）。もちろん、消費者はそのように慎重で心身を疲れさせるような分析を頭の中で行う必要はない。マーケティング担当者が抽象的な一般化を口にする場合は、常にその欺瞞性を疑ったり、そのような発言を自動的に割り引いて理解することを学べばよいのである。

　不正確で曖昧な表現も、欺瞞に対する罰への先制的な社会的防衛として使われている。欺瞞的と判断される行為の責任を逃れるために、マーケティング担当者は、自分たちの発言や戦術の不明瞭で曖昧な理屈づけをする（販売員がその理屈づけをできるように用意する）だろう（Adams et al. 1995; Miller et al. 2000）。マーケティングのプレゼンテーションで使われる二分法は、正確そうに見えて、その実、不明瞭なものである。曖昧な言葉を使うと、消費者は自分がその言葉の意味を知っているかどうか疑問を感じてしまう。そして、マーケティング担当者はその言葉を正確に使っていたはずだと思い込み、正確に理解できないのは自分のせいだと考える。その結果、その言葉の使用法が欺瞞的だと申し立てることをためらってしまうのである。しかし、消費者はここでも、プロのマーケティング担当者が曖昧な言葉を使い、受け手のためにその言葉を詳しく説明したり定義したりしようとしないときは、何とかして人を意図的に惑わそうとしていると学ぶことができる。メタファー（隠喩。「～のようだ」という表現を用いない比喩。たとえば、「氷の微笑」のような修辞技法のこと）も、反論を妨げたり回避したりする伝統的な小道具である。物語は、物語を語るという様式を含み、また、それを必要としているものとして捉えられている。そして、この様式には、物語をおもしろく流れるように語るために、ある程度（話者に）裁量の余地が残されている。マーケティング担当者が自分の心や感情の世界、あるいはアイデンティティ（自我同一性。自分の存在に対する認識。ここでは自分の地位や資格、特徴などのこと）を語ることも、欺瞞の監視やネガティブな結果から免れる方法である（Rose 1999）。たとえば、広告で顧客や広報担当者、専門家、従業員が「必要とする」「欲する」「気に入る」「感じる」「好む」ものを描写する場合、受け手はそうした開示情報に対して、矛盾点を見つけたり反論したりすることはあまりできない。日常生活においても、人が自分の心の中の世界について話したことが嘘だとか偽りだとか言っても、ほとんど意味がない。仮に言ったとしても、それは冗談としてであろう。マーケティングのプレゼンテーションでは、誰かがアイデンティティや価値観、自分自身について話をする場合、それは、おそらくアカウンタビリティ（説明責任）に抵抗する戦略であるということ、そして、より重要なのは、「真実の監視」を行おうとする消費者の意欲や性向を押さえこむための戦略であるということである。広告の中の話者や販売員が自信をもって、一見信頼できそうなアイデンティティについて話をする場合、特にこれがあてはまる。これは、自己アイデンティティ、企業アイデンティティ、ブランド・アイデンティティに関する基本的なパラドックスである。つまり、そこには本質的に「真実」は何もないということである。これらのアイデンティティが「真実」となるのは、人や企業が日常生活の「現実」と交渉するために、このアイデンティティを使うことを学ぶときだけである（Goffman 1959; Guerin 2003）。

## 自動的な推論傾向を悪用する

消費者がマーケティング・メッセージの文字通りの意味を超えて推論するという自然な傾向をうまく悪用することは、マーケティングの欺瞞のなかでも最もよく議論されている事柄である。プレストン（Preston 1985）は、広告主が消費者の自動的な推論傾向をどれだけ活用できるかについて徹底的に分析し、ハリス（Harris 1990）は同じ問題を法律の観点から議論した。また、カーデスら（Kardes et al. 2006）は、マーケティング担当者が消費者を誤誘導するために利用する推論傾向を扱った最近の研究をとてもよくまとめている。消費者は、送り手の意図を把握するために、マーケティング・メッセージの文字通りの意味を超えて推論する必要がある。消費者がシンプルで議論の余地のない記号論理や計算論理を使った推論をすることもないとはいえない。しかし、たいていの場合、彼らは実用的な論理、すなわち手っ取り早い推論や推論的ヒューリスティックスを使いがちである。マーケティング担当者が人を惑わすために利用する推論傾向として、プレストン（1985）は以下のものを挙げている。

（1）**重要性の暗示**　広告において事実が述べられる。単に事実が述べられるだけでも、その事実は重要な情報に違いないと消費者にほのめかすことになる。

（2）**対比の暗示**　広告内の製品と別の製品との間に実際に違いがあることが述べられる。消費者に、そのような違いがまさに「違いをもたらす」こと、つまり、実際にはそうでなくても、それが重要な違いであることを消費者にほのめかす。

（3）**日常的な意味を通じて示す暗示**　広告主は、多くの人が日常の使用法に基づいてそのまま解釈するような、日常的な言葉をいくつか用いる。しかし、それらの言葉は、保証されていない推論を消費者が行うようにも使われる。

**（4）証明の暗示**　広告では，はっきりとした性能や利点のほかに，ユーザーによるテストや監視も行われているると明確に述べられる。たとえば，実際に行われたテストや研究を単に引用したり，参照したりする。そうしたテストや研究については曖昧にしか記述されないが，それらは科学的な基準に従って行われており，それゆえ意味のある証明になることを消費者にほのめかす。

**（5）一般的な推論のための，意味ある根拠による暗示**　ある製品に関する事実や主張を単に述べるだけでも，広告主がその事実を本当に立証していると消費者にほのめかすことになる。消費者は，通常の会話を支配している実用的な論理を適用するので，広告中の話者が信ずるに足る，意味のある基盤なしには物事を述べないだろうと考えているからである。

## 言語的な不当表示と視覚的な不当表示

言語的な嘘も視覚的な嘘も，消費者にとっては対処するのが特に厄介なものである。なぜならば，製造技術やビデオ制作技術が消費者の自己防衛能力を凌駕してしまっているからである。言語的な嘘は，実体あるものについて，その現実性を惑わすような形で，言葉で表現することである。視覚的な嘘は，実体のある何かの視覚的イメージについて，その物理的，観察可能な現実を惑わすように，視覚的に改ざんして提示することである。マーケティング担当者の言語的な嘘は，消費者にとって厄介なものである。なぜなら，そうした嘘を検出することは，提示されたものが不正確で誤りであることを示す受け手の記憶情報に依存しているからである。しかしながら，製造技術の革新によって，ある製品についてマーケティング担当者が述べていることに疑念をもったり嘘だと思ったりするために必要な技術的情報をもてない状況に消費者は置かれてしまっている。同様に，継ぎ目なく映像を改変する技術革新によって、視覚的イメージ内の何かが改変されていても、消費者が頭の中に一つひとつの視覚的イメージを描くことができなければ、消費者はその改変を自分で究明することができない状況に置かれている。消費者が嘘の内容に基づいて言語的、視覚的な嘘を見つけ出すには、現実について十分な知識をもち、嘘をうまく見破ることができる人の警告にますます頼るようになっている。今やマーケティング担当者は、本物の視覚イメージを継ぎ目なく改変するための飛躍的に高まった技術力を欺瞞の道具として用いることができる。どのような視覚イメージの制作にも、操作や演出が含まれているのである（Wheeler 2002）。歴史的に見れば、コミュニケーションの送り手が、提示するイメージが実際よりも理想に近い形になるように、ある部分を選び出し、強調し、不適切な部分を削除する過程は常に存在していた。絵画は、異なる場面や場所の物や人間を合わせ描き、何回もキャンバスに向かって編集されたイメージである。絵画や写真には、決して直に会うことのない二人が、決して行くことのない場所に、一緒に描かれているのである。

昔は、偽写真を作るには専門性と強い動機づけが必要であった。技術をもつ写真詐欺師は、写真に疑念をもつ人が行う可能性のある照合のタイプを予測し、それにしたがって写真に手を加えた。いまや、デジタル化された画像は、素人の消費者を含めて、事実上、誰でも作ったり複製したりすることができる。スキャナ、カメラ、コンピュータのどれを使っても、そうした画像の品質は高く、修正の痕跡は全く残らないのである。プロも素人も同じように、写真やビデオの細部を修正したり、複数の画像を一つにまとめたり、物の配置を変えたり、色を変えたりすることができる。ホイーラー（Wheeler 2002）は、技術のいるトレース、エッジマッチング（輪郭を合わせること）、ブレンディング（融合）、ギャップ充填、明暗や色彩のマッチング、肌理《きめ》の複製によって、人がいかにして写真の信憑性に関する偽の手がかりを作り出すかについて論じている。オリジナルのように見えるものを、コンピュータを使って作れるのである。プロは、テレビ番組の中に、コンピュータで制作した広告のリアルタイム動画を挿入することができる。継ぎ目なく動画を融合させたり、リアルタイムの場面の中に静止画像を継ぎ目なく重ねてその画像がもともとその場面にあったかのように見せたり、場面内の複雑な対象や動いている対象をリアルタイムで継ぎ目なく重ねたり、逆にそれらを削除したりすることができるのである。ヴァーチャル化された広告は、まさに基本的なレベルで人をだまそうとしている。そして、事態はさらに複雑化しており、撮影されている「参加者」は、自分たちの行為の再現中に広告が強制的に挿入されていることに気づいておらず、したがって、知らないうちに彼らと製品が結びつけられてしまう可能性があるのである（Wheeler 2002）。

これらのことが市場における視覚的欺瞞の将来にどのような影響を与えるのか、現段階ではまだ不明である。こうした視覚的操作を行うソフトウェアが一般の人々やアマチュア・ユーザーに拡がっていくことによって、写真の客観性という神話が終わりを告げる可能性もある。消費者でさえそうした操作を自分で出来るようになることによって、マーケティング担当者が提示するすべての視覚的イメージの妥当性を消費者が信用しなくなる時代がすぐそこまで来ているのかもしれない。既に写真は、信頼できる証拠としては、疑いをもたれている。消費者の側がデジタル技術を使用するということは、写真のもつ真実の欺瞞的な後光を打ち壊すことになるだろう。

## 数学、研究、統計の無知につけ込む

ギガレンザー（Gigerenzer 2002）とソウウィ（Sowey 2003）は、人をだまそうとするマーケティング担当者がいかに一般の人の「数学音痴」を利用しているかについて説明している。彼らは、一般の人が統計を理解したりそれに反論したりすることが困難なこと、現実世界の統計的な議論から正確に意味を読み取ったり批判したりする能力に欠けていることにつけ込もうとするのである。ギガレンザー（2002）は、実験的研究に基づいて、人は条件付き確率（ある事象が生じるという条件下で、別の事象が生じる確率）の形で情報を提示されると簡単に混乱し、欺かれてしまうと述べている。彼によれば、ある出来事の起こりやすさを条件付き確率で述べることは人間の自然な推論を妨げるが、同じ情報を頻度として示すと，それを解釈するのに少ない計算で済む。進化の過程で人間が出来事を経験してきたのと同じような仕方で表現するほうが理解しやすいのである。われわれが日常生活で観察しているのは出来事の頻度であって，事後に計算される条件付き確率ではない。消費者は混乱を来たしており，健康管理の製品や実践のリスクや利点を表現するために使われている言葉（たとえば，絶対的なリスク低減に対する相対的なリスク低減の開示，延命のための医療処置を必要とする人の数，治癒する使用者の割合，絶対数として報告されたリスクと相対的な数として報告される利点など）によって消費者の判断がいかに操作されているかについてギガレンザーは述べている。さらにソウウィ（2003）によれば，素人は一般的に数学音痴であるので，マーケティング担当者が提示する数値や統計値に反論するよりも，それを信頼し受け入れようとする。消費者は，数値や統計値の見た目の精密度と本当の正確さを混同してしまう。精密であれば正確に違いないと考えてしまう。多くの人は，マーケティング担当者が示す数値や統計値を目の前にすると，普通なら素朴な疑問を感じるはずなのにそれを止めてしまい，権威者の言うことに子どものように従ってしまうのである。ソウウィによれば，多くの人は，学校で数学を学んでもただ棒暗記しているだけで，きちんと意味を理解しているわけではない。学校では，数値結果というのは，教師が意味があるというので，意味があっただけである。彼らは，その後の人生でも依然として，統計を示す人が意味あることだといえば，その統計は意味があると考えてしまうのである。したがって，マーケティング担当者が示す製品や企業業績の「公的な」測定値は，それを提示するだけで，数学音痴の消費者から成る社会では信頼を得ることになる。統計的な教養のない人は，統計は与えられた仮定の下で「真」であることを子どものように学ぶ。そして，統計的な議論は帰納であること，他の論理も可能であることは理解できず，その代わりに，統計的に表現された結論は，疑問の余地のない結論であると捉えてしまうのである。

ベスト（Best 2001）は，プロの説得の担い手が，研究方法やデータの解釈について人々が単純であることにつけ込むやり方について論じている。具体的には以下のものがあげられる。調査や検査結果について不適切あるいは不完全な報告をすること、調査回答者の回答の絶対数のみを報告し、比率やサンプル（標本）数については報告しないこと、あるいは、その逆のパターンで報告すること、不適切なサンプリング（標本抽出）法を調査で使っているのに、それを報告しないこと、比較テストの報告のなかで比較対象を詳述しないこと、調査の回答者数のみを報告し、回答を拒否した数を報告しないこと、である。企業や業界団体で広く使われている欺瞞的方法は、研究方法やデータの解釈における消費者の無能力さを利用するものである。マイクルズ（Michaels 2008）は、業界幹部が、副流煙、プラスティック、地球温暖化、アスベストなどの有害性について消費者を混乱させ、不透明な状態にし続けるために、科学者やロビイスト、お抱えの連邦議会議員をいかにうまく使っているかについて詳しく述べている。一般的な欺瞞戦略は、名声のある研究者も含め、外部の人間が実施した、企業のマーケティング目標を脅かすかもしれない研究を、企業や業界団体のコンサルタントに、「偽科学」としてけなさせるやり方である。われわれは、これを中傷戦略と呼んでいる。不透明さ、不確かさ、疑念を広めるやり方である。同じような欺瞞戦略として、企業が報酬を支払っている研究者や科学者に、企業が買い入れた研究を「信頼できる研究」として正当化させるやり方もある。

マイクルズの著書のタイトル（『疑念こそ彼らの製品：科学に対する業界の脅迫がどれだけあなたの健康を脅かしているか』）は、タバコ業界の幹部の悪名高いメモから引用されたものである。そこには、疑念がわれわれの企業の本当の製品である、喫煙に伴う健康リスクに対して消費者の疑念を作り上げることこそ、われわれ企業の本質的なマーケティング戦略だ、と書かれていた。マイクルズによれば、企業から研究資金を受けた研究者は、消費者をだますような研究結果を生み出すための研究を計画し、企業の側はそうした研究結果を販売キャンペーンの一部として提示する際に、都合のよい部分だけを選んだりフレーミング化したりしている。もう一つの例としては、医薬品業界のごまかしがある。製薬会社が医薬品の効果研究を立案する際に用いる欺瞞には次のようなものがある。

（1）効き目が全くないか、ほとんどないことで知られている治療法と自社の薬を比較する。
（2）自社の薬のほうが効果があるように見せるために、比較薬の服用量を少なくする。
（3）自社の薬の中毒性を低く見せるために、比較薬の服用量を多くする。
（4）多くの研究で同じ結論が得られたように見せかけるために、一回実施した多施設治験の結果を異なる機会に何度も公表したり提示したりする。
（5）自社の薬に有利な治験結果だけを公表したり提示したりする一方で、他の結果は葬り去る。
（6）多くの研究に研究費を提供して、自社製品が望ましいものに見える結果だけを公表したり提示したりする。
（7）「テキサスの狙撃手の誤謬」（壁に向かって銃弾を撃ち込んだ後で弾が当たった場所を中心に円を描き、標的に命中したと主張する）と呼ばれるデータの掘り起こし (data dredging) を行う。すなわち、製薬会社の研究者がデータを時間をかけて掘り起こし、何とか使える部分を探し出してマーケティング担当者がそれを上手に利用する。

マイクルズによると、多くの消費者や研究者は、製薬会社がこの種の欺瞞をまんまとやってのけていることに驚愕するという。彼によれば、食品医薬品局（ＦＤＡ）は、企業が科学雑誌に投稿する研究報告は不完全であったり肝心の中身がなくて情報操作ばかりであることを知っているので、そうした研究報告を無視している。こうした状況では、医学文献を信頼する医師が治療法を選択するときに、だまされたり誤解したりする可能性がある。また、消費者は医師の判断だけでなく、広告やマーケティング素材の中に示される欺瞞的研究の内容に基づいて自ら理解しようとするために、二重にだまされることになる。

## 修辞的欺瞞——視覚的、言語的な比喩表現

記号論には、基本的なレベルでの象徴的行動の解釈が含まれる。有名な記号論者であるウンベルト・エコは、記号論を、嘘をつくために用いられるすべてのことを研究するための学問として位置づけている。スターン（Stern 1992）、スコット（Scott 1994）、マッカリーとミック（McQuarrie & Mick 1996, 1999）、マッカリーとフィリップス（McQuarrie & Philips 2005）による視覚的、言語的修辞に関する豊富な議論は、とりわけ、消費者の頭の中で、広告主による文字通りの言葉に意味が付与されることになる比喩的表現に焦点を当てている。マーケティング・コミュニケーションの比喩的表現のなかには、消費者を本質的に惑わすかもしれないものがある。間接的な主張においては、明確に述べられなかったことから推論が誘発される。間接的主張は、広告文の中で実際には与えられていない多重の意味を消費者が作り出すように「導く」のである。メタファーは、比喩的な形で主張をすることになるので、間接的主張の一つの形である。それは、何らかの解決と解決への方向性を必要とする、巧妙な脱線である（McQuarrie & Mick 1999; McQuarrie & Philips 2005）。

広告は、人々が物事を新しいやり方で経験するように導こうとするが、そのやり方は文学に似ている部分がある。文学と同じように、しばしば広告は、文字通りの真実を超えた意味を伝えるために、言葉やイメージを用いて詩的表現に訴える。その際、文字通りの意味を変えてしまう言葉のあや（trope）や比喩（figure）を使うことによって、虚偽が入り込む余地が生まれることになる。言葉のあやは、言葉だけでなくイメージによっても示すことができ、両方とも、広告が評価され記憶される際にプラスに影響を与える（McQuarrie & Mick 1996, 2003）。スターン（2002）は、ここに欺瞞が生まれる可能性があると指摘している。換喩（metonym）は、類似性よりも近接性に基づいた比喩である。たとえば、「王冠」は王族の換喩であり、「プレス」は、マスコミの換喩である。いずれ

の場合も、その概念は、何か似ているというのではなく、たまたま結びついているものによって表現されている。皮肉（irony）は、ある言葉が本当に意味していることと、ある言明において表現されていることとの食い違いを作り出すことである。したがって、皮肉的な広告の場合、表面的な意味の下に本当の意味が隠されている。その効果は、しばしばユーモラスなものになる。不条理は、できごとの因果関係が非論理的だったり、登場人物がわけの分からない振る舞いをしたり、人物と物事の奇妙な並置が生じたりしているようなタイプのドラマである。不条理は、世の中が合理的にできており、客観的な意味というものがとにかく存在するという前提に挑戦するものである。こうした種類のドラマの作り方では、言葉から意味を分離し、視聴者に自分の好きな意味をこめるように促すことが基本となる。スターン（1992）によれば、不条理は、意味の存在そのものに疑問を投げかけることによって従来の意味の概念を壊しているので、特に巧妙な形態の欺瞞である。彼女によれば、広告において「スムース・ジョー」キャメルのようなキャラクター（米キャメル・タバコ社のらくだのキャラクター）は、不条理的な英雄として適任であり、そのイメージの並置によって広告主は、喫煙が望ましいというメッセージを伝達することができる。「スムース・ジョー」は、セックスや地位のシンボルを呼び物にするさまざまな場面で、キャメルのタバコを吸っている人間化されたラクダである。そうしたメッセージを伝えるために、アニメーションのキャラクターではなく、本物の人間を使ったとしたらどのような効果が生じるかを想像してみるのも興味深い。製品の広報マンたるスムース・ジョーのキャラクターと本物の人間との距離感が、イメージを文字通りのものとせずに、より口当たりのよいものにしているようである。

　視覚を通して関連のないもの同士が結びつけられている写真（たとえば、健康的な若い成人とタバコ）は、それを見る人の中に複数の推論を生み出す。マッカリーとフィリップス（2005）によれば、広告主は自分の広告の中に隠されている内容に責任を取りたくない場合や、法律上の理由からそうした主張を明確にしたくない場合に、比喩的な写真を使っているという。写真の比喩は、注意を複数の推論の道筋に押し広げることによって、消費者の反論や欺瞞防衛のための思考を押さえ込んでしまう。また、消費者は写真に反論するわけにはいかないので、こうした写真は、証拠なしには合法的に述べることのできないブランドに対して望ましい推論を引き起こすことになる。このことも、防衛的な思考が抑制される一因になっている（McQuarrie & Philips 2005）。

## マーケティングの戯言《ざれごと》

ここで、われわれが「マーケティングの戯言」と呼んでいる欺瞞の形態について検討することは時宜にかなっていると言えよう。著名な哲学者フランクファート（Frankfurt 2005）と傑出した社会学者ミヤース（Mears 2002）とゴフマン（1959）は、マーケティングの領域も含め、現代の大衆文化における「戯言」（bullshit）の意味と遍在性について論じている。* フランクファート（2005）は、戯言とは何なのか、なぜこれほど多くの戯言があるのか、それはどのような機能を果たしているのかについて、われわれがきちんと理解していないと嘆いている。オックスフォード英語辞典によれば、戯言というのは、「意味のないことを話すことによって、何かから逃れること」である。戯言は多くの場合、そうした機会があったり、話したくなったりして「話すために話す」のであるが、これは、嘘をついたり真実を隠したりすることとは別の、人を惑わす方法である。戯言を言う人の際だった特徴は、観衆から姿をくらますことである。その意図は真実を伝えることでもなく、（嘘をつく人のように）真実を隠すことでもない。どのようなやり方であれ、自分の話すことが真実かどうかに関心がないだけである。ミヤース（2002）によれば、戯言とは、意図的に、あるいは冗談半分で、何かを得るために、あるいは表現上の理由のために、自分のあり得る（しかし、まずはあり得ない）印象を作り上げることによって、他者が「本当の自分」について抱く印象を疑問視させたり、変容させたり、コントロールしたりしようとすることである。ミヤースは、観衆に「これは戯言だ！」と認識され、ラベルづけされた場合のみ、その行為は「戯言」になると指摘している。

　どのような相互作用においても、参加者は参照可能な枠組に基づいてその相互作用を解釈する必要がある。マーケティングにおける相互作用は、複数の枠組で定義することができる。すなわち、教育、説得、娯楽、欺瞞、無意味さであり、それらによって消費者は広告が油断ならないものであると解釈する。そして、もし消費者や他の観察者がそう定義するのであれば、戯言もこうした枠組の一つになり得る。ミヤースとフランクファートは、戯言を言う人の目標は、特定の真実を否定したり目立たなくさせたりすることよりも、もっと広いと主張している。それには出来事や文脈全体のでっち上げが含まれる。そして、特定のものに焦点を当てるというよりも、「パノラマ的な」焦点の当て方である。さらには、自分が誰であるのか、自分が何をしたかをごまかすことだけでも、真に創造的な行為となる（Goffman 1959）。人は、他者の心のなかで戯言の自分が「うまく作用」することを知ると、ますます自分の「本当の姿」になりうるような、別の「可能性のある姿」を試そうとする。それは、しっかりしたアイデンティティをまだもっていない青年や若者など（企業を含む）にとって、アイデンティティの問題を解決するための一つの方法である。したがって、ブランド・イメージを作るということは、一枚の大きい布から作り上げた「パーソナリティ」を身につけるために、ある企業が、簡単になれる人格に「なろう」とするという意味で、戯言を必要とするのである。ブランド・イメージは、ちょうど衣装や役割のように、企業が作り上げ、「試着する」ようなものであり、企業や製品と一連の特徴とを単に関連づけることによって行われる。その際、その特徴が現実に根ざしているものなのか、あるいは、どの程度根ざしているものなのかは考慮されずに行われる。ブランドは自分自身で「自己」を作り出し、他者がその「自己」を信じてくれるかどうかを確かめるために、そ

＊　本書で扱われているさまざまな“bullshit”を一つの訳語にまとめるのは困難であるが、ここでは「戯言」とした。一部では「でたらめ話」を用いた。

れを他者に提示する。こうした点から見ると、ブランドを作るということは、要するに、企業の暫定的なアイデンティティを消費者に対して試してみるということである。

戯言は、特にマーケティングの文脈で顕著なようである。人をだますという傾向は、コミュニティや社会生活の領域において極めて多様である。フランクファート（2005）は、戯言が遍く存在しているのには理由があると見ている。コミュニケーション・テクノロジーの世界や企業社会では、あまりにも多くの人々が、それも非常に頻繁に、とにかく何か話さなければならない立場に置かれる。何を話すのがよいのかを教えてくれる手がかりがなくても、あるいは、話すことへの圧力が強くて、自分が話すことが正しいのか重要なのか考える暇がないような場合でも、話さなければならないのである。マーケティング担当者、販売員、広告のコピーライターは、そうした圧力を何度となく感じている。ブランド担当者や広告制作者は、個人的なアイデンティティを求めたり求愛のために使ったりするなど、個人的な生活の中でも戯言に慣れているかもしれないので、そうした行動を仕事の場面で使うことが自然にできる。疑わしいときは、戯言を使ってみるのである。マーケティング以外の多くの領域でも、戯言は役に立っている。たとえば、ゴフマン（1959）は、次のように述べている。「冗談のだまし」を行うことはすべての社会に存在している。人は、自分自身が楽しむために、そして他者を楽しませるために、さまざまな自己をもち、作り出しているのである。この観点から見れば、戯言には、子どもや青年にとって社会化を促す働きがある。戯言を使って自己と現実の交渉について自分で試してみることができるし、あるタイプのだましが有効であるかもしれない社会的環境で生き抜く方法を学ぶことができる。空想を作り出し、嘘をつき、だまし、からかい、ふざけることによって、子どもや青年は、現実をフレーミングしたり、現実と戯れたりする方法がたくさんあること、自分がどこまで行けるかには限界があること、どこまで戯言が許されるかは、受け手が「それは戯言だ！」という信号を発する前に、受け手がどこまで遊ぼうとしているかに依存していること、を学ぶのである。

マーケティングの戯言には、冷静な、目的をもった欺瞞が必要とされることもある。これには、現実を戦略的に操作すること（たとえば、意味のない価値を表明したり、マーケティング担当者や製品にはほとんど、あるいは全く関係のない政策や社会的なトレンド、環境的なイベントを自分の手柄にしたりすること）を通して特定の目標を達成する行為が含まれる。ドラマ的な戯言もある。一九八三年に、英国の映画監督リドリー・スコットがアップル・マッキントッシュのコンピュータを世界に初めて紹介するためにテレビCMを制作した。それは、「一九八四」というタイトルの六〇秒間のCMであり、イギリス国内では一度だけ放映され、その後、最も有名なテレビCMとなり、二〇世紀の最優秀CMとして選ばれた。スコットは、以前、感情をもたない人間型ロボットの住む、未来のロサンゼルスを衝撃的に描いた映画『ブレードランナー』を制作した。最近の観客は、映画『グラディエーター』の監督として彼のことをよく知っているだろう。アップル・マッキントッシュのCMの中で、灰色の服を着た大勢の観客が荒涼としたホールに座って大画面のスクリーンを観ている。そのスクリーンには、ビッグ・ブラザー（ジョージ・オーウェルの小説『一九八四』に出てくる支配者）のような人物が、ある大企業によって完全にコントロールされている未来について説教しているようすが映し出されている。その時、鮮やかな赤いショート・パンツをはいた若い女性が、大きいハンマーを両手でしっかりと持って中央通路を走ってくる。女性がハンマー投げの選手のようにハンマーをスクリーンめがけて投げつけると、スクリーンが粉々に砕け、呆然としている観客たちに向けて変化の風が吹き付けるのである。後になってリドリー・スコットは、次のように述べている。わざわざボーイング747のジェット・エンジンをホールの壁に設置し、観客を演じてもらうために街頭でたくさんの坊主頭の人たちを集めた。なぜならば、あのCMには何らかの「古き良きマーケティングの戯言」が必要だったからである。この「古き良きマーケティングの戯言」に適用できる唯一の妥当性テストは、「迫真性があるかどうか」である。それは、すぐに理解でき、もっともらしく正確で可能な現実として、視聴者の心を捉えているであろうか。われわれは納得するであろうか。われわれが認識している本質的な誤りによって、あるいは、演出と上演の不適切さによって、完全に失敗しているであろうか。いずれにしても、マーケティングの戯言がわれわれが見出した他の欺瞞戦術のどれに当てはまるのか、そして、消費者がそれに対してどのように対処するのかは、興味深い研究テーマである。それは、無害なおふざけの実験であるのだろうか、それとも、消費者のまじめな購入決定を混乱させ、惑わせることが可能な、巧妙な欺瞞なのだろうか。

# 第5章　欺瞞を行うマーケティング担当者はどのように考えるのか

本章では、市場における欺瞞のプロの実行者たちが、欺瞞に関連してどのように考えるかを考察する。そのために、われわれは、いくつかの情報源から洞察を得た。第一は、刺激的な議論を展開しているコーエンら（Cohen et al. 2002）の『欺瞞の枠組み』（Framework of Deception）であり、本来は秘密諜報活動における欺瞞計画を説明するために著されたものである。第二の洞察の情報源は、ミトニックとサイモン（Mitnick & Simon 2002）である。これは、いわゆる「ソーシャル・エンジニア」（一一一頁脚注参照）が組織のセキュリティ・システムに侵入するために使うローテクの対人的欺瞞テクニックを暴露したものである。第三は電話で詐欺的勧誘をするプロたちの実際の勧誘を扱うものであり（Pratkanis & Shadell 2005）、録音された数百のケースが分析されている。さらに、これらに加えて、誤解を受けかねないマーケティングを実行してしまうという販売責任者の意思決定はいかなる要因の影響を受けているのか、われわれ自身の分析を示すことにしたい。

## プロの欺瞞計画者のメンタルモデル

ここでは、第1章で紹介したコーエンら（2001）の議論（一八頁参照）に戻って考えてみることにしたい。認知社会心理学に精通しているプロの欺瞞戦略家がどのように欺瞞を計画し実行するのか、という問題である。そのときに、彼らが、説得をうまく成功させることが最優先の目標である場合、欺瞞をいかに操作的に定義すべきかについて示した刺激的な見解に触れたことを思い出していただきたい。コーエンら（2001）は、国家の諜報活動の特殊性や珍奇な部分にことさら分け入って議論を展開しているのではない。したがって、コーエンらの『欺瞞の枠組み』に描かれている欺瞞実行者の頭の中の「メンタルモデル」は、極めて巧みなマーケティング担当者が、摘発される危険を最小にしながら消費者をだますにはどうしたらよいかを考える場合のメンタルモデルにかなりよく似ているものである、とわれわれは思っている。コーエンら（2001）は、現実世界のマーケティング担当者が実際にどのように考えるかについてのモデルを提示したわけではない。著者たちと同じくらい賢くて教養のある、そして実際的な考えの持ち主である欺瞞の実行者がどのように考えているかを示したのである。したがって、これらの考えについて検討を加えるときには、コーエンらの議論の中に出てくる欺瞞の「実行者」は、最高水準の能力をもっていることを頭に入れておく必要がある。コーエンらの議論は、マーケティング担当者が認知心理学の文献を理解していたり、そうした研究で明らかにされた認知の働きの基本的な考えを一般用語で理解している場合の話である。このようなマーケティング担当者が、現実社会の中では複雑すぎて実行が困難な欺瞞、しかし彼らにとって重要であるために実行しようと思っている欺瞞にこの知識を適用するときにやるべき事柄を実際的な視点から熟慮してきた場合に、その人がどのように考えるかを示しているのである。一方、経験の乏しいマーケティング責任者らは、欺瞞を実行するとき、実際的な問題をよく理解しないままに心理学の研究成果を闇雲に複雑な状況に応用しようとする。したがって、コーエンらが示した欺瞞に関する分析の水準は、このように経験の浅い人たちの思考をおそらく反映していないであろう。

巧みな欺瞞に関するコーエンら（2001）の膨大な説明をまとめ上げて、それが市場の領域にどのように適用しうるのかを示すために、ここでは典型的な欺瞞的マーケティング担当者を想定して、欺瞞を計画するチームのメンバーに指示を与えている場面を語ってもらうことにしよう。架空の企業に勤める欺瞞の巨匠は話を始める。

われわれプロフィット社の欺瞞チームのねらいは、ターゲットとする消費者が利用するデータと、彼らの注意が向く方向をコントロールすることにある。われわれの欺瞞は、消費者に注目してほしくない事柄よりも、注目してほしい事柄を強調するように仕組まれている。理想的には、消費者が利用可能なすべての事柄をコントロールできるはずであるが、それができない場合でも、消費者の注意をしっかりとコントロールして、彼らが見聞きするほんのわずかな部分だけを変えればよいようにしておきたい。消費者が記憶しておけることには限界があるので、彼らは何らかの標準的な思考方法を使わざるをえない。だからこそ、消費者の考えることがある程度は予測可能となるのだ。個々の消費者の記憶の状態や信念体系のすべてを知ることはできなくても、多くの場合、すべての消費者の注意の向け方や判断プロセスには十分な予測可能性がある。したがって、不確実さはあるものの、効果的な欺瞞を計画することはできるのである。しかし、消費者は、過去に自分が目撃した欺瞞から学ぶ能力をもっている。したがって、欺瞞を効果的にするためには、欺瞞は常に新奇なものでなければならない。すなわち、欺瞞を実行するときに、ターゲットとなる消費者の以前の欺瞞に関する記憶が影響を及ぼさないように、ケースごとに欺瞞の姿を変える必要がある。ただし、経験が浅い若年の消費者に対しては、同じ欺瞞を何回も効果的に使用することができる。社会において経験豊かな大人たちが効率的かつ効果的に、自分たちが欺瞞戦術について学んだ事を後続の世代に伝えない限りは、われわれにとっては、うぶで無警戒なターゲットが補充されるからである。

［プロフィット社の欺瞞チームのリーダーは続ける］単純な欺瞞ならすぐにでも作り上げることができるが、われわれの役割は、いささか入り組んだ欺瞞であり、なおかつ、マーケティング目標にとって重要な欺瞞を、すべて事前に企画することにこそある。これをやり遂げるには時間がかかる。それゆえ、われわれのマーケティングにおける欺瞞は、ほとんどの場合、単なる偶然ではなく、われわれの側の組織的な企画の結果として生まれているものである。多数のマーケティング・メディアやメッセージを含んだ欺瞞を実行しなくてはならないとき、そして、情報漏れや発覚を防ぐ必要があるときには、欺瞞に関連した企画、調査、修正に何ヶ月もかかることを覚悟する必要がある。さらに、連続した、各状況に応じた欺瞞プロセスの各パートを迅速かつ自発的に実行できる販売員、マーケティング・コミュニケーションを担当するコピーライターを準備しておく必要がある。したがって彼らにはリハーサルを繰り返し、作業を定型化し、状況に応じた対応に熟達させておかなければならない。

多くの場合、われわれは、こちらが望んでいる重要な心理的事象や行為をターゲットとなる消費者の中に引き起こすために、欺瞞を十分に長く継続させる必要がある。一時的な承諾や短時間の心理的効果を得るために使う単発の欺瞞であれば、彼らの注意をほんの数秒コントロールすれば済む。しかし、現実には市場におけるタイムラグや非効率的なコミュニケーションが避けられないので、元を取るためには欺瞞を長期間にわたり（何日も、何週間も、何か月も）続けなければならないのである。欺瞞キャンペーンでは、複雑な一連の行為を実行することが必要である。また、ターゲットとなる消費者に関するフィードバックや消費者自身から受け取るフィードバックを利用しながら、使用するコミュニケーション戦術を枝分かれ型の「もし～ならば、～である」（if-then）で次々と決定していかなければならない。したがって、一連の欺瞞的行為をコントロールするための厳密な基準を定めておく必要がある。複雑に絡み合う連続した欺瞞計画や条件を設定して、あらかじめ準備や訓練をすることは、まず不可能である。市場環境の変化は速く、コミュニケーション実行者や競争相手から言われることをコントロールしようにも限界がある。さらに、消費者には協力者がいる。個人的な友人や家族、メディアの監視者、消費者保護を扱う機関である。ターゲットとなる消費者が利用できる協力者それぞれの視点の違いも考慮に入れなければならない。

［欺瞞チームのリーダーはさらに説明を続ける］ターゲットが、自分たちから情報を隠すために何かやっていると気がついたとき、われわれの欺瞞は効果を失うだろう。したがって、とにかく発覚しないように、そして、発覚したとしても罰を科せられないように全力を尽くさなくてはならないし、計画実行にあたっては、セキュリティに細心の注意を払い続ける必要がある。消費者を欺く進行中のプログラムについて、同僚や「マーケティング協力者」にあまり多くの情報を提供することは控えたい。現場の人間や、欺瞞キャンペーンの最中に退職したり転職したりする同僚が、不用意に、あるいは腹立ち紛れに計画を漏らしてしまうかもしれないからである。しかし、マーケティングに携わる人間が情報不足に陥って、自分の受け持つ仕事に支障が出るようになってもいけない。そこで、欺瞞計画の輪の中に誰を入れて、誰をその外側に配置するかが重要になる。また、われわれが使用する欺瞞の方法を一般の人々がどの程度知るようになってきたかという点から、それらを選り分ける必要がある。ある欺瞞戦略に関する知識や、マーケティング担当者による具体的な実行方法に関する知識が一般に広まってしまえば、その欺瞞はあまり使えなくなってしまう。しかし、実行する際のさまざまな詳細が「秘密」になっていれば、あるいは、少なくとも理解が困難になっていれば、その欺瞞戦略は、まだわれわれの目的のために使えるのである。もちろん、われわれや他のマーケティング担当者は、この欺瞞実行に関する知識の拡がりを部分的にコントロールしている。欺瞞戦略の実行方法を多くの人に訓練すればするほど、「どうしたら実行できるか」に関する知識が拡がり、欺瞞戦略の有効性は低下する。したがって、思いどおりにあやつるというわれわれの視点からすると、世の中全体に「実行のしかた」の欺瞞知識をどれくらいオープンにしてお

くかについて「最適の」水準が存在するのである。

［プロフィット社の欺瞞チームのリーダーは続ける］ターゲットとする消費者とのマーケティング上のやり取りは、再帰的かつ内省的である。われわれは、自分が試みた欺瞞の効果を、その消費者が示す観察可能な兆候からしか判断することができない。われわれは、そのようなシグナルが出やすいように事前テストを行うことができるし、戦略を実行に移す過程で消費者の反応をモニターすることもできる。もちろん、われわれが使えるマーケティング要員では、そうしたフィードバックを効率的に解釈するには限界がある。たとえば、欺瞞の効果に関するマーケティング要員たちの期待が、消費者の反応を解釈する際に影響を与えるかもしれない。また、おそらく相当数の消費者は、企てられた欺瞞への反応を隠したり、われわれを戸惑わせるために違う反応を示すであろう。フィードバックにはこうしたノイズが含まれるので、再帰的といっても二回以上繰り返すような計画を立てることはできない。したがって、われわれが当初描き出したような、たくさんの事柄を正確に、同時に、そして相互依存的に生起させることが必要な大きな欺瞞を練り上げるよりも、一人の消費者に対して小規模でコントロール可能な欺瞞を実行し、その数を増やしていくほうが、事実上、望ましいことが多い。同様に、多数の消費者、たとえば家庭や組織購買の意思決定に関わるユニットの全メンバーをだます必要があるときは、キーとなる数人を効果的にだますことに焦点をあてることが望ましい。数は少なくてもこうしたオピニオン・リーダーを最初にだましておけば、情報があまり与えられていない（まだだまされていない）他のメンバーにも自然とこの毒性効果が拡がっていくものである。

大規模な欺瞞は、小さな欺瞞の積み重ねで成り立っている。たとえば、「大がかりな詐欺」を考えてみよう。こうした詐欺は、以下のような小さなステップで作られている。①被害者になりそうな人を見つける、②その被害者の信用を得る、③被害者に「見せ金」を示す、④被害者に「物語」を語る、⑤投資の利益を実例として示す、⑥利益の総額を計算して被害者に示す、⑦有り金を全部巻き上げる、⑧被害者にキスする、⑨被害者が騒がないようにする。これは一見複雑に見えるが、個々の小さなステップが慎重に計画されていれば、何度でも確実に成功する。とくに、経験豊かな詐欺師は、それぞれの段階に脱出口、すなわち逃げ道となる計画を用意している。そうしておけば、ダメージを最小限に止めておくことができるし、何が起こったのか被害者には分からないようにしたり、騒がないようにしたりできるのである。さらに彼らは、被害者が各ステップを夢中で進むようにさせるために、詐欺仲間を多くの点で訓練する。欺瞞の実践において手本にすべきは、この「偉大な詐欺師」モデルである。そこで、強調しておきたいのは、発覚したり逮捕されたりしたときのダメージを最小限にするための逃げ道を用意すること、そして、欺瞞計画の各ステップを実行する多様な方法を一纏めにして用意しておき、欺瞞全体を完遂するか、あるいは発覚が近いと思われる（そして、欺瞞活動を中止する）まで、それぞれのステップを（その先のステップを隠しながら）辛抱強くやり通すことである。われわれは、欺瞞による逮捕のダメージ対策を行うスタッフ、すなわち、法律や広報の専門家にも頼ることになる。摘発されたときに受ける罰を最小にしたり釈明したりするためである。しかし、こうした人々が関わるのは欺瞞計画が大失敗に終わることを意味しているわけで、できればそうなってほしくないと常々思っている。

欺瞞を実行するには、隠蔽かシミュレーション、あるいはその両方が必要とされる。隠蔽やシミュレーションによって効果的に欺瞞を行うためには、ターゲットとなる消費者の反応閾（反応を引き起こす刺激の最低レベル）、反応能力、反応の予測可能性に関する知識をもっていなければならない。これらのなかには、過去の心理学的研究から得られるものもある。われわれ自身がマーケティング・コミュニケーションに関して行う実験から学べることもある。しかし、その多くは、どうしても不確実性を伴うものである。何らかの精神活動に関する研究に基づく知識は一般的な水準においてのみ存在するものであり、こうした精神活動を現実の市場状況の下でわれわれ自身が実験によって研究するのは困難だからである。

ダメージとなる情報を消費者からうまく隠すためには、マーケティング・メッセージや材料のさまざまな要素について、消費者の注意力や理解力を詳しく知らなければならない。隠蔽するためには、こうした知識に基づいて、消費者の注意力や活動閾値を押さえ込みさえすればよいのである。

好ましい製品関連シナリオを効果的にシミュレーションするには、欺瞞検出の閾値、反応生成能力、反応の予測可能性に関する知識が必要である。もっともらしいシミュレーションを符号化し心の中に取り込んでもらうには、シミュレーションされた現実を消費者に提示して、そうした（誤った）シミュレーションを符号化し心の中に取り込んでもらうには、そして予想される通りに（われわれにとって好ましい方向に）それをわれわれの（誤った）現実を検出する（気づく）ように、そして予想される通りに（われわれにとって好ましい方向に）それを符号化し、精緻化するために適切な資源を投入するように仕向けなければならない。彼らの想像力をかき立て、納得させるのである。

これには注意閾と選択的注意に関する知識が必要とされる。反応能力の知識は、さらに複雑である。欺瞞シミュレーションを実行するためには、ターゲットとなる消費者が、どのくらいの量の認知資源を使うのか、また、われわれが提供する欺瞞シミュレーションと関わる際にそれらの資源を効果的に使う能力をどの程度もっているかを予測するように努めなければならない。これらの事柄を（不確実性を伴うが）一般的な形で、あるいは、われわれ自身の実験によって予測しなければならないのである。最後に、消費者の反応予測性（たとえば、われわれが示すシミュレートされた現実を消費者がどのように解釈しそれに反応するか、および、提示されたシミュレーションによって誘発される思考や連想のタイプと性質）に関する知識を事前に入手するのは困難である。

［欺瞞チームのリーダーは続ける］われわれは、欺瞞を認知処理の水準に対応させて三つの水準で考えるべきである。一番低い水準の欺瞞は、知覚過程に作用する。たとえば、プレゼンテーションの一部の要素を隠すには、ターゲットとなる消費者の目に触れないようにすればよい。消費者に信じてほしいと考えている偽の状況の完璧な感覚シミュレーションを創り出す技術があれば、これこそ理想である。そうするためには、「変容された現実」の要素をカテゴリー化したり解釈したりする際に、異常や不一致、あるいは不確実さがあると知覚してはならない。低水準の欺瞞は、消費者を（望ましい）知覚の水準でうまく機能するように、そして、「中間水準」

の認知処理に格上げされないように仕向けておくことによって功を奏するのである。中間水準の欺瞞は、マーケティング・コミュニケーションに対する消費者のパターン・マッチングと、多少の思考反応に影響を及ぼすことによって成功する。つまり、消費者の自動的なパターン・マッチングに働きかけて、不利な情報を隠したり、こちらが意図した偽のシミュレーションに役立つ推測を導けばよい。低水準のマーケティング欺瞞は、ターゲット消費者が物理的に何か（不利な情報）を観察できないようにしたり、プレゼンテーションの特定の要素だけに注意を向けさせるために計画されるのである。われわれは、人間の生理学や精神運動反射に関する知識に基づいて、予測通りに低水準の欺瞞を設計することができる。消費者は広告、店頭ディスプレイ、ウェブサイト、パッケージにあるどのような刺激を検出し、注目するのか、逆に、検出しなかったり注目しなかったりするのか。われわれは、こうした点に関して正確に量的な結果が得られる実験を行うことができる。欺瞞目標を容易に達成するには、せいぜい数秒間、このような低水準の効果を生み出せばよいのである。もしやりたければ、マーケティング・プレゼンテーションで同じ種類の低水準効果を繰り返し確実に生み出すことができる。たとえば、広告や販売プレゼンテーションの異なる時点で妨害操作や焦点化操作を加えることによって、特定の要素から消費者の注意を逸らさせたり、逆に注意を向かせたりすることができるのである。中間水準の欺瞞には二つの目標がある。第一は、消費者がわれわれの隠蔽やシミュレーションに好都合な、習慣化したパターン・マッチング反応を引き起こすように仕向けることである。ここでの意図は、消費者がとる単純な思考方法が欺瞞の目標達成に役立つことがわかっているなら、消費者が予測可能なパターン・マッチング的な解釈や、あるいは、観察したパターンによって引き起こされる単純な判断方略だけに頼るようにすることである。言い換えれば、消費者が深く考えるのを避けるために欺瞞を使うのである。もう一つの目標は、ターゲット消費者が素早いパターン・マッチング反応や単純な解釈ヒューリスティックスに頼るのを妨げるために、中間的水準の欺瞞を計画することである。これは、消費者の思考の水準を引き上げ、より思慮深く、慎重にさせるために行われる。

［欺瞞チームのリーダーは結論づける］　われわれのリスク分析的な欺瞞アルゴリズムは、以下の例に示されている。あなた(欺瞞提供者)が、二つの欺瞞を使用できる状況にあるとする。低リスクのAと、高リスクのBである。ここで、AまたはBの成功が任務の完遂を意味するとすれば、両方を使用することは、成功の質を高める（たとえば、コストを減らす）だけで、成功の可能性を高めることはない。しかし、AまたはBがターゲットによって発見されることは、もう一方が失敗するリスクを高める。したがって、このシナリオでは、最初にまずAを成功させるべきである。Aが成功したら、次にBを実行して、既に得られている結果をさらに改善するのである。Aが失敗したら、別の手段をとるか、捨て鉢でBを実行するかのいずれかである。一方、目標の完遂にAとB両方の成功が必要な場合は、もしターゲットによっていずれかが実行の最初の時期に発見されることは、その終期に発見されるのに比べれば被害は極端に少ない。したがって、この場合には、Bをまず実行して、もともとリスクが大きいBが発覚したときの損失が少なくなるようにしておく。そして、Bが成功したら、Aを実行に移すのである。

われわれの順序づけのルールは以下の通りである。われわれは、欺瞞のストーリー全体ができるだけ長期間持続するように、複数の欺瞞を順序づける。欺瞞の最も明確な証拠、すなわち、消費者が最も「欺瞞」と知覚しやすい戦術は、最後の最後まで残しておく。発見されたときの被害という点でリスクが大きい欺瞞の要素は、失敗に終わりそうな場合にすぐ中止できるように、最初よりも最後のほうに実行すべきである。われわれは、欺瞞が発覚したり、欺瞞を実行する身内のメンバーが捕まった場合に使う予備の計画を作成しておく必要がある。これら予備の計画は、警戒心が強まっているターゲットや監視機関に対して十分に説得力があるものでなくてはならない。欺瞞的行為を解釈するときに彼らが高水準の認知を使わないように、そうした人々の習慣的な思考パターンにうまくフィットする、もっともらしい弁解あるいは説明が必要とされるのである。たとえば、販売員が新入りなので訓練の内容や行動指針について十分理解できていなかっただけだ、とか、消費者の理解を妨害することを事前に知り得なかった、などである。

## ソーシャル・エンジニアリング*

ミトニックとサイモンが著した『欺瞞の技術』（邦訳『欺術』）は、巧みな欺瞞実行者がどのように自分の技術を使うのかという、もう一つの価値ある視点を提供してくれる。ミトニックは、かつてネット無法者として名を馳せた人物であり、企業のセキュリティ・システムに侵入したとしてＦＢＩから指名手配され、服役したことがある。彼の本に書かれていることは、昔からある「泥棒を捕まえるために泥棒を用意する」一番の例だろう。彼は、自分たちを婉曲に「ソーシャル・エンジニア」と呼ぶ詐欺師たちが、欺瞞的説得の「ローテク」法を使って、極秘の個人情報へのアクセスをコントロールする人々をどのようにだますかを説明している。コンピュータ・ハッキングは新手のハイテクの要素をもつものだが、この本の中で彼が強調するのは対人的コミュニケーション戦術であり、これを使えば、知らないうちに人々に、外部の人間が彼らの従業員の内部セキュリティ・システムを破る手助けをさせることができる。ミトニックの考えは、マーケティング担当者の目標が、消費者をだまして自分自身や家庭、その他の人間の個人情報を見知らぬ人に明らかにさせるような市場の文脈であれば、いかなるものにも適用可能である。われわれは、ソーシャル・エンジニアリングを、消費者の「精神セキュリティ」(psy-curity) のシステムを破る試みと考えている。個人あるいは家庭の精神的セキュリティ・システムは、消費者が個人的セキュリティ機能を果たさせるために構成している心の保護装置であり、企業の公式、非公式の情報セキュリティ・シ

＊　社会科学の知識に基づいて、さまざまな社会問題を解決する科学技術の開発を目指す学問のことを意味するが、『欺瞞の技術』の中では、人間関係を巧みに操作して内部情報や個人情報を引き出すテクニックを指す用語として用いられている。

ステムと類似したものである。われわれのアナロジーでは、消費者の心それ自体が、ソーシャル・エンジニアが侵入しようとする情報システムを構成している。これは、人々の心が必然的にコンピュータのように作用するというのではなく、消費者の心にはマーケティング担当者にとって貴重で盗み出したくなる秘密の個人情報が含まれることを意味している。ミトニックとサイモン（2002）は、よく言われる「電源が切られたコンピュータが最も安全」というのは、利口ではあるが誤りであることを指摘している。ソーシャル・エンジニアは、誰かに頼んでオフィスに入り込み、電源を入れてしまうのである。われわれのアナロジーでは、ターゲットの心の一部が一時的にアクセスできないからといって、精神セキュリティ・システムに侵入することを望んでいるマーケティング担当者を防ぐことはできない。ただ単に、消費者をだまして彼らの信念体系の中にあるその休止状態の部分を揺り起こし、そこに侵入してしまうだけのことである。ミトニックは、信頼を築くなりすまし戦術を重視する。すなわち、見ず知らずの他人を信用させて、個人情報にアクセスさせてもらう方法である。たとえば、ミトニックと同じように考えるマーケティング担当者なら、重要な情報を請求してそれを受け取る「当然の権利」がある権威者を装うだろう。そのためにまず詐欺師がやることは、ねらいをつけた消費者の取引先の会社や、その消費者が知っていて権威がありそうな会社を調べて（あるいは、架空の組織をでっち上げて）、そこで使われている業界用語に関する知識を仕入れることである。その会社の組織構成を調べ上げたり、特定の部署名や肩書きのついたもっともらしい架空の組織を創り出すこともするだろう。その会社の従業員たちとチャットをして、当たり障りのないいくつかの質問の中にさりげなくキーとなる質問を含ませることによって、肝心の情報を引き出すこともできる。次に詐欺師は、ターゲットが知っている人物の名前を出して、あたかも自分が彼の「仲間」であるかのような印象を与える。そして最終的には、情報を提供することで自分が社内で評価され感謝されるはずだとターゲットが考えるように誘導するのである。

以下は、われわれが知っている詐欺事件をモデルにした架空の例である。このような権威者へのなりすまし詐欺が、いかに以前の欺瞞によって獲得したその消費者に関する大量の「内部」情報をフルに生かすことで展開されるかを示している。詐欺は、こんな電話から始まる。「ＶＩＳＡの安全性・不正利用担当課の△△と申します。身分証明書番号は一二四六〇です。お客様がお使いのカードですが、普段とは違う購買パターンを示しておりますので、確認のためにお電話を差し上げております。××銀行で発行されたＶＩＳＡカードでございます。お客様は、アリゾナにあるマーケティング会社から防犯装置を四九七・九九ドルでご購入になりましたでしょうか」あなたが、「いいえ、買っていません」と答えると、電話の主は続ける。「では、引き落とされてしまった額をお客様に返金する手続きをさせていただきます。この会社は、私どもが以前から監視してきた会社で、二九七ドルから四九七ドルの範囲の請求をしてきます。多くのクレジットカードは五〇〇ドル以下のお買い物はあまりチェックしないのです。次のご利用明細書が届く前にお客様のご自宅にお送りいたします。ご住所は〔あなたの実際の住所を告げる〕でよろしいでしょうか？」あなたが「はい、そうです」と答えると、電話の主はさらに続ける。「クレジット詐欺について、少々調査をさせていただきます。もし何かご質問がありましたら、お客様のカードの裏に番号が記載されております無料電話にてセキュリティ係までお問い合わせください。ただ、その際にお客様にはコントロール番号をお知らせいただく必要があります」。そして、相手は六桁の数字を教える。さて、ここからが詐欺の重要なポイントになる。「お客様がカードの持ち主かどうかを確認させていただきます。カードの裏をご覧になっていただけますか。数字がたくさん並んでいると思いますので、そちらをご覧ください。七つの数字がありますが、最初の四つはお客様のカード番号です。その次の三つは、お客様がカードの持ち主かどうかを確認するためのセキュリティ番号です。お客様がネットで買い物をされるときに、お客様のカードであることを証明するために、お使いになることがあるかと存じます」。ここで電話の主は、その三つの数字を読むようにと言ってくるのである。もちろん、この数字は、電話の主が欲しがっている重要な個人情報である。あなたが数字を答えると、相手は答える。「はい、合っております。このカードが紛失したり盗難にあったものではなく、お客様が確かにお持ちであることを確認させていただきました。何かお尋ねになりたいことはありますでしょうか?」あなたが、とくに質問はないと答えると、相手は礼を述べた上で、「何かございましたら、ご遠慮なくこちらに電話をおかけください」と言って、電話を切る。

ミトニックとサイモン(2002)は、ソーシャル・エンジニアリングに共通するトリックを次のようにまとめている。

(1) 会社の同僚、友人の友人、ターゲットと同じ活動グループのメンバーであるように見せかける。
(2) 権威がある人物であるように見せかける(納入業者、仕事のパートナー、警察など)。
(3) 助けを求める新入社員(あるいは隣人)のふりをする。
(4) 問題が起こったら援助するということにしておき、ターゲットが詐欺師に援助を求めるように、その問題をわざと起こす。
(5) 信頼を得るために、内輪でしか通用しない単語や言葉遣いを用いる。
(6) 「トロイの木馬」として書類やファイルを、後で見つけてもらえるようにターゲットの職場や自宅の近辺にこっそり置いておく。
(7) ファイルを一見「内部の」場所(友人のメールアドレス)に転送するよう、ターゲットに依頼する。

ミトニックは、ソーシャル・エンジニアは最も脆弱な部分(自分たちが求める情報の価値を知らない、見知らぬ人からの質問をうまくかわす訓練ができていないような、経験が乏しく、単純で、未熟なターゲット)に狙いを定めるべきことを強調している。組織の文脈で言えば、第一線に立つ社員、受付係、電話交換手、管理スタッフ、そして皮肉なことだが警備員がこれにあたる。家庭の場合は、未熟な若者や、家に閉じこもりがちな人である。ミトニックは、脆弱性を招く要因として以下のものを挙げている。①大人数の従業員（大家族、拡大家族）、②複合的施設（家族が一日中、異なる場所に分散し、孤立している）、③自分の居場所や連絡先を音声メッセージに残す家族がいる家庭、④仕事でセキュリティの方法について専門的に訓練された人間がいない家庭（指導したり注意を促す人がいない家庭）、⑤家族のプライバシーや秘密を盗もうとする試みに対処するための報告計画や対応計画を整えていない家庭。

## 電話詐欺師の心の内

プラトカニスとシェイデル（Pratkanis & Shadel 2005）の『詐欺の武器』は、詐欺的な電話マーケティング担当者の心を解き明かすユニークな本で、実に興味深い内容が含まれている。彼らが分析したのは、カモを相手にしていると信じて口説く電話勧誘者の声が録音された六四五本のテープだった。実際には、この「被害者」はおとり捜査官であり、高齢の一般消費者のふりをしていたのである。捜査官は、さまざまな詐欺に繰り返し遭った被害者で、それゆえ、まだ数え切れないくらい勧誘の電話がかかってくる消費者を探し出した。捜査官は、彼らにかかってくる電話を自分のオフィスに転送するようにして、勧誘の様子を録音した。プラトカニスらは、一二の州で活動する捜査官たちがこうして一九九五年から二〇〇三年にかけて集めた録音資料を分析したのである。プラトカニスは、社会心理学者であり、説得や社会的影響の研究の第一人者である。シェイデルは元詐欺捜査官であり、現在は地方検事補として活動しており、プラトカニスと共に米司法省と全米退職者協会（ＡＡＲＰ）基金が実施した三年間にわたる詐欺被害防止研究の責任者を務めた。彼らは、六四五本のテープのほぼ半数を文字に起こし、繰り返し使われる電話勧誘詐欺の戦術を詳しく分析した。研究チームは、数千ページに及ぶ記録から主要な勧誘戦術を選び出し、それぞれについて数十の例を示している。この本の中で、プラトカニスとシェイデル

(2005) は、電話勧誘者がこれらの戦術をどのように実行するかを鮮明に示すために、録音記録の一部をそのまま掲載している。彼らが見出した主要な戦術は次のようなものである。彼らは、幻の夢が詐欺話の土台になっていることに気づいた。幻の夢というのは、喉から手が出るほど欲しいと思っているが、普通はまず手に入れられないもの、見たり経験したりしたことはないが現実になることを切に望んでいるものである。半数以上の詐欺話は、消費者が宝くじや何らかの景品を勝ち取れるという希望を抱かせる内容だった。被害者が現実や論理的な推論から遠ざかるほど、詐欺師は被害者に希望を抱かせることができる。彼らが被害者に示す幻の夢にはさまざまなものがある。外国の宝くじに当たる、勝ち馬がわかる、義援金を出すことで「より良い世界」を創り出すことができる、稀少硬貨を買って大儲けできる、内々で売り出す株に投資して最愛の人に信託や多額の分配金を準備してあげられる、自宅でできる仕事で儲けられる、安価で健康保険に入って治療ができる、故人と心霊コミュニケーションができる、等々。

プラトカニスとシェイデル (2005) は、詐欺師が架空の人物や人間関係を作り上げるケースが多々あることにも気づいた。詐欺師が演じる役はさまざまであるが、ときには特定の消費者を相手に複数の役を演じることもあるという。詐欺師が仮面をつけると、被害者はその仮面に対応した特定の役割関係に引きずりこまれる。そこで詐欺師は、従わざるをえないような威圧的な権威者、被害者と共通の趣味をもっているらしい友人、仕事上で被害者を頼りにしてくるおどおどした若い販売員などを演じるのである。大規模な(したがって成功している)組織だと錯覚させるために、一人で架空の会社の複数の人物になりすますこともある。詐欺師は、自分が消費者のためを思って話をもちかけているかのように振る舞うことが多い。以前の取引で大損した分を取り戻しましょうか、もっと高額の賞金が得られるように今回は規則を適用しないことにしてあげます、などと言ってくるのである。また、どのような選択をしても自分がそれによって儲かることはない(「お客様がどちらをお選びになっても、私の報酬額は変わりません」)と言ったり、被害者の味方であるかのように見せる。ここだけの秘密(たとえば、インサイダー情報）というように話をもってくることもある。被害者について手に入れた情報は何でも、二人の間の「類似点」に作り替えてしまう。そして、消費者に対していかに好意を感じているか、尊敬しているかを伝え、相手が自己開示をすれば、お返しに自分も（嘘の）自己開示をするのである。

プラトカニスとシェイデルによる録音記録の分析は、三つの「環境づくり」の方法を明らかにしている。第一は、議題設定であり、詐欺師は、考慮すべき問題点や話題、夢を実現するために必要な一連の行為をリストアップする。第二は、被害者に示す選択肢を制限することである。第三は、詐欺師以外の誰からも情報が入らないように制限を加えることであり、そこで起きていることを誰にも話すべきでないことを強調する。プラトカニスとシェイデルは、詐欺師が社会的合意情報、稀少性情報、不安高揚情報など、よく知られた影響方略を使用するケースも録音記録の中から見出している。こうした現実の電話勧誘の録音記録は、何よりも、経験豊富な電話詐欺師が、社会的影響の研究成果を扱う数々の著名な本の中で二五年以上にわたって議論されてきたあらゆる種類の影響戦術をいかにうまく使うようになったか、ということを示している。

## マーケティング責任者による欺瞞使用の決定

この節では、市場における欺瞞を実行するかどうか、また、どのように実行するかを判断するときのマーケティング責任者の心理に影響を及ぼす要因を明らかにする。まず、市場における欺瞞を実行するかしないかを判断するとき、マーケティング担当者は市場に関する自分自身の知識やスキルに頼ることが多い。多くのマーケティング担当者にとって、こうした個人のスキルや知識が、欺瞞に関連した専門的な決定を行うときに使われる主要な認知的資源なのかもしれない。要するに、彼らは、自分自身の信念や傾向性をすべての消費者に単純に投影し、それに基づいて決定を下すのである。欺瞞を含まないマーケティングを実行する責任者がもつ知識やスキルは、制約条件として働く。これらは、どのようにしたら誤解を招くことなく消費者と効果的なコミュニケーションを行ってうまく説得できるかに関するマーケティング担当者の信念であり、説得過程、使用可能な説得戦術、そして、それらの戦術の効果性に関する信念が含まれる。また、ここには欺瞞過程に関するマーケティング担当者の信念も含まれる。たとえば、消費者を誤った方向に導く欺瞞戦術やコミュニケーション実践の理解や、消費者一般、あるいは特定の市場において消費者が欺瞞戦術について何を知っているのかについての信念、そして、欺瞞戦術を見破る消費者のスキルや、どのような実践が消費者に欺瞞的と判断されるかに関する信念などである。責任者の多くは、真に欺瞞を含まないマーケティング計画はどのように実行したらよいのか、本当には理解していないかもしれない。最後に、消費者の読解力、計算能力、注意制御スキル、記憶の貯蔵検索能力などに関して、責任者はさまざまな考えをもっている。

　自分の会社やブランド、関連する市場環境における製品の競争力に関する信念は、欺瞞に頼ろうと決定することに強い影響を及ぼすことになる。これらには、製品の実際の品質、価値、性能の区別に基づいて当該の製品を差別化することによって、新機軸や新製品の導入によって、サプライチェーン（ある製品の原材料が生産されて最終消費者に至るまでのビジネス諸活動の流れ）や流通システムの有利性によって、販売員の訓練や関係構築によって、あるいは欺瞞を含まないマーケティング・コミュニケーション計画への資金投入によって、当該の製品が他社製品との競争に勝ち抜くことができるかどうかに関する信念も含まれる。もしマーケティング担当者が悲観的で、実質的に欺瞞を含まないやり方で競争したら勝ち目が少ないと考えたとすると、欺瞞に訴えることは、たとえリスクはあるにせよ、短期的には魅力的な選択肢となる。また、成功が持続しなくても構わないとマーケティング担当者が考えていたとすると、欺瞞は短期的で束の間の成功を得るための唯一利用可能な、あるいは必要な手段のように見えるかもしれない。たとえば、手っ取り早い金儲けを目論む商売では、市場に参入したら最初にやってくるバイヤーたちをだましてすぐに儲けを出し、さっと姿を消す。こういうやり方をすれば、商売は成り立つのである。この場合、責任者は、欺瞞をビジネス戦略の土台と考えるであろう。責任者が、主要な競合他社が使う欺瞞的戦術について抱いている信念や、その競合他社が自社製品やこちらの製品について行う欺瞞にどう反応したらよいかに関する責任者の信念も、影響を及ぼし始める。この種の信念には、マーケティング担当者の個人的な信念も含まれる。すなわち、企業の中では、欺瞞を行うことはマーケティング責任者のプロとしての当然の仕事、あるいは不可欠な仕事と考えるか否か、さらに、「賢く」欺瞞を行うことは、マーケティング担当者がもつべき価値あるスキルの一つと考えるか否か、に関する信念も重要な役割を果たすのである。

マーケティング責任者は、ダイナミックな意思決定環境の中でマーケティング・プログラムを計画する。彼らが働いている環境では、通常、マーケティング戦略のさまざまな要素について次々と決定し、その部署の短期的、長期的な計画を検討するミーティングに参加し、制作や財務など他の部署の人間とやり取りをすることが必要とされるのである。こうした多忙な環境では、マーケティング・コミュニケーションの材料を計画したり制作したりする重要な時期に、欺瞞がないかどうかをマーケティング担当者が監視したり除去したりする機会がほとんどなくなってしまったり、彼ら自身、そのような機会はないと考えてしまうかもしれない。そのような環境のなかで、企業が欺瞞防止のための資源を用意できるか否か、欺瞞予防のための管理・事務組織を設置するか否かが、重要な意味をもってくる。一方では、企業は欺瞞予防のために必要なプロセスを完全に無視し、それをすべて一人ひとりのマーケティング責任者に任せてしまう。他方、企業が自社のマーケティング担当者に、欺瞞の可能性について学ぶためにマーケティング・リサーチを最大限、組織的に利用することを可能にし、さらにはそれを奨励したり、また、あらゆるマーケティング・コミュニケーション素材やキャンペーンを計画するときに欺瞞が含まれるかどうかを考慮することを公式の要件として定めるかもしれない。われわれが知る限りでは、欺瞞予防をこのように厳しく実践している企業はないが、存在する可能性はある。

さまざまな種類の人間が、普段から慣れた工程として、広告の立案、制作、テスト、そして最終決定された広告や販売パンフレットの制作に関わっている。タイムリミット寸前の修正や最終決定は、外部の広告代理店や素材を制作する末端の業者に任されているかもしれない。さらに、欺瞞性の問題や曖昧さに関する内なる葛藤や責任者同士の不一致があると、欺瞞予防のための判断を目指そうにも、行き詰まりや無気力、回避が生じてしまうことになる。

最後に、個々のマーケティング担当者においては、欺瞞予防に関する彼ら自身の個人的責任は低い、と考える可能性がある。たとえば、企業の内部や外部で欺瞞が横行したり、欺瞞が称賛されたり昇進や出世の種になっていたりすると、そうした企業文化が欺瞞予防に対するマーケティング担当者の責任感を削いでしまうことになる。また、欺瞞の予防は法律関係の部署が扱う問題と考え、自分には責任がないと考えてしまうかもしれない（「私の仕事じゃない」）。

企業の欺瞞を効果的に予防するために、マーケティング担当者は、欺瞞予防に対して積極的に取り組むスキルを身につける必要がある。これは、消費者にとって必要とされる自己制御スキルと同様のものである。マーケティング担当者は、職業上、欺瞞予防に関する課題や機会が待ち受けるコミュニケーション立案に自分が何度も遭遇するはずであることを知っている。このような戦略会議、制作の決定、テストの決定というのは複雑に入り組んでおり、欺瞞予防は考慮すべき問題のほんの一部にすぎない。したがって、マーケティング担当者は、欺瞞かどうかの判断や意思決定が必要なときに準備怠りなくそうした問題を効率的に処理できるように、資源の蓄積、問題の認識などに関する積極的な対処スキルを身につけておかなくてはならない。同様に、マーケティング担当者には、さまざまなコミュニケーション計画で使用する認知的資源の保存や割り振りをうまく行うスキルも必要である。このようなメタスキルを備えていれば、さまざまなコミュニケーション計画を立てるときに、どれが欺瞞を行うリスクが高くて、どれがあまり心配する必要がないかをよく考えて判断することができるし、自分の欺瞞予防スキルを必要以上に使って疲弊してしまうことを避けられる。

もちろん、マーケティング担当者のなかには、「ゲーム」を楽しんで勝つことにこそ満足がある、と考える人もいるだろう。ただし、この欺く喜びは、単に「人をだますことが好きだ」というものとは違う。何よりも喜びを生み出すのは、恵まれている競争相手、すなわち、自分より賢く、成功し、特権をもち、負けるはずはないとたかをくくっているような相手を出し抜いて勝利することなのである。その根底には、社会正義、すなわち、金持ちから盗むというような感覚があるのかもしれない。策略や欺瞞は生活の必需品、すなわち、貸し借りをなくし、その他の不利な点や制限を埋め合わせするために使える唯一の方法と考える向きもあるだろう。また、ターゲットとなる消費者の財産は人をだましたりごまかしたりして得たものだろうから、これで五分五分になっただけだ、と考えているのかもしれない。最後に、「自分で自分を守れないなら、だまされても仕方ない。間抜け者をだましているだけだ」というように、マーケティング担当者は陰で被害者を中傷する可能性があることも付け加えておきたい。

# 第6章　人々はどのように欺瞞に対処するのか

## ――先行研究

この章では、消費者が欺瞞の可能性があるマーケティング・メッセージをどのように処理するかを扱ったこれまでの実証研究を検討する。これらの研究は、さまざまな分野の研究者が行っており、必ずしも共通の概念的基盤があるわけではない。多くの関連研究からの知見を反映している研究もある。たとえば、ありふれた個人的話題に関する日常会話における嘘発見の正確さについては、二〇〇以上の実験研究があった。その一方で、いくつかの興味深い命題については、実証的証拠が今のところ非常に限られている。本章で検討する研究は、欺瞞と説得戦術あるいは特定の自己防衛法について、正式な教育を受けることなく独力で欺瞞的説得にうまく対処している人々に焦点を当てたものである。さらに、これらの研究では、主として青年期後期あるいは成人期に入った人たち（一八から二三歳）が、どのように欺瞞的説得に対処しているかに焦点を当てている。本章で取り上げる研究では、以下のような問題が扱われている。①メッセージの妥当性についての不確実性と疑念がもたらす影響、メッセージを綿密に調べることに注ぎ込まれる努力、疑念が後続の広告に対する反応に及ぼす影響。②マーケティング・メッセージから省略されている情報についてなされる推論、マーケティング・メッセージに含まれる暗黙の主張から消費者はどのように推論をするか、消費者はどのように操作的な意図を推論するか。③誤解を招くような主張を処理する際の「真実バイアス」。④消費者が広告を処理する際、説得に関する自分の知識をどのように活用するのか、メタ信念は欺瞞的説得への抵抗にいかなる影響を与えるのか。⑤実験室研究やインターネット上における日常的な欺瞞検出、虚偽のベースレート（基準値）はどのように欺瞞発見の正確さに影響を与えるか。

## 不確実性と疑念

消費者が説得的メッセージのある要素について不確実性を感じるとき、彼らはその要素を確認して、それが不確実性を引き起こす理由を考えたり、そのメッセージが自分を誤りへ導こうとしているのかどうかを明らかにしようとするだろう。説得的メッセージの中の表面上紛らわしい要素が喚起する不確実性と疑念に対して人々がどのように対処するかについて、シュール（Schul 2007）は優れた研究レビューを行っている。彼の結論の一つは、メッセージの妥当性について確かでないと感じたり欺瞞だと疑ったりするときには、人々の思考の複雑さが高まるというものである（Fein et al. 1990, 1997; Hilton et al. 1993; Schul et al. 2004; Schul et al. 2007）。たとえば、シュール、バーンスタイン、バーディ（1996）の研究では、ある人物について複数のメッセージを与えられ、その中のいくつかが妥当でないと思った実験参加者は、欺瞞に関して疑問を抱いていなかった参加者と比較して、メッセージを読んでそれらを統合するのに、より多くの時間をかけた。この結果について研究者たちは、欺瞞の疑いをもつことが原因となって、適用可能な別のシナリオを考慮するなど、メッセージの符号化の複雑さが高まったのではないかと指摘した。特に、疑念をもった人々は、マーケティング担当者がそう信じてほしいと考えているように、それが本当に妥当であるなら、呈示された情報は自分たちにとってどのような意味をもつのか、そして、もしそれが偏っていたり妥当でないならば、それは自分たちにとって何を意味するのか、という二点を考慮する可能性が高い。さらにシュールら（2007）によれば、メッセージに反応する環境が全体的に熟考に適している場合には、欺瞞の疑いは精緻化した思考を引き起こす。一方、注意を逸らせるものが存在している場合には、人々は自分たちが望む、欺瞞についての精緻化した思考を行うことができない。最後に、チアッぺら（Chiappe et al. 2004）は、基本的な社会的交換状況において、欺瞞的かつ不公正な行動をしているとみなされた人々（すなわち、ペテン師）は、協力的な人々に比べて長い時間目を向けられ、また、記憶に残る傾向があることを見出した。進化心理学者の説明によれば、見知らぬ人の顔を記憶し想起するという人間の優れた能力は、基本的は不正者検知システムの不可欠な部分であり、自分をだまそうとした人を記録しておけるように、そして、不正者から自分を守り彼らを罰するのに役立つように進化してきたのだ、ということになる。いずれにしても、メッセージの意味に関する精緻化の水準を上げることは、マーケティング担当者が欺瞞を企てていると脅威を感じたときに、消費者の個人的統制感を高めるようである。欺瞞は危険を示し、その危険が熟慮を引き出す。スピードを落とし、精緻化した思考モードに移行することによって、消費者にとっては欺瞞戦術の細部に気付く機会が増えるし、欺瞞方略が実行されたことを示す他の手がかりを探すことができる。そして、それによって、試みられた欺瞞の大きさや、どのような心理過程が狙われているかを上手に判断できるようになるのである（Friestad & Wright 1994）。

欺瞞の試みによって疑念が生じるとき、なんらかの対処方略や修正方略が必要とされるのも事実である。そのような対処方略の一つは、疑わしいメッセージの中の一部の情報、あるいは全情報を割り引いて考えることであろう。シュール（2007）が主張するところによると、人がこの種の割り引きに成功するかどうかは、メッセージの中の無視あるいは修正すべき欺瞞的部分と、妥当で有用かもしれない残りの部分との間の連合リンクの強さに依存する。そして、人々が最初にメッセージを符号化する段階で、欺瞞的内容が妥当な部分に付与する意味自体を変容させてしまうという。この場合、メッセージの妥当な部分を単独で考慮することが困難になってしまうであろう。米粒と籾殻が一度接合してしまったら、両者を分離することは、不可能ではないにしても非常に難しいのと同じである。同様に、たとえ修正方略を使ったとしても、欺瞞の影響を自分の心の中から取り除くことはできないだろう。したがって、割り引いて考えるという方略が有効なのは、処理の最初の段階で欺瞞的部分とそうでない部分が容易に関連づけられて記憶の中で結合してしまう場合よりも、メッセージの妥当な部分と欺瞞的部分がそれぞれ無関連な問題に言及している場合ということになろう。

シュール（2007）は、次のようにも述べている。理想的には、メッセージの妥当な部分の符号化を、欺瞞的な内容がなかったかのように、最初からやり直すことである。ただし、このような完全な再符号化が行われる可能性は低い。修正過程そのものが複雑であることに加えて、この修正過程には自分の思考へのバイアス効果の方向と大きさについての信念が含まれるし、労力を要する修正を行うための十分な認知的資源と動機づけも必要とされるからである（Martin et al. 1990; Schwartz & Blass 1992; Strack & Hanover 1996）。また、人々が熱心かつ上手に欺瞞的メッセージを割り引くのは、手続的な根拠（たとえば、欺瞞的なメッセージは法令で許されていないと言われる）よりも、実質的な根拠（例えば、与えられたメッセージは欺瞞的で信頼性に欠けると言われる）に基づいて、第三者的な外部の情報源が割り引きを促す場合であると考えられる。別の研究では、欺瞞的メッセージは自分の思考や判断にあまり影響を与えないと消費者が信じている場合よりも、強い影響を与えると信じている場合のほうが、欺瞞的メッセージがより強く割り引かれることが示されている。この点に関しては、知覚された文脈効果の修正（Petty & Wegener 1998）や、情報源の魅力の修正（Petty et al. 1997）の研究によっても支持されている。

マーケティング担当者が使う欺瞞戦術のパワーについての信念も、修正を行うことの容易さ、あるいは困難さに影響を与えるだろう。シュールとゴーレン（1997）は、以前のメッセージ処理であまり効果的ではなかったと思うタイプの欺瞞に対して修正を施すことよりも、強い影響を及ぼしたと思うタイプの欺瞞に対して修正を施すほうが容易であることを示唆している。また、説得や欺瞞戦術が脅威的なタイプのものである場合には、人はそうした戦術のパワーにより気づいているとも述べている。たとえば、彼らは、模擬法廷の場面で参加者に証言を聞いてもらった後、それを無視するように求めた。その結果、その証言が強力な説得戦術あるいは信頼性を高める戦術としての特徴を備えているように見えた場合のほうが、そのようなどの特徴を持っていない場合よりも、参加者は事前の証言をうまく割り引いた（すなわち無視した）。シュール（2007）は、消費者による正確な修正は難しいだろうとも述べている。技術的には、正確な修正をするためには、消費者はメッセージの欺瞞的な部分の影響を阻止すると同時に、自身の利益のためにメッセージの妥当な部分を使う必要がある。多くの消費者にとって、このように両者を切り分け、どれを残してどれを捨てるべきかを正確に判断することは難しい。最後に、研究者たちは、最初に妥当な部分と欺瞞的な部分を符号化しているときに、統合的な精緻化を行うことが阻止されていたり、深く考えようとする動機がなければ、消費者は自分が欺瞞的だと理解したメッセージを上手に割り引いて考えられるだろうと指摘している（Schul & Mazursky 1990）。こうした問題に関するわれわれの見解は以下の通りである。修正ないし割引戦術を上手に実行するには、集中した練習によって学習されるスキルが必要である。これらを実行することが機会や動機づけの影響を受けやすいのは、十分に学習されている場合よりも、練習が十分でない場合である。スキルがよく学習されて自動化されると、消費者はそれほど努力をしなくても割り引いて（たとえ荒削りで、単純で、過度に用心深い割り引きであっても）考えることができる。

われわれは、消費者は割り引きや修正過程を使うことを学習できると考えているが、そもそもなぜ消費者がこのレベルの正確さを必要としたり、それを達成したいと望んだりするのか、という疑問が生じるかもしれない。マーケティング担当者が提供する欺瞞的部分を含むメッセージが唯一の情報源だったり、欠陥はあるにしても一番ましな情報源だったとしたら、割り引いた上でその価値を正確に抽出することが望ましいだろう。しかし、特定のマーケティング・メッセージが問題となっている場合に、用心して過度に修正したとしても大した損失は被らないのが普通である。さらに、事後的に実行するという方略に慣れてしまえば、その場でやらなくてもうまく修正することが可能となる。たとえば、模擬法廷場面で、誤解を招くので証言を無視するようにと言われた陪審員役の参加者は、その通りにうまくできるようである。彼らの評決は、その証言を聞かなかった条件の模擬陪審員とさえ、同じだったのである（Elliott et al. 1988）。法廷では証人が嘘をつく可能性を陪審員が認識しているので、人々は警戒的かつ自己防衛的な姿勢で法廷に臨んでいる。したがって、ひとたび嘘が明らかになれば、容易に修正が実行できるのだろう。ここでは、法廷の文脈が、多くの点でマーケティングの文脈に類似していることを指摘しておきたい。マーケティングの文脈においても、用心深い消費者であればマーケティング担当者が多くの種類の欺瞞を試みる可能性があることを最初から知っているのである。

したがって、妥当でない信念が修正されないままになるのは、信頼が極度に高まる一方で欺瞞への警戒が低下する、ふだんあまり経験することがないような文脈かもしれない。実際、態度変化や社会的影響の実験室研究のほとんどは、実験参加者の態度や信念に対して脅威を与えるほどのものではなく、これによって喚起される虚偽防衛の気構えも微々たるものである。たいていの場合、参加者は実験者が提示するメッセージが本物のマーケティング担当者が作ったものではないことを知っているし、参加の目的は、現実の意思決定をすることよりは、授業の単位取得条件を満たすとか、報酬を得るというところにある。そして、もし実験参加者がメッセージの一部に関して疑念を抱いたとすると、その人のデータは分析から除外されてしまうのである。

人々が警戒しており、だまされないためにはすぐに統合的符号化をしてはならないことを知っている場合、メッセージに最初に接した段階で、すべてのメッセージ内容を精緻化処理することを、方略的に減らすことができる。そうすれば、メッセージの中間と終わりでどのような欺瞞的内容の手がかりがあるかを見る機会を得るまで、統合的処理を控えることができる。こうすることによって、メッセージの受け手は後で解決しなければならない事柄を最小限におさえることができ、一見汚染されていない部分とは切り離し、汚染されている部分への対処を二回目あるいは三回目のメッセージ処理（たとえば、活字広告、製品のパンフレット、あるいは同意事項の文書を再び読む）まで延期し、別々に、そして違うやり方で行うことができる。二回目以降にメッセージに接する場合、統合的思考は妥当に見える部分に向けておき、強い否定的な精緻化思考は、メッセージの中間あるいは終わりに来る隠された否定的開示に向けることができる。一方、準備が整いスキルを備えた人の場合、信念の凍結（信念に反する証拠や別の解釈の可能性を認識しなくなること）を遅らせるように注意することでメッセージ処理を複雑にしたり（Kruglanski 1989）、メッセージの主張や戦術の中に誤解を抱かせるものがあれば別の解釈を探すことによって、最初から警戒してメッセージの処理に取り組むであろう。このタイプの反事実的思考は、ファイン、ヒルトン、ミラー（Fein et al. 1990）とファイン、マクロスキー、トムリンスン（1997）が見出したものである。プレゼンテーションの背後に隠された動機があると疑うようになると、人は、①隠された動機がないと想定して、あるいは、②隠された欺瞞動機があると想定して、その内容を処理するであろう。この場合、前者は、もしメッセージが妥当かつ完全で非欺瞞的であったなら結論はどうなるか、と考えることであり、後者は、もしメッセージに偽りの部分があるなら結論はどうなるかを考えることである。要するに、消費者は、欺瞞がある場合のシナリオと、欺瞞がない場合のシナリオの感受性試験を行うのである。

消費者は、提示されるメッセージの中に欺瞞が疑われる戦術や主張が大量に含まれていることが自分で評価できないうちは、そのメッセージを精緻に符号化をすることは無駄なことである、という見方を採用するかもしれない。メッセージを点検して最初の段階でその中に欺瞞的な部分があることが示されたら、後で使用するためにそれを精緻化する必要などなく、取るに足らないものとして扱うだけである。最初の段階であまり汚染されていないことがわかれば、その時点で精緻な符号化を始めればよいのである（Friestad & Wright 1994）。

生じた疑念が漠然としたものであっても、心的な自己制御と欺瞞抵抗を損なわせるような大きな認知的負荷がかかることが広く知られている。マザースキーとシュール（2000）は、実験参加者に自動車またはコンピュータの六つの属性を知らせ、次に、その中の一つの属性に関する情報が実際には誤りであると評価されていることを告げた。その後、参加者は別のメッセージを与えられたが、その際、半数の参加者には、そのメッセージは前に誤った情報を提供した自動車メーカー（またはコンピュータ・メーカー）のものだと告げられ、残りの半数の参加者には、信頼できる別の情報源からのものであると告げられた。その結果、最初にメッセージを処理したときにだまされていたことを認識した参加者は、疑わしい情報源からとされた二回目のメッセージを受けたときに、処理モードを変更した。最初のメッセージを受けたときに精緻化処理をしていた実験参加者は、二回目のメッセージ処理においては、属性情報よりもメッセージの情報源に焦点を当てるようになったのである。「あつものに懲りてなますをふく」というわけである。興味深いことに、最初は情報源に焦点を当てていた実験参加者は、だまされていたことを知ると、二回目には属性の詳細により強く焦点を当て、情報源にはそれほど注目しなくなった。

## 疑念が説得メッセージの処理に及ぼす影響

ダークとリッチー（Darke & Ritchie 2007）とメイン、ダール、ダーク（Main et al. 2007）は、消費者がある広告に接して欺瞞の疑いが生じた場合、その広告と後続の広告の処理にどのように影響があるかを分析した。彼らによると、疑いは多くの要因によって引き起こされる。その一つが、最近「自分は欺された」という経験をしたことであろう。こうした経験は、その後、別のメッセージに接するときにも心の中に残っているはずである。人は後から振り返ってみても、自分がどのように欺されたのか正確にはわからず、ただ何か利用されたと感じるだけかもしれない。しかし、だまされたという経験の感情的インパクトは時に非常に強力で、不信感を長引かせたり、持ち越し効果を起こしたりする。二つ目のパターンは、長期にわたり顕著な欺瞞戦術を使った広告にたくさん曝され続けると、アクセシビリティ（長期記憶内の知識へのアクセスのしやすさ）が高く持続的な疑念が形成されるために、同じ広告主の広告、類似した製品の広告、あるいはすべての広告は疑い深く扱うべきだと考えるようになることである。三番目のパターンは次のようになる。ある人が広告を処理している状況で、何らかの事柄によって疑念が高まり、広告に対して疑念の方向に偏った処理が行われる。これによって、その人は欺瞞検出に強く焦点が当てられた心理状態になる。欺瞞に敏感な思考が強力に働くことによって、他の場合よりもずっと効果的な欺瞞防衛活動ができるだろう。これらのスキルが活性化されることで、この状況では虚偽検出、無力化、抵抗、そして罰を与えることがうまくできると思われる。さらに、欺瞞から自分を守ることができたという経験によって、防衛するという気持ちやそれに伴うスキルのアクセシビリティが高まり、ほかの説得の試みに対したときにもそれらを適用することになる。時折、強い疑念を感じることで過度に疑い深くなる人がいるが、彼らは、あらゆる場所で邪悪な欺瞞戦術が働いていることを目にすることになる。このように、広告主が敵対的な意図をもっていると過度に推測することは、「悪意への帰属の誤り」（sinister attribution error）（一般的には、他者の行為が悪意に基づいており、それが自分に向けられていると過度に推測すること）と呼ばれてきた（Kramer 1994; Main et al. 2007）。

ダークとリッチー（2007）によれば、説得的メッセージが危険なほど脅迫的に思われるとき、人々は精緻化した防衛－焦点型の広告処理に移行するが、状況が少し脅迫的に思われる程度だと、多少防衛的になるものの、単純な手がかりに頼って欺瞞を検出したり、無力化したり、抵抗したりする。たとえば、情報源についての型にはまった否定的な考えをすぐ頭に浮かべ、それがある程度防衛の役割を果たすことになるだろう。ダークとリッチー（2007）が指摘するのは、ある広告に対して精緻化した欺瞞防衛活動を最初に行うと、同じ広告主からの次の広告に対しても同じように疑念に焦点を当てた体系的な精緻化思考を適用するということである。これにより、彼らの頭の中は同じ広告主による最初の欺瞞の試みに関係する事柄で溢れ、あらゆる否定的で紋切り型な考えが記憶から呼び起こされる。しかし、その直後に別の広告主からの広告に直面した場合には、ある程度の疑念はそのまま維持するものの、自己防衛のために、事前の紋切り型の否定的な考えだけに頼って自動的に判断するようになるのである。彼らは、最初の欺瞞的広告から次の広告に曝されるまでに二四時間の遅れがある場合でも、この種の持ち越し効果が生じることを実証した。さらに、この効果は、広告が欺瞞的なものだと後から言われるような場合よりも、最初の広告に曝される間に自ら欺瞞防衛活動に取り組んだかどうかに依存しているようである。

## 省略、誤解を招く推論、メッセージ戦術

カーデス、ポサヴァック、クロンレイ（Kardes et al. 2004）は、消費者の推論形成についてすぐれた展望論文を発表している。彼らが検討したのは、消費者がマーケティング担当者から提供された情報をどのように頭の中で変換して、自分自身の判断や結論を導くかを扱った研究である。この論文は、欺瞞に関する明確な枠組みに基づいたものではない。しかし、限定された、不完全な、欠落がある情報に基づく消費者の判断に焦点が当てられており、また、好ましくない情報を意図的に省略することは欺瞞の主要な方略であるため、マーケティング担当者が意図的に好ましくない情報を隠そうとしたときの消費者の推論を理解するのに役立つことになる。ただ、残念なことに、ここで検討された研究の大部分は、人々が疑念をもち、欺瞞を警戒した心的状態のもとで行った推論を調べたものではない。むしろ、大部分の研究は、説得とは関係のない文脈で不完全情報を人々に提示している。つまり、欠落している情報は、何の説明もなく単に欠落しているだけなのである。

先に論じたように、マーケティング・プレゼンテーションにおいては、いくつかの理由で情報が欠落する。そのうちの一つが、消費者に知られないために、マーケティング担当者が欺瞞的行為として省略する場合である。消費者は、マーケティング担当者のプレゼンテーションから欠落している情報（言及されていない属性、オプション、警告など）について敏感でないことが多く、明確にはっきりと提示された情報ならどのようなものでもそれに頼ってしまう。したがって、情報が意図的に不完全で偏ったものにされていても、その情報に基づいて進んで評価を下す。消費者は、マーケティング・プレゼンテーションからどのような情報が、あるいは、どれぐらいの量の情報が意図的に外されたかという問題を見過ごしてしまい、提供される情報を、たとえそれが貧弱なもので

あっても、製品について判断を下すのに十分だとしてしまうのである。しかし、ある製品について十分な知識をもっていたり、潜在的に重要で本来利用可能なはずの情報が除かれたことを示す手がかりや基準点が判断の文脈内に存在するときには、欠落している情報の顕現性が高まる。この場合、人々はより「標準的で適切な」方向に調整して製品の判断を行うであろう（Muthukrishnan & Ramaswami 1999; Sanbonmatsu et al. 1991; Sanbonmatsu et al. 1992; Sanbonmatsu et al. 2003）。

逆に言えば、量やタイプが異なる属性情報によってブランドの比較を促進するようなマーケティング・コミュニケーションの文脈では、欠けている情報に対して消費者はより敏感になるようである（Broniarczyk & Alba 1994; Simmons & Leonard 1990; Simmons & Lynch 1991; Sanbonmatsu et al. 2003）。特筆すべきは、伝達者の意図的な欺瞞を示す強い手がかりがなくても、情報が欠けている場合の製品の評価は、その製品に欠落している属性の価値が当該の製品カテゴリーの中で「平均的」であると明確に告げられた場合より、低くなるということである（Huber & McCann 1982; Jaccard & Wood 1988; Johnson 1987, 1989; Meyer 1981）。この傾向についての一つの説明は、消費者はいかなる欠落情報に対しても全般的な割り引きを行うということである。情報が欠けていることそれ自体が否定的な手がかりとなり、製品属性について提示された別の情報と統合されるのである。もう一つの説明は、提示された情報に基づく消費者の全体的な製品評価は、不確実性を修正するために一般に尺度の中間点に向かって調整されるというものである。一般的に、人はバイアスに関する暗黙の理論を用いて、自分の暫定的な判断を修正する（Gilbert 2002; Wegener & Petty 1995; Wilson et al. 2002）。

省略された情報に対して消費者が敏感になるのは、一部の情報が欠落していることを事前に知らされるとき、製品カテゴリーに関する豊かな知識と明確な比較基準をもっているとき（Sanbonmatsu et al. 1992）、そして、情報を大雑把に検討した結果、大量の情報によって説明される製品と少量の情報で説明される製品があることが明確になるとき（Kardes & Sanbonmatsu 1993; Muthukrishnan & Ramaswami 1999; Sanbonmatsu et al. 2003）である。また、消費者が情報の欠落を容易に認識してそれに対処するのは、広告が一種類の製品に関する選択的な情報を提示するのではなく、特定の属性に関する製品間の比較を明確に行っているとき、そして、消費者が製品を大まかに説明した広告に接した直後に、豊富な属性情報が提示された広告に遭遇するときである（Kardes & Sanbonmatsu 1993）。最後に、隣接した広告がライバル製品を異なる比較不能な属性について説明している場合、省略された情報の顕現性が高まる可能性がある。いずれにせよ、省略された情報の顕現性が高まれば、人々は警戒して、限られた証拠に基づいて判断を行うことになる。また、情報が省略されていることに気づくと、人は控えめで暫定的な方向に判断を修正しようと努める。より正確で更新可能な、そして他者や自分自身に対して正当化できるような判断を求めるのである。明示的に提供された情報が重要であると認知するほど、消費者の心の中では、それで十分という気持ちが強くなる。そうなると、今度はこれが、欺瞞的な非開示に対する否定的な割り引き効果を減らしてしまうことになるかもしれない。要するに、消費者は、その省略は正当化できるものかどうか、あるいは、少なくとも重要な情報については十分に提供されているのかどうか、ということを考慮に入れる可能性がある。この後者の可能性は、マーケティング担当者が一方的で好ましい重要な情報を消費者にたくさん提供することによって、他の重要な、おそらく有害な情報が省略されていることを消費者から隠すかもしれないことを示唆している。

だまそうとする意図や説得の意図を確認することは、日常生活で広く適用可能な基本スキルである。このテーマは、市場やインターネットでの説得に対して子どもたちが影響を受けやすいという社会的な論争の中で現れるものである。また、勧誘行為や詐欺を扱う法律が「説得の意図」を犯罪行動の一部として明示していることから、訴訟手続きの中でも問題になる。ある人が、相手はある程度の説得意図をもっていると推論すると、さらに高次の推論が行われるようになるかもしれない。他者の意図を推論する能力は、人間の社会的思考の基礎である（Baldwin 2005; Gibbs 2001; Malle et al. 2001; Zelazo et al. 1999）。人々が学習する最も基本的な意図性（intentionality）

の推測は、誰かの特定の行為が意図的なものかどうかというものである。意図的なものとみなされると、さらなる意図性の推測が生じることになる。発話行為については、言語学と心理学における基本的メッセージ理解の過程を扱う諸理論が、人々がどのように意図された文字通りの（語義の）意味や、社会的メッセージの意図された実際的意味を推論するかを説明している（Sperber & Wilson 1995; Wyer & Radvansky 1999; Wyer & Adaval 2003）。実際的意味とは、送り手が文字通りの意味を越えてメッセージで伝えようとする意味である。これらメッセージ理解のモデルは、説得意図の検出に先行して生じる心理的活動を記述している。たとえば、ワイヤーとラドヴァンスキ（1999）は、四つのステップでメッセージ理解の過程を記述する二段階モデルを提唱した。第一に、人は単語や陳述の文字通りの意味を推論する。第二に、人は文字通りの意味が、期待される標準的原則（有益さ、関連性、丁寧さ、正直さ、謙虚さなど）を満たしているかどうかを査定する。第三に、意図された実際的意味が加えられているという疑いが多少なりともあれば、その意図された意味を推論する。第四に、人はメッセージに対するさらなる反応を生み出す。

別の研究者は、送り手の説得意図の背後にある隠された動機、説得方法の公正さ、送り手の性格特性など、高次の推論を扱ってきた（Campbell 1995; Campbell & Kirmani 2000; Decarlo 2005; Fein 1996）。たとえば、キャンベル（1995）は、送り手の操作的意図の推論に影響を及ぼす要因について先駆的研究を行った。彼女は、操作的意図の推論を、広告主が不適切、不公正、あるいは操作的な手段によって説得しようと試みているという推論と定義した。ここで、操作的意図というのは欺瞞的意図と必ずしも同じではないが、意味が近似していることは確かである。われわれは、彼女の概念化は三段階モデルとして捉えられると考えている。すなわち、①説得意図の有無を推測する（「ある」または「ない」）、②「ある」ならば、説得に使われる方法について検討する、③当該の状況においてそれらの方法を使用することの公正さあるいは適切さを査定する。おそらく、欺瞞は不公正で不適切であるとされるだろう。この考え方によると、第一段階だけに説得意図の検出が含まれることになるが、操作的意図の推論過程に関するキャンベルの理論化が描写しているのは、潜在的に複雑な推論過程であり、これには、広告から自分が得る利益や広告の処理に投資した労力の判断、および、説得者が得ると思われる利益や投資したと思われる労力に関する判断が含まれる。キャンベル（1995）はこの理論を検証するため、広告戦術（たとえば、魅力借用広告〈borrowed interest〉。タレントの魅力を借りて消費者の注目を集めようとする方法）が異なることによって、どのように操作意図の推論が変容するかを分析した。彼女は、この操作意図の推論を、「広告主が不適切なやり方で消費者を管理したりコントロールしようとしているように思えるので、この広告は気に障る」といった項目によって測定しようとした。説得意図の推論の基本は、操作意図に関するこのような複雑な推論とは性質が異なる。説得意図の推論は、たとえ高次の操作意図の推論が伴わなくとも、うまく行うことができるし、実際、そのようなことは生じる。四つの実験で、キャンベルとカーマニ（2000）は、販売員が顧客にお世辞を言う状況を使って、説得者の隠された動機に関する人々の推論を調べた。キャンベルとカーマニは、隠された動機を推論したり販売員の誠実さについて原因を推測することは高次の推論であり、他のタイプの社会的推論より労力を要すると論じた。この研究の結果は、これら高次の推論は、認知的負荷や記憶内の「隠された動機」情報へのアクセス可能性の影響を受けていることを示した。われわれの目的のために、ここではキャンベルとカーマニの研究の主要な従属変数は、販売員の動機、公正さ、性格特性（誠実さ）に関する高次の推論であり、欺瞞や説得の意図それ自体に関する基本的推論ではないという点だけに注目することにしたい。デカーロ（DeCarlo 2005）も、販売員の行動に潜む隠された動機に関する疑念が販売員への態度にどのように影響するかを検討したが、説得意図の推論過程は検討していない。われわれは、欺瞞の意図を識別することは、操作意図や隠された動機ほどには労力を使わない推論であると考える。というのは、操作意図や隠された動機を推論するには公正さなどを評価する必要があるが、これはかなり文脈に特定的なものだからである。人をだまそうとする意図は、周知の欺瞞戦術に注目するだけで推論できるし、あらゆる市場の文脈において、説得意図の推論と並行して自動的に生じるだろう。

クリコリアン、ライト、フリースタッド（Kricorian et al. 2007）は、人々がメッセージ内容だけに基づいて行う説得意図の推論について調べた。この研究では、情報の送り手についての情報や、メッセージの構築や伝達を動機づける状況についての情報は実験参加者に提供されなかった。ある実験では、説得に関連した概念と教育に関連した概念のプライミング（特定の刺激に接することによって特定の知識や概念を活性化させる手続き）が、メッセージの背後にある説得意図や教育意図の推論に及ぼす影響が検討された。このメッセージには、異なる量の説得的内容もしくは教育的内容が含まれていた。説得に関連した概念あるいは教育に関連した概念を活性化させるために、実験参加者はメッセージを提示される前に文章構成プライミング課題を与えられた。特定の概念を活性化させない統制条件も設定された。説得プライミング条件と教育プライミング条件の参加者は、説得関連の文と教育関連の文の割合が異なる文章をバラバラにして提示され、それを意味の通る元の文章に並べ直すように求められた。次に、参加者は、市販薬品に関する意図が一つの説得メッセージ、意図が一つの教育的メッセージ、あるいは意図が二つのメッセージのいずれかを読んだ。意図が一つの説得メッセージには、主として説得意図があると推測されることが予備調査で示されている五つの文章が含まれていた。一方、意図が一つの教育的メッセージには、教育意図があると推測される五つの文章が含まれていた。意図が二つのメッセージには、両方のタイプの記述が含まれていた。その結果、プライミング処理は、説得意図についての推論にも、教育的意図についての推論にも影響を与えていた。別の研究で、この三名の研究者は、二重の意図が含まれるメッセージの構造や内容に関してもっと細かいバリエーションを設けて、意図性の推測がどのように異なるかを調べた。説得的な記述と教育的な記述が含まれる二重の意図のメッセージは、いかなるパターンのものでも作ることができる。この研究では、メッセージは、二つのタイプの記述の割合だけでなく、クラスタリング（まとまりの程度）が異なっていた。同じカテゴリーに属すると見られている記述を連続して提示することは、それほど組織的でない方法で同じ記述を提示する場合よりも、さらに強くそのカテゴリー知識構造を活性化するかもしれない。しかし、これには、二重の意図のメッセージに含まれるそれぞれの記述が、そのスタイルや言い回しから、説得的記述、あるいは教育的記述としてすぐに自動的に符号化される必要がある。また、これらのタイプの符号化された記述の割合や密度について、かなり自動的に注目されることも必要となる。これらの研究は、少なくとも後期青年期にある消費者がある製品に関する二重の意図のメッセージを処理するとき、彼らが自然にそれぞれの記述の明らかに説得的あるいは教育的な意図性についての情報を符号化し、メッセージの説得意図や教育意図の全体的印象を形成するためにそれを使うことを示唆している。

カーマニとシュ（Kirmani & Zhu 2007）は、広告に接する前の消費者の思考態度が、広告の操作意図への疑念にどのように影響を与えるかを検討した。マーケティング担当者の操作的意図の顕現性は、スポンサー名の表示を遅らせることや、魅力借用、不完全な比較、欠点の公表といった戦術の存在によって高まるかもしれない。これらのメッセージ手がかりは、消費者がそれらを潜在的な欺瞞戦術として認識している限り、影響を及ぼすことになる（Campbell 1995; Johar & Simmons 2000; Barone 1999）。メッセージ手がかりのなかには、マーケティング担当者の操作的意図をそれほど顕現化しないものもあるし、さまざまに解釈できる曖昧なものもある。たとえば、消費者は、マーケティング担当者の不完全な比較を、優れたものであるという事実を示そうとする誠実な試みと解釈するかもしれないし、彼らの製品をもっと優れたブランドと比較しなかったという理由で操作的な欺瞞と解釈するかもしれない。カーマニとシュ（2007）は、広告を処理するときの制御焦点（regulatory focus）［第2章参照］が、広告の操作意図に関する曖昧な手がかりをどのように解釈するかに影響を及ぼすかもしれないと考えた。予防焦点の消費者は、促進焦点の消費者より、曖昧な手がかりを操作意図の強力なサインと解釈する可能性が高い。ヒギンス（1987）は、促進焦点の人は希望に満ちた熱意をもってメッセージ処理を行う一方、予防焦点の人は防御的警戒の中でメッセージ処理を行うと主張した。たとえば、ファムとヒギンス（Pham & Higgins 2005）は、情報探索の間、促進焦点の人は購入可能な選択肢の肯定的手がかりに焦点を合わせ、予防焦点の人は否定的手がかりに焦点を合わせることを見出した。カーマニとシュ（2007）によれば、促進焦点の人は、露骨な手がかりが存在するときにだけ，欺瞞の疑いのような説得防衛的な信念を活性化させる。それとは対照的に，予防焦点の人は，メッセージの手がかりが露骨である場合だけでなく，曖昧であるときでさえ，説得防衛的な信念を活性化させる。彼らの第一研究では，予防焦点の思考態度をもつように導かれた人々が，これらの手がかりの顕現性が中程度か高い場合に広告に対して懐疑的になることが見出された。しかし，促進焦点の思考態度をもつように導かれた人々が欺瞞に敏感になるのは，広告主の操作意図を示す顕現性が高い場合だけだった。カーマニとシュ（2007）は，第二研究において，促進焦点の人でも予防焦点の思考をするように，外的なプライミング操作によって疑念を高めた。その結果，広告とは関係のない雑誌記事によって企業の不正行為をプライミングすると，促進焦点の人についてはその後の広告への疑念が高まったが，予防焦点の人で既に疑念をもっている場合には，この操作は疑念の強さに影響を及ぼさなかった。また，これらの研究者たちは，予防焦点の思考態度と高い疑念が組み合わさると，曖昧な手がかりに対してさえ操作的な（人をだます）意図を強く知覚するようになることを見出した。カーマニとシュは，予防焦点の消費者は促進焦点の消費者以上に「見張り番」的な広告処理方略を使うのかもしれない，と推測した。カーマニとキャンベル（2004）によれば，「見張り番」方略には，未然防止，逆欺瞞，主張的抵抗，明確な対立，密かな罰，相互作用からの撤退，相互作用への準備，スーパー見張り番の役割を果たす仲間を得る，などのことが含まれる。

この他，消費者の推論過程を利用する戦術でこれまで広く研究されてきたものとして，いわゆる「両面提示」(Rucker et al. 2008）の使用がある。マーケティング担当者は，多くの好ましい内容だけでなく，ありうる欠点についての情報を少しだけ提示し，加えて，なぜ実際にはそれが些細な欠点にすぎないのかということと，まず起こらないものであるということをはっきりと説明する。すなわち，マーケティング担当者は，自分が後で簡単に退けられるような欠点を選んで，それだけを論じるのである。この場合，マーケティング担当者が望むのは，製品についての否定的情報をいくつか提示することによって，完全な公表に向けたこの小さいステップが消費者の信頼を高め、それがマーケティング担当者の利益に結びつくことである（Kamins & Marks 1987; Pechmann 1992）。したがって、否定的情報をマーケティング担当者や説得の担い手が部分的に開示するのは、人をだますのを避けたいという動機によるものではない。欠点を部分的に開示すること自体、情報の欠落に気づいた消費者の不安を低減させる、広い欺瞞戦略の一部なのである。ラッカーら（2008）は、両面アピール戦術のバリエーションの一つでより巧妙なものとして、製品の否定的属性に関するこの種の部分的開示が、他のどのような形態で実行されるか述べている。この戦略では、マーケティング担当者は、製品の肯定的属性だけを開示して論じるのだが、製品を推奨する前に、製品についての肯定的情報と否定的情報を両方とも考慮したと主張するのである。ラッカーら（2008）はこれを、実際にはメッセージの両面を提示することなしに、メッセージを両面的なものとして「枠にはめる」（説明する）戦略だとした。ラッカーら（2008）は、五つの研究によってこの問題を扱った。彼らが検討した広告は、既に製品を使用している信頼できそうな人がその製品を推奨するもので、広告の中でその人物は、推奨の言葉の前に「すべての属性を考慮に入れた」または「長所と短所を両方とも考慮した」と明確に述べていた。これらの証言は、考慮したとされる否定的情報が何だったのかを実際には明らかにしておらず、考慮したと主張をしているだけである。しかし、これらの研究では、広告の中で否定的な点も肯定的な点と同じように考慮したと誰かに主張させるだけで、それに接した若者は、広告の一部始終を理解したという確信度が高まり、製品への好ましい態度が強まることが明らかにされた。そして、この効果の強さは、実験参加者の製品カテゴリーに関する知識量と、よく考えようとする性格傾向（認知欲求）によって影響を受けていた。メッセージを両面的なものとして枠にはめること、われわれは「欠点を考慮したと主張すること」と称するほうがふさわしいと思っているが、この戦略は、二つの点で欺瞞的である。第一は、最も明らかな点であるが、本当は十分な情報を与えられていないのに、十分な情報を与えられているという錯覚を消費者の心のなかに作り上げることである。製品のすべての否定的属性は検討済みで、既に製品を使っている信用できそうな人が重要でないと判断している、と信じこませるのである。信じてしまえば，広告で明らかにされなかった点について思い悩んだり不安を感じたりする必要がない。ここで注意する必要があるのは，広告の中で，両方の側面が考慮されたとはっきり示されなければ，参加者たちは，広告で製品を推奨していた人物が，言及されてもいないあらゆる否定的属性を実際にすべて考慮したと推論することはなかった，という点である。とくに他から指示が与えられなければ，消費者が用いる一般的な仮定は，広告の中で製品を推奨している人物は製品の好ましい属性だけを考慮に入れたのだろう，とか，製品の欠点について真剣には検討していないだろう，というものだろう。第二の点は，この戦略が実行されたことをもって，それを信用してよいということにはならない，ということである。マーケティング担当者が，自社の関係者や専門家があらゆる欠点を真剣に検討したと主張するとき，担当者は容易に嘘をつくことができる。すでに製品を使った人が製品について好ましい判断をするにあたって何を考慮したか，あるいはしなかったかは，本質的に他の人たちには隠されている。実際，人々は日常の相互作用の中で，いつもこのようなことをやっている。説得的で思慮深く見せるために嘘をついていることをこちらが知っていても，「ああ，そのことなら，きちんと考慮しましたよ」などと言うのである。この戦術が日常生活の中に広く行き渡っていると，マーケティング担当者がこの戦術を使うとき，消費者は欺瞞戦術だとして警戒するかもしれない。たいていの場合，製品カテゴリーをほとんど知らないために，どのような欠点が広告から省略されたのか独力では推測できない人々や，何が欠けているか考えることをめったにしない人々がだまされる傾向がある。最後に，ラッカーら（2008）は，推奨された製品に対するメッセージを受け取った後の態度について，消費者が強く確信できるか，それほど確信できないかについては，「自分はすべての情報をもっているか？」が重要なメタ認知的考慮になると論じている。

最後に，第3章で述べたように，「混乱－再構成」（Disrupt-then-reframe）（Knowles & Linn 1999）と呼ばれる欺瞞戦術は，巧妙な注意散逸と混乱をもとに構成される。「混乱－再構成」戦術では，重要な瞬間にタイミング良く注意散逸や混乱が生じるようにメッセージが伝えられる。こうすることにより，消費者がメッセージの拒絶や無力化を行う前に、消費者の説得防衛や欺瞞検知を妨害する。その後、混乱している消費者が結論を急ごうと判断や決定の基礎として簡単な枠組みに飛びつくことを見込んで、判断を枠にはめる簡単な方法を提供するのである（Fennis et al. 2004; Kardes et al. 2007; Knowles & Linn 1999）。カーデスら（2007）は、媒介する心理過程、とくに「混乱－再構成」戦術の有効性を調整する認知的完結欲求（NFCC：need for cognitive closure）（問を曖昧なままにしておかずに、明確な答えを求めようとする欲求）の役割について検討している。認知的完結欲求が高い消費者ほど、速断してメッセージが示唆する方向の行動を開始するために、早く完結できるような情報を手に入れようとする。したがって、こうした消費者は、メッセージの中で、判断や決定を行うことに対する明白かつ直接的な示唆が含まれる最初の、そして処理が容易な情報に飛びつく。マーケティング担当者は、製品やサービスに好都合な内容を説得の最初の部分に置き、欠点について言及する場合にはそれを後ろのほうに追いやるのが普通なので、認知的完結欲求が高い消費者は、欺瞞的なマーケティング担当者にとって楽な獲物である。認知的完結欲求が高い消費者ほど、マーケティング担当者のプレゼンテーションを処理して認知的完結を素早く達成すると、これら初期の判断を凍結させる（Kruglanski & Webster 1996; Kruglanski 1989）。認知的完結欲求が高くなるほど、消費者は後続の情報や曖昧な情報、処理するのが難しい情報を無視する傾向がある（Kardes et al. 2007）。したがって、欺瞞を実行するためにマーケティング担当者は、好ましい資料をプレゼンテーションの最初に配置し、高まった認知的完結欲求を利用かつ奨励して欠点、危険、限界の開示は出来るだけ遅らせ、欠点を開示する場合でも、最後の最後に曖昧かつ不明確な言葉を使って開示し、その処理を困難にさせるだろう。カーデスらは、「混乱－再構成」戦術の前半部分の混乱は、完結を必要としている人に強く欲求不満を起こさせるということを理論化し、それを実証した。そうなれば、この戦術の残りの部分である「再構成」は、イライラして混乱した消費者にとって楽な出口となる。これは、消費者のシステム2の自己防衛的思考を妨害し、システム1の素速い表面的思考に移行させることによって、思慮なしの従順さを引き出していると理解できるだろう。この混乱戦術が欲求不満を特に生じさせ、それゆえとりわけ効果的になるのは、壊滅的な混乱が起きる前に自ら説得への防衛や反論をしたので、今自分がまさに「抵抗的」完結をみようとしていると感じている消費者であろう。さらに、カーデスら（2007）は、性格的に認知的完結欲求が低い人は、マーケティング担当者の混乱戦術によって混乱したり欲求不満を感じたりすることは少ないだろうと論じ、その通りの結果を得ている。

カーデス（2007）はクルグランスキに従って、認知的完結欲求を個人差変数として扱った。したがって、これは測定はされるが、操作されることがない変数である。われわれはここで、性格特性として認知的完結欲求が高いということもあるが、状況によって一時的に強く引き起こされる心的状態でもありうることを指摘しておきたい。だからこそ、欺瞞的なマーケティング担当者が操作を試みるのである。緊急性や即座の完結を強調することは、そのための一つの方法である。たとえば、ある有名な健康管理プログラムを売り込むパンフレットは、その最初の部分で、パンフレットに書かれている内容をよく読むように消費者に注意を促していながら、その後すぐに、「今日」プログラムにサイン（契約）するようにと消費者を強く急かしているのである！　認知的完結欲求を一時的に高めるために、マーケティング担当者は、欠点やリスクや限界について開示するときにはそれらを遅らせたり隠したり曖昧にしたりして、消費者が情報をかきわけて見つけようとする際には、出来るだけ強く欲求不満を感じるようにするだろう。マーケティング担当者の隠蔽と不明瞭化戦術によって、性格的に認知的完結欲求が低い人に対しても十分に欲求不満を引き起こすことができれば、その後に続く混乱戦術が彼らに影響を与える可能性も高まるだろう。われわれにとっては驚きであるが、カーデスら（2007）は、マーケティング担当者や消費者研究に携わる人たちは、専門用語、圧倒的な品揃え、行動的混乱など、消費者の混乱を引き起こす多様な方法の研究を始めるべきだと述べている。

## 前に聞いたことがあれば正しいという「真実効果」

曖昧な陳述（statement）に繰り返し晒されると「真実効果」が生じるようになるという証拠がある。基本的に人々は、「その陳述を自分が前に聞いた（読んだ）ことがあるなら、前に聞かなかった（読まなかった）場合よりも『真実』と思われる」と推論するのである（Arkes et al. 1991; Hasher et al. 1977）。いくつかの研究で、製品に関する主張を含め（Hawkins & Hoch 1992）、同じ陳述に繰り返し晒されると、一回だけ晒される場合より、人はその陳述を真実だと判断することが明らかにされている（Haserf et al. 1977）。最初に少し注意を逸らされたときのように（Hawkins & Hoch 1992）、陳述に初めて接したときに、その真偽について十分な符号化や熟慮が行われなかった場合に、この真実効果が強く生じることになるであろう。最初に晒されたときに精緻な処理が行われていれば、真実、疑わしい、あるいは誤りという明白な判断がなされたはずであり、そうであれば、ずっと後になってから、以前に何か聞いたみたいだという微妙で曖昧な感覚にその判断が揺らがされたりするようなことはないはずだからである。ロゲヴェンとジョハー（Roggeven & Johar 2002）は、同じ情報源から陳述を繰り返し提示される場合と、異なる情報源から異なる機会に陳述が提示される場合では、真実効果がどのように異なるかを検討した。彼らは、製品についての主張があまり真実らしくないときには、主張を繰り返し聞くことによって喚起される、聞き慣れているという感覚が真実性の評価を高めること、さらに、異なる情報源によって繰り返される場合には、この効果がさらに高まることを明らかにした。スカーニク、ユン、パーク、シュワルツ（Skurnik et al. 2005）は、陳述に繰り返し晒されると、最初に提示されたときに偽りだと判断された場合でさえ、その主張を真実と知覚するようになることを指摘した。彼らは、製品についての主張に事前に晒されたという記憶は、その主張に最初に接したときの文脈や情報源の記憶がなくても存在しうると論じた。そして、ある製品についての主張に二度目に晒されることが、最初に聞いた主張が実際には真実ではなかった（真実ではない）という警告の一部として起こるときですら、真実効果は生起するはずだと推論した。もし真実効果がこのように作用するなら、警告メッセージとして再び晒されても、以前の主張への疑念を生み出さず、その代わりに警告メッセージによる開示を無力化したり、前に聞いた主張が逆に妥当であるかのように思わせるかもしれない。スカーニクらは、高齢者（七一歳から八六歳）と後期青年期から早期成人期の人たち（一八歳から二五歳）が陳述の誤りについて警告が繰り返されることに対してどのように反応するかを比較することによって、この仮説を検討した。その結果、若い人は以前に聞いた陳述は誤りだったと繰り返し言われると、真実効果を示さなかった。高齢者も、製品の主張は妥当でないと繰り返し言われた陳述に対する直後と三日後の疑いが増加していたのである。警告が繰り返されることによって、陳述に対する直後と三日後の疑いが増加していたのである。しかし、三日後には、主張が誤りだったと一度だけ告げられた高齢者は、誤りの主張の二八％を真実であると間違えて記憶していた。主張が誤りだったと三回言われた人は、三日後にはその主張の四〇％を真実であると間違えて記憶していた。高齢者の場合、主張が誤っていたと警告を繰り返すと、警告の有効性が低減したことになる。以上のように、この研究は、真実効果が生じるのは、高齢者という特定の集団に限定されることを示している。興味深いことに、先行研究で真実効果が発見された若年集団では、真実効果が認められなかったのである。この研究でもう一つ注目すべき点は、高齢者が一回だけ警告を受けた場合、その三日後に、誤った主張の七二％については誤りだと正確に再生していたことである。このような警告を先に三度受ける場合には、誤った主張を真実だと不正確に再生する割合が高まったが、それでも、三分の二程度は誤りだと正確に再生していたのである。スカーニクらの別の研究（2005）では、若い実験参加者と高齢の実験参加者が、ある製品に関する主張を三度提示され、各回の直後にその主張が誤りであるという開示が示された。別の条件では、製品に関する主張が三度提示された後、一度だけ誤りだという警告が提示された。その結果、若い参加者と高齢の参加者いずれにおいても、主張が三度繰り返された後で一度だけ誤りだという開示がなされた場合、主張が実際には誤りだったと想起することは少なかった。しかし、この研究では、誤りの開示というのは、三六種類の製品に関する主張をそれぞれ示した後に、「誤り（false）」または「正しい（true）」という単語が短時間、スクリーン上に提示されただけだった。情報負荷が高くリスクが低い状況の下で、ごく短い時間、一回だけ、精緻化されていない警告が示されたのである。スカーニク、モスコビッツ、ジョンソン（2005）の研究では、以前の主張がおそらく誤りだったと後になって判断する場合、真実という幻想を抱く真実効果とは逆の「虚偽という幻想」（illusion of falsity）効果が生じうることも示されている。その他の研究でも、メッセージに晒される前に（Buller et al. 1996; Buller et al. 1991; McCornack & Levine 1990）それが虚偽かもしれないという疑念が作り出されると、また、ときにはメッセージに晒された後に疑念が作り出されても（Buller et al. 1991; Levine & McCornac 1991）、虚偽バイアスが活性化しうることが明らかにされている。最後に、メッセージに基づいた判断結果への関与度が高いと真実バイアスが減少するという状況があるが、それとは反対となる状況もある（たとえば、Hubbel et al. 2001）。

ジョハーとロゲヴェン（2007）は、製品に関する事前の嘘の主張に対して直接反論することの効果が、その嘘の主張が暗に示された場合と、直接で明示的であった場合でどのように異なるかを調べた。複雑な分析を行う中で、彼らは、もともとの直接的な主張を直接否定する反論を「同列的反論（aligned refutation）」と呼び、このように事前の情報と同列に沿う形で行われる反論は、同列的でない反論よりも強い影響を与えると論じた。たとえば、ある会社が広告の中で「セーフガード・レンタカー会社は衝突損害保険を提供しています」と直接表明している場合、その表明は、「セーフガード・レンタカー会社は実際には衝突損害保険を提供していません」という、同列に表現された正反対の表明によって直接反論されることになる。これとは対照的に、事前の広告が、うまくほのめかすような主張を使って、明記されている以上の事柄を消費者が推論するように仕向ける例を考えてみよう。たとえば、広告の中に「すべての信頼できるレンタカー会社は衝突損害保険を提供します」と、これに加えて「セーフガードは信頼できるレンタカー会社です」と記されているような場合である。消費者の中には、「セーフガード社は衝突損害保険を提供しているに違いない」と推論する人もいるだろう。ここでは、その考えは正しくなく、セーフガード社は衝突損害保険を提供していないと考えていただきたい。この場合、その間違った考え(「セーフガード社は衝突損害保険を提供している」)は、消費者が自分で生み出した推論に基づいて形成されたものである。そのため、「セーフガード社は衝突損害保険を提供していません」という反論は、その前に広告に記されていた内容と同列になっていない。その反論は、広告主が記していない主張を否定しているからである。要するに、この反論は、消費者自身が自分で形成した考えを否定しているのである。そうなると、消費者は、「この新しい主張は、私自身が考えたことに異議を唱えている。だから、私はこの新しく出た主張が妥当なものなのかさらに疑いをもって、はじめに自分で考えたことを守ろう」というようなメタ認知的処理を行うかもしれない。自分が生み出した推論がもともとは広告での暗黙の主張によって喚起された場合でも、その推論は、その時に自分が生み出したその他の精緻化された思考の中に組み込まれてしまうのかもしれない。こうなると、消費者は、事前の誤った考えを強化するような支持的論拠にアクセスしたり、後から示される妥当な反論に容易に反駁してしまうことになるだろう。こうした事から考えると、暗黙の欺瞞広告の主張の餌食になることの後遺症や、その間違った推論を修正するのに必要とされる過程が複雑なのは明らかである。

## 市場における説得知識の使用

フリースタッドとライト(1994)は、説得知識モデル(Persuasion Knowledge Model)において、人々が説得の試みに対処するために身につける説得関連の信念について論じている。彼らの主張によれば、研究者は、市場における説得知識を消費者が身につける(あるいは身につけない)こと、またそれを使用する(あるいは使用しない)ことに焦点を当てて、現実世界における説得を説得のターゲット(受け手)の観点から研究すべきである。そこで、この説得知識モデルは、欺瞞の企てではなく、説得の試みについて組み立てられた。繰り返しになるが、説得には必ずしもマーケティング担当者による欺瞞が含まれているわけではない。とはいえ、市場では、文脈の欺瞞は顕著で広く行き渡っており、脅威的な説得戦略である。マーケティング担当者の行動を解釈するときに消費者がすべき最も基本的な判断は、それが説得の試みなのか、それとも教育や娯楽上のプレゼンテーションなのかということである。もし説得の試みだということになれば、次に、これらの行動が、欺瞞の企てがほとんど含まれない協力的説得なのか、それとも、重要な問題について欺瞞が含まれている可能性が高い敵対的説得なのかを判断しなければならない。説得の知識が活性化された場合、常に欺瞞の知識も活性化されると仮定することはできない。しかし、同時に活性化することはよくあることであり、消費者は、マーケティング担当者が自分たちを説得しようとしていると認識すれば、常に自動的に欺瞞の可能性について考えるのではないかと思われる。また、成長するにつれて市場に関する全体の知識が増すと、市場における説得知識は欺瞞の知識を超えるものとなるかもしれない。われわれは、市場における欺瞞説得の知識は、市場における説得の知識よりもやや遅れて発達するのが普通だと考えている。それでも、人々がどのように説得知識を適用するかを扱ったこれまでの研究は、消費者がどのように欺瞞の知識を利用してマーケティング担当者の欺瞞の企てに対処するかを理解するのに役立つはずである。

何が説得戦術を構成するのか、説得がどのように働くのかに関する人々の信念の土台にあるのは、説得者の動機の推論である。そのため、これまでの研究は、この動機の推論を中心にして行われてきた。ある消費者がマーケティング担当者の特定の行動が説得戦術であると解釈するためには、フリースタッドとライト（1994）が「意味の変容」過程と称しているものが、その人の人生のある時点において存在していなくてはならない。以下では、この概念を「説得への批判的洞察」と呼ぶことにして、説明を加えていきたい。説得への批判的洞察を身につける前には、人々は素朴であり、マーケティング担当者が説得目的で使う特定のタイプの宣伝文や行動に対して、いかなる解釈も適用しない。しかし、説得への批判的洞察を獲得すると、特定のタイプの宣伝文や行動を、マーケティング担当者の武器庫にある、重要な説得の武器であると解釈するようになる。この洞察には、二つの重要な部分がある。それは、「マーケティング担当者は、戦術Xは説得目標にとって有用な心理的影響を人々の中に起こすと考えている」、そして「戦術Xは、説得の成功に役立つ心理的影響を確かに起こすと思う」、この二点について消費者が信じることである。消費者がこうした二つの信念を形成すれば、消費者はその戦術であることを示すコミュニケーションに気づいた時点で、マーケティング担当者の主な目的は説得であると推論する準備が整ったことになる。

市場における説得知識の研究をリードしてきた研究者、キャンベルとカーマニは、最近、この新たな領域の研究を概観して批判を加えている（Campbell & Kirmani 2008）。取り上げられた研究の多くは、厳密には欺瞞防衛の知識に焦点を当てたものではないが、二人は、マーケティング担当者が説得目的で行う戦術について人々がどのように推論するか、幅広く研究が行われてきたと結論づけた。キャンベルとカーマニ（2000）の研究やその後の研究によれば、企業や代理店が行う説得の動機への疑念はさまざまなタイプのマーケティング活動によって引き起こされる。すなわち、お世辞（Campbell & Kirmani 2000）、修辞疑問文（Ahluwalia & Burnkrant 2004）、テレビ番組におけるブランド名の不一致な配置（Russell 2002）、向社会的な意見広告（Menon & Kahn 2003; Szykman et al. 2004）、競争相手を中傷する比較広告（Jain & Posavac 2004）、部分的な比較価格設定（Barone et al. 2004）、偏った情報源（Williams et al. 2004）、高価なデフォルト選択肢の設定（Brown & Krishna 2004）である。

消費者がマーケティング担当者の幅広い行動を説得戦術とみなすことも、研究によって明らかにされている。たとえば、広告スポンサーの同定の遅延や注意獲得刺激の使用（Campbell 1995）、製品発売に際してマーケティング担当者が投資したとされる金額と労力（Kirmani & Wright 1989; Kirmani 1990, 1997）、広告の反復数（Campbell & Keller 2003; Kirmani 1997）、考慮すべき選択肢の送り手による選択（Hamilton 2003）、意図に関する質問（Williams et al. 2004）、修辞疑問の使用（Ahluwalia & Burnkrant 2004）、罪悪感アピールの使用（Cotte et al. 2005）である。この領域のもっとも初期の研究において、ブッシュ、フリースタッド、ローズ（Boush et al. 1994）は、広告主の目標と戦術に関する若者の潜在的知識を調べた。彼らは、広告によって広告主が作り出そうとしている、と子どもや大人が考える心理的効果を八つ特定した（たとえば、注意を引く、製品について学ぶ、広告を好きになる、より製品を好きになる、広告を覚えている、広告が伝えることを信用する）。また、広告主がそうした心理的効果を産み出すために使うと思われる八つのタイプの広告戦術を特定した（たとえば、人気が高いテレビあるいは映画スターを登場させる、ユーモアを使う、視聴者と類似した人を見せる、他の製品と比較する）。次に研究者たちは、青年期前期および後期の若者に対して、広告主がそれぞれの戦術を使って狙う心理的効果は何だと思うかを尋ねた。二つの年齢集団の横断的比較と、説得に対する信念の縦断的な追跡調査の結果は、広告の戦術がどのような心理的効果を生み出すかについて、若者は次第に成人と類似した心的表象を発達させることを示していた。

フリースタッドとライト（1995）は、テレビ広告の戦術に関する一般成人の信念体系の内容と構造についても調べ、これら説得心理についての一般人の信念を、説得について研究している社会心理学者や消費者心理学者の信念と比較した。まず、探索的に行われた深層面接では、二〇人の成人がテレビ広告をビデオで見て、「広告主が、広告効果を高めるために、その広告の中で行ったこと」について、自分の考えを表明した。この最初の質的研究から、説得戦術に関する一般成人の日常的思考が、二〇〇サンプル得られた。この後、広告主がなぜそれらの戦術を広告に含めたと思うかについて質問したところ、人々が説得に役立つと考えている一三種類の心理的活動が得られた。具体的には、広告に注目する、製品を分類する、製品を生活の他の事柄と関連づける、強い感情を感じる、製品の評価を特定のやり方で組み立てる、将来の気持ちや出来事を想像する、広告内容を理解する、広告の主張を覚える、結論を推測する、製品に対して全体的な肯定的感情を感じる、広告の信憑性を信じる、製品が欲しくなる、であった。次に、質的研究から得られた洞察に基づいて、テレビ広告がどのようにこれらの心理的活動を引き起こすのか、これらの活動が今度はどのように説得の成功に結びつくのか、その因果関係に関する信念を調べるために、構造化された質問紙が作成された。そして、これらの質問紙が、二〇歳から五四歳までの一般人数百名と、消費行動研究者と社会心理学者一四九名に対して実施された。両グループともに、以下の点に関する考えを表明するように求められた。すなわち、広告主にとって各タイプの心理的効果を引き出すのがどれくらい難しいか、それぞれの心理的事象は消費者をどれくらい引きつけるか、それぞれの心理的事象は全体的な説得の成功にどれくらい貢献するか、異なる効果が生じる因果的連鎖、それぞれの心理的活動が消費者または広告主の統制の下にある程度、である。最後に、これら二つのグループからの回答が幅広く比較された。フリースタッドとライト（1995）は、全体的な結果から、いくつか重要な可能性が示されていると考えた。第一に、一般の人々の間では考えが十分に共有されていた。これは、アメリカ文化の中で生きる人々は、広告の心理に関する民族モデルを作り上げて互いに伝え合っていることを示すものである。第二に、一般成人の説得についての考えと研究者の考えの間にも十分な共通性があった。これは、一般人の心の中に研究者の理論が次第に浸透してきたことと相俟って、消費者やマーケティング専門家、その他の市場関係者が説得的広告についてお互いどのように考えているか理解する基盤を、文化的に供給された民族モデルが提供していることを示している。

## 虚偽検出

第2章で述べたように、日常の会話状況において人々が非言語的な手がかりを用いてどの程度正確に嘘を検出することができるかについて、多くの研究が行われてきた。これらの研究は広く公刊されているので、ここでは、これらのデータが、いかに、そしてなぜ、市場における欺瞞の文脈ではそれほど重要でないかを説明するにとどめたい。日常の会話状況を扱った研究は、以下に示すような点で、市場のおける説得とは異なる状況を作り出している。

まず、メッセージの受け手は、嘘をつく人が発する虚偽の非言語的手がかりに大きく頼らなくてはならない。生活のある側面について話すとき、話し手となる人物は意図的に明らかな嘘をつくか、もしくは嘘はつかない。話し手は、嘘をつく役か真実を話す役かのいずれかに割り当てられるのであって、嘘をつくか否かについての選択はできないのである。また、多くの場合、話し手となる人たちは、決められた特定の出来事や心の内側を話題にするように指定されることはない。したがって、嘘を検出しようとする人は、さまざまに異なる事柄の話をする話し手、そして、さまざまな事柄について嘘をつく人を観察することになる。話し手は、最近、あるいは遠い昔に起きた日常的な出来事や、自分の私的な側面（たとえば、自分の感情）について嘘をつくかもしれない。彼らが話す出来事や状況は、ありふれたものであることが多く、必ずしもその人の人生の中で重大なものではない。ましてや、聞き手にとって重大であることは決してない。話し手が話をする一般的なタイプの状況や私的な出来事は、聞き手にとって馴染みのある内容かもしれないし、そうでないかもしれない。話し手は、自分がしたことやしなかったこと（特定の行為あるいは一連の行為）、もしくは言ったことについて嘘をつくことができる。それがいつ起きたか、どこで起きたか、他に誰がそこにいたか、自分がしたことに対して他の人がどのような反応をしたか、などについて嘘をつくこともできる。また、話し手は、自分の私的経験や心の状態のある部分についても嘘をつくことができる。好きなことや好きでないこと、信じていることや信じていないこと、自分の感情、パーソナリティ特性、政治的信条、そしてブランドの好みでさえも、嘘をつくことができるのである。そして、このメッセージを受け取った人は、話し手が意図的な嘘をついたか、それともついていなかったかどうかを判断する。この場合、受け手は話し手のことを知らないし、その話し手と将来何かやり取りをしたり関係をもったりすることを予想していないし望んでもいない。聞き手は、将来何か決定するときに役立つことを話し手から学ぼうとしているわけではないので、話し手が言うことを覚えておこうとか、それに基づいて自分の考えや態度を変えようとする気はない。相手に楽しませてもらうことを求めているわけでもない。受け手にとって、この会話は、話し手が述べたことが正当なものか意図的な嘘が含まれているかどうかを判断するというだけの課題であり、それ以上には関心がないものである。ここで検出されるべき唯一の種類の欺瞞は、やったことについての意図的な嘘である。受け手は話し手の発言の中から、何か語られなかったものがあるかどうかを検出するように求められることはない。また、話し手が、すぐわかるような嘘をつくことはせずに自分を誤り導こうとしているかどうかを判断しようとすることもない。たとえば、受け手の注意を逸らして、話の一部分を聞いたり理解したりすることを困難にさせたり、話の特定の部分を隠すために巧みに話を操作する場合である。受け手は、一般的にはビデオで話し手を観察するが、話し手を見たり話を聞いたりするのは一回だけである。多くの場合、受け手は、自分が見聞きする話し手の何割が嘘をつくか（通常は五〇％に設定される）を知らされるので、受け手は話し手の半分が嘘をつくだろうということを正確に予想している。そして、他の実験参加者がどのような判断をしているのか知るよしもない状況で、ただ一人、こうした課題に取り組むのである。

他人の欺瞞傾向について人が予想する事柄は、特定の説得の試みに関するその人の判断に影響を及ぼすだろう。これは、市場の文脈だけでなく日常の虚偽検出の文脈にもあてはまる。ルヴァインら（Levine et al. 1999）の見方は、日常の虚偽検出における人々の正確さは、人々がもっている実際の虚偽検出のスキルではなく、これまでに自分が経験した、嘘をつこうとする試みと真実を話そうとする試みの実際の割合や、嘘をつくことに比べて真実を話すことがどれくらい普及しているかという全般的な期待（バイアス）に依存する、というものである。この見方は、市場における欺瞞防衛をうまく行うことに関する研究が進展するなか、検討しておくことが有益である。要するに、嘘よりも真実のほうがずっと多いということを予想している人が、ほとんどの陳述は真実であると単純に推測した場合、相互作用の相手が実際に正直であれば偶然の一致として正確な判断に至る。しかし、もし真実が一般的であると期待していて、実際には陳述の多くが嘘であるのに、遭遇する陳述のほとんどが真実であると推測するなら、その人の判断は特に正確ということにはならないのである。この逆も同様である。実際、上に述べた典型的な嘘発見パラダイムを使った数百の研究全体で、虚偽検出の正確さの割合は五四％だった（Bond & DePaulo 2006）。同様に、これらの研究では真実バイアスの存在を示す証拠があった。つまり、会話や一般的な社会的談話においてなされた陳述の約五六％が真実であると判断されていた。真実バイアスが生じる理由としては、入力された情報を真であると判断するのに必要な認知的労力が少ないのに対して、それを偽もしくは妥当でないと即座に判断するには多くの労力を必要とする（Gilbert 1991）というものや、言語理解がどのように起こるかについての基本的原則がある（Grice 1999; McCornack 1992）、というものがある。一部の研究では、この真実バイアスは、媒介されたコミュニケーション状況よりも対面コミュニケーションの状況において（Buller et al. 1991）、また、話し手を非常によく知っていると思っているときに（McCornack & Parks 1986）顕著に現れるという結果が得られている。

これと関連する時宜を得た文脈において、グラジオーリとワン（Grazioli & Wang 2001）は、インターネットでの欺瞞戦術を検出するのに失敗した多くの例は、消費者のインターネットに対する期待が十分に形成されていなかったり理解が乏しかったりすることに加えて、欺瞞検出に費やす労力が少ないことによっても生じていると仮定した。彼らは「クリーンなサイト」（人をだますような戦術がないものと定義される）に対する大学生の反応を「偽サイト」に対する反応と比較した。「偽サイト」は、人をだますような七種類の戦術を使っていること以外は、「クリーンなサイト」の正確なコピーであった。グラジオーリとワンは、熟練していて油断なく気を配る消費者ならば簡単に検出できるような刺激となる欺瞞戦術を構成した。すなわち、典型的な大学生の年齢の若者にはまず検出できないほど欺瞞がうまく実行されたサイトではなく、欺瞞検出の手がかりと機会が得られるように「偽サイト」を作ったのである。七つの欺瞞的要素とは、商事改善協会（ＢＢＢ）からの架空の「保証シール」、業界の規範からすると現実離れした保証告知、業界誌からの架空の切り抜き、会社の店頭の偽写真、甚だしく非現実的な店の売上高、架空の表彰状、店の評判について著しく誇張された主張、であった。このような欺瞞的要素を検出するためには，サイト検索者は以下の事柄のうち少なくとも一つを実行する必要があった。①商事改善協会について検索可能なウェブサイトへのリンクを辿って，不正行為を発見する。②保証条件が良すぎて本当とは思われないと疑うほど，十分な好奇心と情報をもつ。③架空の記事までリンクを辿り，実在しないことを見出す。④店の写真には店名がなく，一般的な建物写真に過ぎないことを認識する。⑤間違った市外局番が示されていることに気づく。⑥表彰状の授与者へのリンクを辿り，それが実在しない，もしくはサイトが閉ざされていることを確認する。⑦人気が高いインターネット検索エンジンで少し検索し，その店がよく知られているわけでもないし，注目されてもいないことを明らかにする。研究に参加した大学生は，「偽サイト」の欺瞞的要素を一つでも検出しようとするスキルや意欲をほとんど示さなかった。

最後に，欺瞞検出のもう一つの側面は，話されたり書かれたりしたメッセージの中に言語的手がかりが存在することと関係している。チョウ，バーグーン，トウィッチェル，キン，ナナメーカー（Zhou et al. 2004）は，欺瞞の担い手による言葉の選択が，欺瞞を明らかにするかもしれないと述べた。彼らは，欺瞞戦術を含むメッセージと含まないメッセージを識別する可能性のある多数の言語的指標に言及している。彼らは，欺瞞的メッセージには以下の特徴があるのではないかと考えた。すなわち，あまりフォーマルでない言葉や文法が含まれる，あまり複雑でない（たとえば，語彙の多様性や複雑性が低い，長い文が少ない，単語が短い，句読点が少ない），聴衆から距離を置いていることを示す（自己言及が少ない，受動態が多い，場所や時間の表現が少ない）である。さらに，スペルミスや曖昧な言葉遣いを多く含んでいるかもしれない。彼らの分析は，自然で事前準備なしの嘘，すなわち最小限の準備で嘘をついている状況におけるものである。このような状況で前述の言語的手がかりが欺瞞の手がかりとしての有効性をもっているかどうかは，今後の検討を待たなくてはならないが，市場の文脈においては，欺瞞への手がかりとして有効とは考えられない。そこでは，熟練したコミュニケーションの専門家がメッセージを組み立て，何度も書き直し，検証し，修正を重ねているだけでなく，メッセージを伝える人々も，その伝達のために訓練やリハーサルをしているからである。

われわれが考えるに、全体として市場の文脈というのは、虚偽バイアスが広く行き渡っているか、あるいは、虚偽バイアスと真実バイアスが人や状況によって非常に多様になっているかのいずれかである。この多様性は、消費者の心の状態や欺瞞防衛スキルによって決まってくるであろうし、また、特定のマーケティング担当者がうまく虚偽バイアスを抑えたり、真実バイアスを促したりするかどうかにもよるであろう。この見方の要点は、特定の社会的領域における欺瞞の割合に関して人々が考えている割合が実際の欺瞞の割合に近付くと、その幸運な一致によって、一見、欺瞞検出の正確さが高まるということである。たとえば、もし人がマーケティング・メッセージの三〇％が欺瞞だと予測し、その人が遭遇するマーケティングのメッセージの約三〇％が実際に欺瞞であるならば、たとえばマーケティングのメッセージの七〇％が欺瞞だと予想していた場合よりも、一見、欺瞞検出は正確ということになる。ここで役立つスキルがあるとすれば、それは、コミュニケーション状況を事前に評価し、特定のタイプのコミュニケーションの動機や方法をうまく予測することであろう。このスキルがあれば、当該の文脈で欺瞞戦術がどれだけ試みられているか、うまく調整して正確な予測ができるのである。欺瞞がもともと行われている割合、すなわちベースレート（基準率）を過小評価することは、たとえ特定の欺瞞検出スキルを使えたとしても、予測の正確さを損なうことになるだろう。有益であり危険ではないように見える状況では、人は欺瞞検出スキルを片っ端から使うことはないからである。しかしながら、そうした普段のやり方は直面する欺瞞のレベルとかけ離れており、それで自分を十分に守ることはできない。欺瞞についての一般的期待を、実際に展開される欺瞞に対応するように調整していれば、さほどの危険なしに欺瞞防衛スキルの発動を「一時停止」にすることができる。これらはすべて、市場の文脈における欺瞞の正確なベースレートや、そうした文脈における欺瞞のベースレートに関する人々の一般的仮定についてどのように考えるべきか、という問題を提起する。われわれが知る限り、その問題を扱った研究はない。

# 第7章　市場における欺瞞防衛スキル

この章では、市場における欺瞞防衛スキルについて論じる。このスキルは、市場で遭遇するさまざまな欺瞞に備えるために、消費者が身につけることが可能なものである。スキル習得の要点は、人は繰り返し確実に特定の課題を実行するようになるということ、そして、こうした課題をとりわけ上手に行う者がいるということである。たとえば、スキルを十分に身につけた若者は、テレマーケティングの電話、インターネットのウェブサイト、販売員、マスメディア広告に接するとき、いずれも上手に欺瞞防衛スキルを適用できるであろう。第6章で概観した研究に示されているように、メッセージの中に疑わしい部分や紛らわしい部分があることに気づくと、消費者は処理の速度を遅くして、システム2の思考システムに切り替える。しかし、常にこうしたことが起きるわけではない。ここで観察された効果は、ある種の人たちがそのような調整をする場合がある、ということを示しているのであって、すべての人々がこのような調整を習得していて、みんながよく使うというわけではない。また、条件によっては、この自己防衛的な調整が困難になることもあるはずである。そのため、こうした抑制条件が存在する状況においても、うまく欺瞞防衛ができるように学ぶことが重要となる。最後に、これまでの研究でまだ明らかになっていないのは、システム2に移行した場合、人々がどのようなタイプの自己防衛的思考をするのかという点である。特に、熟練した、円滑で効率的な欺瞞検知が行われるようになるのか、それとも、ごく普通であまり効果がない減速や転換が起こるだけなのかは未解明である。

欺瞞防衛に優れた人は、以下の事柄のために設計された心理的手続きをよく学習して身につけているのであろう。すなわち、欺瞞の試みを検出して無力化し、抵抗し、そして修正したり、それを罰すること、欺瞞の試みや課題に対して前もって心の準備をすること、必要なときに自分で警戒レベルを高めること、市場における欺瞞防衛に必要な自己制御資源を保持しつつ、賢く割り当てること、欺瞞の疑いがあるとき、素早く確実に、システム１からシステム２の処理に移行すること、欺瞞防衛的な思考を行うために戦略的かつ効率的にメッセージ提示後の機会を利用すること、マーケティング担当者がメッセージを提示することができたであろう別の方法や、自分が使うことができたはずの別の処理方法について反事実的思考（第２章参照）をすること、将来の出来事について別の枠組みで考えてみること、などである。これらの個人的な自己制御スキルに加えて、消費者は、欺瞞誘発者を混乱させ、まごつかせる欺瞞対抗スキルをも習得することができる。もう少し一般的にいえば、欺瞞に対する自己防衛に長けている消費者は、その友人や親戚、家族に注意を呼びかけて守ってあげたり、特定のマーケティング担当者の欺瞞活動を白日の下に晒したりすることで、欺瞞が阻止しやすくなることを学ぶことができるであろう。究極的には、消費者は、欺瞞防衛の目標をデフォルト（規定値）として採用することを学ぶ必要がある。つまり、重要な製品やサービスに関するあらゆる市場コミュニケーションに直面するための出発点として、欺瞞防衛という目標を採用するべきである。消費者は、欺瞞があることを予期し、こうした欺瞞を見分けることを第一の処理目標として、その作業に焦点を合わせなくてはならない。まず欺瞞を探し出すことが主な目標となるのであり、マーケティング担当者が提供する物語を最初から軽率に受け入れてしまったり、複数の作業を同時にやろうとして、結局、部分的にしか欺瞞防衛を行えなかったり、その効率を低下させてしまうようなことをしてはならないのである。

欺瞞防衛のスキルが、コミュニケーション研究や社会的相互作用スキルの研究の中で検討されたことはなかった。われわれの社会では、コミュニケーション・スキルといえば伝達者の側のスキルとして定義されるのが普通であり、説得のターゲットとなる側が伸ばすべきスキルとして捉えることは少ない。たとえば、人間のコミュニケーションの研究と社会的相互作用スキルに関する研究を概観したグリーンとバールソン（Green & Burleson 2003）の画期的な書には、現実世界における説得や欺瞞の試みを検出し、統制し、抵抗する説得ターゲットのスキルに関してはほとんど触れられていない。この本では、送り手が他の人々に求めていることを、その人たちに理解させ従ってもらうためのスキルに、ほとんどすべての議論が費やされているのである。

## 欺瞞防衛スキル――検出、無力化、抵抗

欺瞞防衛スキルの発達の基礎となるのは、欺瞞的なマーケティング戦術に関する消費者の概念的理解である。しかし、それだけでは、実際の欺瞞にうまく対処することはできない。その知識を、欺瞞防衛をうまく実行するためのスキルに変換しなくてはならないのである。説得を検出するスキルがあれば、消費者は、ある特定の状況で説得が試みられていること、さらには説得がどのように試みられているかを認識することができる。また、欺瞞検出のスキルは身を守るために前もって注意するシステム、すなわち早期警戒システムとして働くので、このスキルをもっていれば、社会的コミュニケーションにおける潜在的な欺瞞に個々人が注意を向けることができる。欺瞞を無力化するスキルを備えていれば、販売促進者が消費者の心の中で働かせようと努める欺瞞過程を、消費者自身が調整、減速、あるいは停止させることができる。無力化は、ちょうどブレーキを踏むような活動であり、欺瞞過程を凍結、遅延、混乱、一時停止させたり、息の根を止めたりする。消費者は、説得者が画策したメッセージの処理環境や事象の流れを単に受け入れていたのでは、無力化を行うことはできない。自らメッセージの処理

環境を管理し、説得の試みと結び付けられる事象の流れを変える術を学ぶことによって、はじめて可能となるのである。無力化によって、消費者は猶予期間を得ることができる。これは、自らの認知活動の構造についてよく考え、計画し、実行するための格好の機会となる。この機会により、以下のいずれかが能動的に実行できるようになる。①製品に関するマーケティング担当者の肯定的な結論、示唆、推薦を受け入れる、②製品に関してマーケティング担当者が唱える結論や推薦を大きく割り引いて聞いたり、反論したり、拒否する。欺瞞を防衛するために、人を誤らせるような説得の企てを無力化したならば、人は必ず積極的にそれに抵抗して拒絶するようになる、というわけではない。うまく無力化すれば、自己制御を効かせた上で受容に至る可能性もある。ただ、多くの場合、無力化はマーケティング担当者の見地に賛成するにせよ反対するにせよ、いかなる有意義な認知的解決もどっちつかずの状態で停止させるので、欺瞞の可能性があるというだけで、それが説得の試みをほぼ完全に消滅させてしまうことになる。

スキルに基づいて積極的に欺瞞に抵抗するためには、欺瞞検出や無力化の他にも必要なものがある。それは、疑わしいメッセージに対して、欺瞞防衛の精査をどの時点で集中的に行うことが自分にとって最も有利であるか、どの程度それに努力を費やすべきか、これらについて学ぶこと、そして特定の欺瞞実践を疑い、却下し、罰する方法を学ぶことである。われわれは、欺瞞的説得に対するスキルに基づいた抵抗と、結果として説得はされないが欺瞞防衛のスキルを直接伴わない他のメカニズムを区別することにしている。たとえば、スキルに基づかないタイプの「抵抗」として考えられるのは、いかなる形の（外的、内的）圧力に対しても単純かつ自動的に引き起こされる心理的反発である。これは、何でも選択できる自由、何でも好きになれる自由、どんな行動をすることもできる自由に対して圧力を受けたり脅威を感じたりするときに生じる。

人をだます意図があることを認識することは、広範囲にわたる実践的応用が可能な基本的スキルである。多くのマーケティング・メッセージは、娯楽、教育、援助、説得が混じり合ったものである。

マーケティング・メッセージの中で使われている特定の説得戦術を見つけるスキルを身につけることは，容易ではない。どんな説得戦術でも，さまざまな言葉やメッセージ形態を駆使して，無数の方法で実行することができるからである。第3章と第4章で論じたタイプの欺瞞戦術を見つけるスキルを身につけることは，さらに困難である。たとえば，日常的な会話やマーケティングには，ディストラクション戦術や権威偽装戦術を実行する方法が数え切れないくらいある。このような戦術が存在するということを概念として知ることは，特定のコミュニケーションの文脈でそうした戦術が使われていることに，特定の言葉や視覚的手がかりに注目することによってすぐに気づくことへの第一歩に過ぎない。そこで，権威偽装の実行方法や，製品の欠陥が発覚することを隠すためのディストラクションの実行方法などから構成される欺瞞戦術のライブラリを自分で心の中に作り上げることが，すべての青年や成人にとっての重要な学習課題となる。欺瞞検出の過程は，およそ次のように進むだろう（Johnson et al. 2001）。ある消費者が，プレゼンテーションの中に異常箇所を発見し，その異常箇所がマーケティング担当者による欺瞞目標に資すると判断し，さらに，担当者はプレゼンテーションの中に意図的に異常箇所を作り出したと考える。消費者は，呈示された情報と予期される情報を比較することによってそれに気づく。そのためには，この種のマーケティング・プレゼンテーションにおいて，もし明確な，まったく欺瞞的でない情報伝達が試みられていたならこうあるべきだ（または，あるべきでない）とか，可能性が高い（または，ありそうもない）という明確な心的鋳型をもつことが必要となる。異常箇所が発見されると，消費者は，このケースにおいてその特定の異常箇所がなぜ存在したのかについていくつか仮説を立て，それらを検証する。心的鋳型から外れた手がかりは，意図的になされた欺瞞という解釈と一致しているだろうか。一致していなければ，消費者は，それを広告制作者あるいは販売員の疲労，手違い，注意不足，あるいは不十分な知識によるミスと解釈するだろう。最後に消費者は，これが明確かつ完全に誠実なマーケティング・プレゼンテーションの心的鋳型からの大きな逸脱か，それとも小さな逸脱かを評価する。正直かつ完全な開示から大きく意図的に逸脱している場合，欺瞞戦術が検出されたとして扱われる。そして、これが欺瞞の無力化活動を始動させる。

無力化スキルを巧みに使いこなせるようになると、説得のターゲット（受け手）は、説得の試みの中にある欺瞞がもつ不確定要素をさらに低減させることができる。また、説得の試みに対して何をすべきかを他の人々に尋ねるなど、社会的資源を利用することもできる。さらに、同じような説得的キャンペーンの中からたまたま偶然に（欺瞞に対抗するための）有用な情報が見出されるときのように、偶然の有益な情報を待ち、それを活用することもできる。特に有用な欺瞞無力化スキルは、自分の思うままに、自制しながら再び説得的メッセージに接するように努めることである。一度読んだ直後に、あるいはしばらく経ってから、マーケティング・メッセージの中にある文章の一節を時間をかけて再読することや、自分が選んだ情報処理条件の下でメッセージ全体を読むことを学ぶのである。再読することで、労力を必要とするあらゆる種類の情報処理課題をもっと効果的に行えるようになる。テレマーケッター、インターネット・マーケティング担当者、販売員とやり取りをするときも、計画された型通りの説得の試みの中で、相手に対して話の繰り返しや言い換えを求める習慣を身につけるのである。これは概念的に理解しやすいスキルであり、後期青年期までには、このスキルを実行する認知能力が備わる。しかし、真のスキル発達というのは、日常の市場説得において、これを確実に実行できるようになることである。関連するスキルとしては、説得の試みを無力化しようとする間に、説得を成功させるために必要なさらなる情報の付加に対抗することを学ぶことである。たとえば、マクガイア（McGuire 1968）の説得の情報処理モデルでは、説得の試みが成功するためには、人々を一連の認知的活動に向けさせる必要があると仮定している。すなわち、好ましいメッセージ内容への注目、その内容の理解、その内容に一致した信念を記憶へ貯蔵させること、である。欺瞞の無力化を成功させるためには、欺瞞があるのではないかという仮説に一生懸命検討を加えている間に、マーケティング担当者にとって有利に働く事柄がこれ以上自分の心の中に生じないように、消費者は、複数の媒介要因から成るこの過程を巧みに中断させるスキルを身につける必要がある。説得の試みを無力化するのに役立つ行動をとる、というスキルを育てることもできる。販売員に何を示すか、何を言うかについて自ら曖昧な態度をとることによって、前もって計画された説得の流れを混乱させるのもその一つである。ただ、普通の人々は多くの社会的相互作用で礼儀正しく無防備に振る舞うことに慣れているので、これを行うにはスキルを十分に習得しておく必要があるとわれわれは思っている。たとえば、困惑しているように振る舞ったり、話題をはぐらかしたり、相手の話を遮ったり、わざと抽象的な表現を使って話をわかりにくくしたり、販売員が話をしているときに注意を逸らすこと（奇妙な表情や驚くようなジェスチャー）をやってみたり、焦点の定まらない目つきをすることで表情からのフィードバックを与えないようにするといった戦略を学習することができる。相手が仕掛けてくる説得ゲームの中で、自分をそのターゲットから「欺瞞摘発探偵」へと再定義するような行動を実行するスキルを育てることもできる。たとえば、相手が欺瞞的な戦術を使ったら「これは○○テクニックだ」と叫んだり、相手のやり方がフェアでないことを指摘して、どうやったらフェアなやり方になるか説明したりするのである。これらはみな単純な方法であり、実際にやってみることを考えてもよいだろう。ただし、販売やサービスの担当者とやり合っている最中に、プレッシャーの中でこれをスムーズに実行するには、それなりの練習が必要である。

われわれは、欺瞞的説得の試みに対する積極的な抵抗を、自分をだまそうとした相手への攻撃と考えている。したがって、これは無力化のさらに先を行くものである。多くの場合、無力化はゲームを一時的に中断させる結果となる。一方、欺瞞の試みに対する積極的な抵抗は、マーケティング担当者の欺瞞に積極的に直面し、それを攻撃する。この抵抗は、説得の担い手が不当に自分をだまそうとしており、自分の信念体系に影響を及ぼして賢い購買の意思決定ができないようにしているという判断によって行われるものであり、その人がとるあらゆる認知的攻撃が含まれる。しかし、欺瞞の無力化と抵抗の間に明確な線引きをすることは難しい。無力化が抵抗に転じる場合もあるだろうし、無力化が欺瞞を少しずつ無効にさせるために、消極的抵抗と見られることもあるだろう。

第2章で検討したように、これまで心理学者は、欺瞞的説得に対する人々の積極的抵抗を、獲得される特殊なタイプの専門的知識として研究することはなかった。しかし、説得への抵抗と結び付けられる認知的メカニズムの多くは、獲得可能なスキルと見なすことができる。練習を積めば、こうした活動をもっと確実に、そして効果的に行えるようになる。われわれの知る限り、先行研究の中でこれらを獲得可能なスキルとして扱ったものはない。たとえば、数多くの研究が行われてきた反論のメカニズム（Petty et al. 1981; Wright 1981）は、説得的メッセージに抵抗する行為と結びつけられてきた。ごく一般的にいうと、反論は、説得的メッセージの話題に関する思考のうち、その話題に関する好ましい議論や情報に反対するものと考えられる。反論は、メッセージの内容にかかわらず柔軟に適用できるように訓練を重ねて身につける必要があるスキルと考えることもできるし、話題に特有のスキル（たとえば、健康関連のマーケティング・メッセージに反論するスキル）とみなすこともできる。しかし、われわれの知る限り、説得や態度変化の文献の中で、スキル獲得という観点からこれらを議論したり研究を実施したものはない。もう一つの例として、説得者が扱う話題に関して受け手がもっている態度特性（すなわち、現在の態度の強度や接近可能性）は、抵抗を強めると考えられてきた（Petty & Krosnick 1995; Tormala & Petty 2004）。このメカニズムが抵抗を生み出すのは偶然であり、話題に関する態度の基盤が既にしっかりと固まっていて確実に保持されているかどうかにかかっている。しかし、自分の重要な態度がこうした抵抗を生み出す性質をもつように準備することは、練習を重ねることで初めて獲得できるスキルと考えることができる。もう一つのタイプの抵抗のメカニズムは、自分の既存の態度を支持する情報を選択的に想起したり、自分の信念の重みづけを選択的にやり直すことである（Ahluwalia 2000）。この問題についてスキル獲得という立場をとると、人々はこのような認知的訓練を確実に、かつ効率的に行うスキルを育てることができると考えられる。

欺瞞抵抗の能力や選好を自分がもっているというメタ信念（Briñol et al. 2004; Tormala & Petty 2004）は、説得への抵抗スキルのもう一つの構成要素である。これらを現実世界の文脈で働かせるためには、まずメタ認知的思考のための重要な能力が発達していなければならない。また，自己概念の構成要素である説得に関する個人のメタ信念を育てるという特定の課題のために，その能力を使うことも学習しておかなくてはならない。同様に，自分がもっている欺瞞と影響力の素人理論に基づいて，自分の判断には外的要因によってバイアスがかかっていると考え，そのバイアスを修正することを学習する（Wegener & Petty 1997）。これが可能となるためには，青年や成人は，まず説得状況に関連した社会的バイアスの素人理論（すなわち，どのようなタイプの欺瞞がどの程度，判断や意思決定を歪めるか，という自分なりの考え）を構築するのに必要なメタ認知的分析のスキルを十分に獲得しておかなければならない。さらに，ある状況において判断を偏らせる要因を認識し，それを認知的に調整するスキルも獲得する必要がある。おそらく，消費者のなかには，人生の比較的初期の段階で，欺瞞防衛の有効性に関するメタ認知的信念を生成して利用するスキルを発達させる者がいると思われる。

説得への抵抗に関する心理学的理論は，主として内的な抵抗を扱っている。これらの理論は，抵抗を達成したりそれに貢献する行動を遂行することではなく，抵抗のために用いる認知的な策略を明確にするものである。表立って行動をせずに，暗黙裏に無力化や抵抗を行うことになるので，説得者も含めて外部の人の目につかない。そのため，さまざまな社会的場面で柔軟に実行することができる。また，欺瞞防衛的な思考や感情は覆い隠され，表向きは礼儀正しいという印象を与えるので，その場で人々を困惑させることもない。熟練した消費者は，自分自身の目的のために，欺瞞の担い手や観察者を戦略的に欺くのである。しかし，広義の欺瞞防衛スキルには，内的な認知的抵抗スキルが一時的に働かなくなったときに，すぐに無力化や抵抗を強化する表立った行動をとるスキルを育てることも含まれる。したがって，若者や慣れない人たちは欺瞞防衛において，われわれが「虚勢による抵抗」と呼んでいる行動を行うスキルを育てることができる。虚勢による抵抗は，欺瞞の無力化を促進し，究極的には欺瞞の試みに対してさらに断固とした抵抗を生み出すことができるかもしれない。その例が，よく冗談の種にされる「ただノーとだけ言いなさい！（Just say no!）」を単純に変形した表現（すなわち，「絶対にいや」「もういいよ」「向こうへ行って」または常に便利な「でたらめでしょ」）の使用を学習することである。これらは、その場で使える欺瞞防衛行為であり、習得すべき有用なものである。というのは、たとえその言動が実質的な認知的基盤をもたなくても、それによって抵抗するという態度をもつようになり、自分でも抵抗的な人間のように思えるからである。

欺瞞防衛の一般原則は、「一方に当てはまるものは、他方にも当てはまる。おあいこさま」という諺に示されるものである。われわれはこれを「欺瞞防衛における『形勢一変』原理」と呼んでいる。つまり、欺瞞的説得を行う者が消費者をだますためにどのような戦術を使おうとも、消費者の側が説得者の仕掛けを使って説得者を妨害し、自らを守ることができるのである。たとえば、相手が「混乱－再構成」（ＤＴＲ）というよこしまな説得戦術（第６章）を使ってきたら、消費者はそれを欺瞞無力化の戦術に転換して使うことができる。消費者が、何か人をだますようなことが行われていると疑念を感じたり、マーケティング・プレゼンテーションに対処しているときに手に負えないと感じるようなときにはいつでも、消費者は、マーケティング担当者が設計した紛らわしい一連の思考が勢いを得たり完結してしまう前に、それを混乱させる奇妙な、当惑させる、途方もない何かがあると声を出したり、あるいは心の中で叫ぶことができる。これは、「『混乱－再構成』戦術に対抗する反欺瞞ヒューリスティック」と呼ぶことができるだろう。声を出したり心の中で叫んだりすることによって自ら流れを遮れば、消費者はコントロールを取り戻し、無遠慮な欺瞞の中で起きていることを別の枠組で見ることができる。たとえば、「あなたには最悪の展開だね」という一言である。もし消費者が声を出して混乱の種を表出すれば、そのことが無力化の価値を高め、あらかじめ決められている販売員の流れを確実に混乱させることになる。ウケることが確実で、お気に入りのナンセンスな文句を一つ二つ選んでおくことでもよい。それを使って、販売員を混乱させたり、思わずニヤッとさせて相手のやる気をひそかに削ぐのである。それは、おかしなものであるほど、あるいはガクッとさせるものであるほどよい。たとえば、「警官に偽札で賄賂を渡すなんて、アホだよ」（長年続くコミック誌『MAD』のナンセンス）と言って、クスッと笑うのである。そうすれば、たいていの販売員は面食らって、まごつくはずである。一方、消費者にとっては、この出来事を自分の楽しみであると同時に、相手が欺瞞を行う意欲を失わせるものとして見直すことができる。実際のところ、「『混乱－再構成』戦術に対抗する反欺瞞ヒューリスティック」は、相手がいないところでも使える。人を惑わすような広告をカタログで目にしているとき、あるいは、ネットでいろいろと調べているとき、欺瞞の試みに干渉し、阻止するための手段として何か無意味なことを口にしてみることも効果があるかもしれない。確かに、一般的にモケッティング（mocketing）（高圧的で厄介、愚かで不快なマーケティングのトリックを物笑いの種にすること）は、欺瞞的マーケティングを無力化するのに有効なアプローチなのである。さらに言えば、古き良き消費者のでたらめ話も、欺瞞無力化の武器として十分に実用的な価値がある。くだらない話をとうとうと続けたり、話をすること自体が目的の話、終わりのない長話など、これらに意味があるかどうかとは関連なく、不正が疑われるマーケティング・プレゼンテーションを混乱させ無力化する働きがある。

## 予防的コーピング（対処）のスキル——戦いが始まる前に準備する

消費者は、まだ定かではない欺瞞的説得の試みが迫りつつあるのかどうかを認識すること、そして、このような出来事に対して前もって準備したり未然に防ぐことを学ばなくてはならない。予防的コーピング（proactive coping）というのは、事前の準備を指す言葉である。マーケティング担当者が時間をかけて繰り返し送ってくる欺瞞の試みは消費者にストレスを引き起こすが、予防的コーピングには、消費者がそうしたストレスを未然に防ぐために資源を蓄積したりスキルを獲得することが含まれる。アスピンウォールとテイラー（Aspinwall & Taylor 1997）は、一般的な心理的コーピングを、「その人にとって脅威となり、害を及ぼすような環境や心理的要求に打ち勝ち、耐え、減少させ、最小限に抑えるための活動」と定義している。そのうえで彼らは、予期的コーピング（anticipatory coping）を、「ある出来事が確実にさし迫り、その詳細が明らかになったときに、その出来事に対処するというストレスフルな経験に役立つように準備しておくこと」と定義している。説得と欺瞞の試みは、そのような脅威の一種と考えられる。きちんとチェックしておかないと、人の信念や態度、意思決定を侵害して変容してしまう可能性があるからである。ただ、すべての説得や欺瞞の試みが脅威となったりストレスの原因となったりするわけではない。したがって消費者は、重要な個人的選択を行う場合には、それに関連する強力な説得や欺瞞の試みについて関心をもつ一方で、重要でないマーケティングの選択に関する見え透いた欺瞞の試みにはあまり関心を向けないことが望ましい。

とはいえ、われわれの目的にとってより関連が強いのは、アスピンウォールとテイラーが予防的コーピングと称している、さらに別のものである。予防的コーピングは、予期的コーピングに先行して行われる。予防的コーピングは資源の蓄積とスキルの獲得を伴うものであるが、必ずしも特定のストレス状況を扱うためではなく、一般的な準備をすることを指す。これは、既存のコーピングとは異なるスキルを必要とする。予防的コーピングの場合には、潜在的なストレス源を、それが発生する前に見きわめる能力が必要となるのである。消費者が予防的コーピングをうまく行うことができれば、説得の試みを受けたときに、それほど強くストレスを経験することはない。そして、消費者が欺瞞的説得の影響を回避したり、それを最小限に抑えることができれば、予防的コーピングを行ったこと自体、外から気づかれる心配はないことになる。

アスピンウォールとテイラー（1997）のモデルによれば、欺瞞的なマーケティング・メッセージに対して予防的コーピングを行うには、多くの自己制御的な活動が必要となる。第一は、資源の蓄積である。消費者は、生活上の重要な選択に関して繰り返し行われる欺瞞的説得の問題に対処する必要があるが、そのための時間、社会的資源、財源、そしてスキルを蓄えておかなければならない。この場合、資源を蓄積したら、それを市場における欺瞞的説得の試みすべてに対して使うのではなく、いざというときにだけ慎重に、思慮深く、そして賢明に使う必要がある。この蓄積によって、将来、欺瞞防衛用の資源を予防的に使うことができる。本当に重要な欺瞞防衛の状況が始まる前に、予想外の緊急事態（欺瞞の試み）によって資源の損失が生じても大丈夫なようにしておくのである。脅威を受けると、時間的切迫感や疲労によって、レーダーの網をかいくぐるような欺瞞的説得のサインを見逃しがちになるが、資源蓄積スキルがあれば、こうした切迫感や疲労を少なくすることができる。また、準備万端という気持ちになれるため、この世界で欺瞞攻撃を絶え間なく受けるかもしれないという漠然とした不安を抱かなくてすむ。さらに、こうした蓄積があれば、状況的に適応しようとする意欲を維持できるので、欺瞞の状況には使用がふさわしくないシステム1の欺瞞防衛ヒューリスティックスに早々と飛びついてしまうのを防いでくれる。

二番目の予防的コーピング・スキル（Aspinwall & Taylor 1997）は、選択的注意と脅威の認識を管理することである。消費者は、潜在的に説得的で欺瞞的なマーケティング・メッセージやキャンペーンに自分がすぐにでも晒される兆候がないか、周囲を探ることを学ぶ。彼らは、そのようなマーケティングにいつ晒されることになるのか予測するスキルを発達させるのである。彼らは、重要な欺瞞的説得の脅威がまもなく発生するかもしれないという、自分自身の内的な疑念に敏感になる。これには、いくつかの予測的な洞察が含まれる。どのようなタイプの市場状況だと潜在的に最も対処するのに負担がかかるのか、そのような状況に直面する可能性はどれくらいなのか、欺瞞防衛の要求に対処するための自分自身の能力はどれくらいなのか、に関する洞察である。この場合の基本的なサブスキルには、欺瞞防衛課題のうち重要なものから実行するように繰り返し計画を立てること、そして、時間が足りなくなったときに、どの欺瞞防衛課題にまず取り組み、どの課題をキャンセルしたり延期したりするかといった新しい優先順位を設定する必要があるかどうか学習することがあげられる。さらに、消費者がこのスキルを身につける際には、極端な警戒心を抱くことがないように、差し迫る欺瞞の試みに対する心配を制御する能力も開発しなくてはならない。

　三番目の予防的コーピングのスキルは、マーケティング・メッセージの冒頭部分の評価である。次のような点をまず明確にするスキルを育てるのである。「この社会的メッセージは、そもそもどんな意味があるのか」「この先、どうなるのか」「娯楽や教育のメッセージとして始まったとしても、後で説得や欺瞞の試みになるのだろうか」「このメッセージがこの先どのように目標を変え、戦術を仕掛けてくるかについて気を付けているべきだろうか」。そこで、消費者は適切な警戒処理を生じさせるために、メッセージ冒頭の評価スキルに磨きをかけることになる。これらのスキルは、関連が深い欺瞞的マーケティング・スキーマが呼び起こされるような、顕著で、劇的で、直接的で、そして重要な手がかりに確実に気づくことを学習しているかどうかにかかっている。自ら上手に身構えられるようになることは、重要なサブスキルである。欺瞞防衛に対する準備状態へと自分の精神状態を確実に導くことができるということは、消費者の貴重なスキルと考えられるのである。四番目の予防的コーピング・スキル（Aspinwall & Taylor 1997）は、予備的コーピング（preliminary coping）である。資源が豊かな消費者は、危険な香りはあるものの重要であるがために、あるマーケティング・メッセージに晒されることが予想されるときに、計画を立てて警戒を怠らないようにする。潜在的に人をだますようなマーケティング・プレゼンテーションによって宣伝が行われるのはどのようなタイプの製品か、常に前もって他者から情報を集める。彼らは、準備が整えば、脅威的な欺瞞的メッセージに遭遇しても自分で切り抜けられるように予備的行為を行うことが上手である。

　本当に優れた予防的コーピング・スキルを身につけた人がいたとすると、おそらくその人は、欺瞞防衛に関する強い自己効力感をもっているはずである。脅威的な欺瞞の試みが開始されるときに高い自己効力を知覚することは、以下の四つを反映するものであろう。すなわち、①使用するための資源を蓄積している、②類似した欺瞞防衛課題を以前に経験したり訓練を受けたりしている、③欺瞞的説得の試みに直面した場合に心の中で行うことについて、事前に認知的シミュレーションを行っている、④利用可能な文脈特有の信念を数多くもっている、である。要するに、そのような人は、説得や欺瞞についての知識、説得内容についての知識、説得の担い手に関する知識を十分にもっているので、特定のマーケティング・メッセージに対決できる、逆に、自分の側がそれを利用できると確信しているのである。予防的コーピングにおいて強調されるのは、学習すべき特定のスキルを見きわめること、それらのスキルを育てるにはどのような環境を求めたり作り出したりすべきかを学ぶこと、自ら責任をもって練習すること、そして特に、自分で予防的コーピングが行える環境を認識し、予防的コーピングを妨害したり抑制したりする環境を避けることである。

## 資源管理スキル

フリースタッドとライト（1994）は、広告の処理に利用できる時間をどのように戦略的に使用するかということも、経験によって身につくスキルだと考えた。消費者は、短い別々の時間に（たとえば、三〇秒のテレビ広告の始まりと終わり）、特定の広告の処理をすべて達成する必要がないことを学ぶことができるし、記憶を検索するとともに広告伝達後の時間を巧みに利用し、広告の中で語られた言葉や映像、暗に示された事柄、そして、注意を逸らす刺激やその他の欺瞞戦術について、自分で考えることができる。また、この時間をうまく利用して、反事実的な分析をすることもできる。このマーケティング担当者はどのようにすればより公正かつ正直なメッセージを伝えられたのだろうか、どのようにすればよりわかりやすくメッセージを作ることができただろうかと考えるのである。マーケティング・コミュニケーションの状況の中には、欺瞞検知を促進できる有用な学習と比較の環境を作り出してくれるものもある。たとえば、ふつうのテレビ広告の場合でさえ、同じ広告を何度か吟味する機会を提供してくれる。それゆえ、後で他の広告を視聴するときに、その広告の中の欺瞞的戦術についてよりよい洞察を得ることができる。さらに、ふつうのテレビ広告や印刷広告においては、同じタイプの製品を扱う異なる広告主による広告を、互いに近い位置で見ることができる。消費者にとって、これは、潜在的に豊かな学習環境を作り出してくれることになる。同じタイプの広告に繰り返し晒されるという流れを利用して、競合する広告同士を比較することが上手になり、欺瞞防衛についてじっくり考えることができるからである。そうなれば、マーケティングの豊かな環境に浸されるだけで、欺瞞防衛的な傾向が活性化するかもしれない。たとえばコスローは、(Koslow 2000) は、数多くの広告を見るほど、心理的反発の感情や懐疑心が強くなることを見出した。コスローは、広告が人の心に氾濫すると、それ自体、それらの広告が自分を何とかだまそうとしているという漠然とした疑念を生み出すと論じている。毎月の請求書やクレジットカードの明細書を調べたときにも同じことが起こるかもしれない。不可解な言葉や、項目別にはっきりしない明細が並んでいると、次第に動揺してくるものである（「よくわからないことが書いてあるが、なかにはだまそうとしている会社もあるんじゃないだろうか」）。しかし、スキルを身につけた消費者は、欺瞞の集中砲火を浴びて慌てて欺瞞防衛の構えをとるのではなく、先を見越して自ら心の準備をする、というのがわれわれの見方である。

人は、いつ欺瞞防衛のために危険をおかすべきか、そのような危険をどう判断するか、そして、日常生活のさまざまな説得場面に対して、自分の対処スキルや資源をどのように効率的に割り当てるかを学ばなくてはならない。新しいことを学習して適応的に成長していくには、特に市場の領域で、潜在的で欺瞞的な説得の試みに対して定期的に心を開く必要がある。そうすることは、自分の信念、態度、決定が予想もされないような方法で変えられてしまう可能性があるため、本来的には危険なことである。しかし、重要な欺瞞防衛を実践しようとすると、その労力は常に認知資源を使い果たし、説得の試みに影響を受けやすくなる (Briñol et al. 2004; Wheeler et al. 2007)。本書では、主として市場における欺瞞説得に焦点を当てている。しかし、われわれは、日常生活の中で自分に向けられる、あらゆる種類の欺瞞的説得の試みに対処することを学んでおかなければならない。友人、家族、同僚、その他の人々がわれわれを説得しようと試みる多くの事例の中で、特にわれわれは、市場における欺瞞説得の多くの例に遭遇するのである。

したがって、われわれが提唱したいのは、日常生活の中のさまざまな説得場面を見渡して、どうしたら欺瞞防衛のための投資を効率的に配分できるかを判断する資源管理スキルを育てなくてはならない、ということである。ウェゲナーら（Wegener et al. 2004）は、説得への抵抗を生み出すさまざまな心理的メカニズムが要求する情報処理の労力を、理論的な観点から分析した。こうした線から考えると、一つのスキル発達課題として、さまざまな欺瞞防衛メカニズムを効果的に実行するのにどれくらい自己調整の資源が必要になるかを知り、ある状況で自分を守るための選択をするときに必要となる資源需要を上手に考慮に入れることが考えられるだろう。関連して重要なのは、全体的な自己制御資源が不足して貴重なものとなっている場合、説得に抵抗するためにその資源を使ってしまうと、その後、説得に抵抗しようとする試みが損なわれてしまうという点である。ふだんはよく考えないで黙認することが自然な傾向だとすると、欺瞞防衛の目的のために自己制御や自己コントロールを実行することによって、その後の欺瞞防衛課題において自己制御の有効性が低下してしまうかもしれないのである（Muraven et al. 2000; Vohs 2006）。この資源管理スキルは、ポートフォリオ管理スキルと考えることができる。すなわち、欺瞞のコントロールや予防に関して多かれ少なかれリスクのある投資の、バランスがとれたポートフォリオを維持することである。個々の消費者は、生涯にわたって次第にこうしたことをするのが上手になる。しかし、さまざまな欺瞞防衛活動を実行するのに（現在の時点で）必要とされる労力に関するメタ信念は、定期的に更新される必要がある。それによって消費者は、次第にいくつかの欺瞞防衛活動を自動的に行えるようになるからである。

人は、労力のかからない、成功するチャンスの高い欺瞞防衛の事例や、時には無防備な説得の事例まで数多く学ぶが、それらとバランスを取って、もっと労力のかかる、重要性の高い、失敗リスクの高い欺瞞防衛活動に投資することを徐々に学んでいく。さまざまな欺瞞的説得の試みに直面するリスクを評価する際に、消費者は、自分にとっての説得内容の重要性、欺瞞防衛への最近の投資と期待される投資、当該の状況における自分の欺瞞防衛スキルに関するメタ信念を考慮に入れる傾向がある。欺瞞防衛に本当に労力がかかり資源を枯渇させるようならば、若者は、説得の試みがもっとも脅威的、侵入的、強力であるときにまず欺瞞防衛を巧みに行うことを学ぶことが理想であろう。一つには、集合的なレベルでは、潜在的に最も強力な影響戦術のための洗練されたコーピングスキルを早くに身につけるように、進化圧（自然淘汰による進化をうながす方向にかかる自然の圧力）が働く、と考えることができる。その一方で、進化圧は、最も強力な欺瞞戦術の全般的な有効性を保持するためにも働く可能性がある。この場合、児童期や青年期初期に至るまでずっと影響を受けやすいままに置かれることになる。たとえ欺瞞的なものであっても、その時期に成年者から影響を与えられることは、十分に自立した後で影響を与えられるよりも、多くの利益を得ることができるからである。そうであるならば、子どもたちは、非常に強力な戦術に対する対処をゆっくりと学習し、思春期後期になってそれらのスキルを加速度的に身につけることになる。いずれにしても、潜在的に強力な戦術は、未熟なマーケティング担当者も含めて最も広く試みられる戦術でもあるので、子どもたちは、このような戦術のための欺瞞防衛スキルを実践する豊富な機会をもつことになるだろう。

## 市場における欺瞞防衛の自己効力感

消費者は、市場における欺瞞防衛の自己効力感を発達させると考えられる。これは、マーケティング担当者による説得の試みや戦術と遭遇したとき、欺瞞から自分を効果的に防衛するために必要な欺瞞検出、無力化、抵抗という課題をどの程度うまく遂行することができるかというメタ信念である。一般的に言うと、自己効力感は、特定のタイプの課題を遂行したり、特定のタイプの状況で求められる一群の課題を遂行することについて、自分のスキルや成功について形成する状況特定的な信念の集合である（Bandura 1987）。自己効力信念はメタ信念の一様式であり、特定の（共通した）条件の下で、ある課題領域で成功するために不可欠な課題を遂行するのに十分な一連の手続的知識とスキルをもっているという自信を反映するものである。われわれは、市場における欺瞞防衛の自己効力感を測定するための尺度をまだ開発していないが、たとえば、「マーケティング担当者の欺瞞戦術を見抜いて、それに影響されないようにすることが上手だ」というような項目によって、これを直接的に測定することが考えられる。あるいは、「勧誘の電話で、相手が製品の細部の話をすることによって製品の欠点から注意を逸らそうとしても、確実にその意図を見抜くことができる」というような、特定の信念に関連した項目を作ることによって、この自己効力感を測定することもできるであろう。

市場における欺瞞的説得から自らを防衛することについての自己効力信念は、その人の実際の行動と密接に関連することもあるし、一致しないこともある。欺瞞防衛に関する自己効力のメタ信念が特に不正確となるのは、実際にそれを行った経験が限られている場合と、そのような状況で自分が成功したかどうか判然としない場合であろう（Kardes et al. 2005）。市場における欺瞞防衛スキルについて強い自信をもっている人がいたとしても、実際にそうしたメッセージを検出、無力化し、抵抗することとの経験が浅かったり、練習が不十分であったり、確実性が低い場合には、根拠のない自信は、その人をマーケティング担当者の戦術の格好のターゲットとしてしまうだろう。この脆弱性は、欺瞞防衛知識とスキルが限定的であることが一つの原因ではあるが、強すぎる自信をもつと、スキルをさらに上達させようとする動機づけが削がれてしまうので、脆弱性がさらに高まってしまうことになる。たとえば、自分は大丈夫だと思春期の若者が考えていると、本来の望ましい期間よりも長い間、仲間と比べて自己防衛スキルの発達が低い水準に留まってしまうことになる。そして、訓練プログラムを受けられるような機会があっても、そのような自分のスキルを改善する良い機会をたびたび失ってしまう（Sagarin et al. 2002）。

これまで、研究者はさまざまな形態の自己効力感について論じてきた。市場における欺瞞防衛の自己効力感が、これまで研究されてきたさまざまな自己効力感の概念とどのように異なるかを明確にするために、以下ではこれらの概念についてやや詳細に検討を加えていくことにする。人は、多種多様な達成場面において必要な水準で効果的に遂行する全体的能力に関して、非常に一般的な自己効力信念を生涯にわたって形成するようになる。一般的な自己効力信念が高い人は、「自分で設定した目標は、たいていの場合、達成できると思う」「さまざまな種類の仕事を効率的に行う自信がある」「一生懸命に取り組めば、難問でもうまく解決できる」「予想外の出来事にも効率的に対処できる自信がある」というようなことを信じているだろう（Mukhopadhyay & Johar 2005）。これらの広範な信念は、その人の過去の統制経験と、心の中の帳簿に記された個人的な成功および失敗の記録を合成したものを表している。一般的な自己効力信念に関してこれまでの研究で得られている重要な知見は、そのような生活全般に関する信念は、特定の活動領域における自己効力信念や、特定の活動領域における実際の行動とはほとんど関係がないということである。そのため、消費者の一般的な自己効力信念は、市場における欺瞞防衛や説得防衛スキルに関して消費者が何を信じているかを示すものではない。

一般性社会的自己効力感（general social self-efficacy）は、マーケティングの文脈も含め、多くの説得や応諾の研究において調整変数（ある二つの変数の関係性に影響を与えている変数）として扱われてきた。次の尺度は、研究者（たとえば、Bither & Wright 1973）が、どのように一般性社会的自信（GSC：General Social Confidence）、すなわち社会的場面における自尊感情を概念化してきたかを示している。一般性社会的自信が高い人は、「たいていの対人場面で、うまく対処できると思う」、「集団討議をするとき、自分の意見が劣っていると不安になることはめったにない」、「常に好ましい第一印象を相手に与えることができる」、「初対面の人たちに対する場合でも、気後れしたり劣等感を感じたりすることはめったにない」のような自己効力信念をもっている、とされるのである。これらの項目は、漠然と定義された対人場面における、全般的な自己効力信念を測定するものであり、ここで説明されている場面には必ずしも説得や欺瞞の試みは含まれていない。特定の欺瞞防衛スキルや説得防衛スキルを使うときの効力感についての信念も測定されていない。一般性社会的自信と説得に対する反応の間の関係を扱った研究では、得られた結果に一貫性がなかった。そこでマクガイア（1968）は，「プレッツェル型」と呼ばれるモデルを提案した。これは，相補的なものも含め，自尊感情のレベルと説得の基礎となる情報処理過程（注意，理解，抵抗／承服）の間の関係によって，これまで得られてきた多様な研究結果をうまく説明しようとするものである。そして，ある条件では直線的関係，別の条件では非単調（曲線的）な関係になるという彼の予測は，全体的に支持されてきた。たとえば，マーケティングの文脈で，ビザーとライト（1973）は，妨害刺激がない状況でテレビコマーシャルを見る条件では，一般性社会的自信の信念とメッセージへの抵抗／受容の間に単調増加の関係を見出したが，視覚的な妨害刺激がある条件でコマーシャルを見る場合には，非単調な関係を見出した。ビザーとライトによる関連研究の展望でも，全員に高い反応の機会が与えられている状況で説得の試みに反応するときには線形関係が一般的であること，反応の機会が制限されているときに説得の試みに対処（抵抗）しようとする場合には非単調な関係が一般的であることを明らかにしている。マーケティング・キャンペーンに対処するときの消費者のスキルに少し近づける方向で，ライト（1975）は，情報処理への自信を以下にあげる信念の集合として評価した。すなわち，説得に対するコーピングスキル（「マスメディアから送られるメッセージを判断する能力に自信がある」「呈示された論拠を聞くと，すぐにその弱点を見つけることができる」），自己制御スキル（「他の人にくらべて，簡単に物事に集中することができる」「確実にすばやく考えることができる」），言語スキル（「考えていることに言葉がついていけないことはない」「言葉にできなくて戸惑うことはない」），である。ライト（1975）は，社会的自己効力感と情報処理自己効力感のいずれもが，広告の主張に対する反論と関連性があることを見出した。

対人関係を構築し維持するには他者とのやりとりを上手に行う必要があるが，スミスとベッツ（Smith & Betz 2000）は，社会的自己効力感を，こうしたやりとりを行う能力について自信があること，と考えた。この見方によると，社会的自己効力感が低い人は，行動が抑制的で強い対人不安や気まずさを感じやすいことになる。スミスとベッツは，思春期の若者と若年成人の社会生活に関連するさまざまな対人的活動の領域を定義した。友人をつくること（例：将来友だちになるかもしれない人を気楽にお茶に誘うことができるか）、社会的積極性（例：昼食や夕食をとりながら会話をしている人たちの輪に、気楽に後から加わることができるか）、公的場面での行動（例：関心がある話題について討論しているグループで、気楽に自分の意見を述べることができるか）、集まりやパーティ（例：知らない人ばかりのパーティや会合に気楽に出かけられるか）、支援の授受（例：助けが必要とされるとき、誰かにそれを求めることが楽にできるか）である。これら自己効力感の領域も、説得防衛や欺瞞防衛のスキルや達成、市場の領域におけるコミュニケーションの問題に焦点を当てるものではない。

市場における欺瞞からの防衛のために必要とされるスキルは、自己制御過程を伴う。自己制御は、人が長期にわたり、環境や文脈が変わっても、目標志向的活動を方向づけられるようにする内的、あるいは相互作用的な過程である。それは、特定のメカニズムや支持的なメタスキルを意図的にあるいは自動的に使うことによって、思考、情動、感情、行動、そして注意を調節することを伴う。たとえば、重要な自己制御スキルの一つに、注意のコントロールがある。これは、ある過程に焦点を合わせて、外部や内部のディストラクションをコントロールないし調整して、望ましい目標に向かって一心に取り組むスキルである。自己制御行動は本質的に連続した過程であり、注意のコントロールに加えて、行為の計画と評価、行動の修正、活動の終了に関するスキルが含まれる。自己制御効力感について強い信念をもっている人は、以下のように考えているであろう（Diehl et al. 2006）。すなわち、「必要なら、一つの活動に長い時間集中できる」「ある活動をしていて感情が高ぶったとき、自分を落ち着かせて、すぐに活動を継続することができる」「従事している活動から気を逸らされても、素早くその活動に戻ることができる」「一番やらなければならない課題の遂行を妨げるような思考を、自分で抑え込むことができる」「自分の目標に集中し続けることができ、どんなことがあっても実行計画から気を逸らされることはない」、などである。自己制御に関するこれらの信念は、以下の３種類の能力に関する信念に分類できる。すなわち、特定の制御過程を開始して遂行する能力、それらの過程をコントロールし、調整する能力、困難な課題が発生したときにその過程を実行する能力、である。

バーデン、ハーデスティ、ローズ（Bearden et al. 2001）は、消費者の自己防衛の領域において、自己効力感を直接検討した。彼らは、消費者の全般的自信を、「市場における決定や行動について自分に能力があり、確信がもてると考える程度」と定義した。そして、消費者活動は日常生活に浸透しているので、このメタ評価はかなりアクセス可能性の高いものであると考えた。さらに彼らは、消費者の全般的自信を、意思決定への自信と防衛に関する自信の関数として定義した。意思決定への自信は、購買に関係する情報獲得と情報処理のスキル、製品についての考慮集合（消費者が買ってもよいと思う商品群）を形成するスキル、そして、個人や社会の目標を満足させるような購買を決定するスキルへの自己評価を反映している。最も関連が深いのは、消費者がもつ防衛への自信である。バーデンら（2001）は、これを、「惑わされたり、だまされたり、不公平に扱われること」から自己を防衛するスキルの評価と定義した。これは、まさに市場における欺瞞防衛の自己効力感そのものであると思われる。しかしながら、彼らは防衛への自信を、説得の理解全般に関して人々がもっている考えという観点から定義した。すなわち「マーケティング担当者の戦術を理解し、それらに対処する能力、（および）マーケティング担当者の行動を決定する因果関係を理解し、説得の試みに対処する能力」である。バーデンら（2001）はさらに、防衛への自信と対になるタイプの自信として、「市場との接点への自信」を定義した。市場における防衛への自信は、以下のような項目によって操作的に定義される。たとえば、「相手の主張が眉唾物であるかどうか、すぐわかる」「販売員が使う交渉戦術を難なく理解できる」「マーケティング担当者がいつ買わせようと圧力をかけるのかわかる」「消費者に買わせようとするセールスのしかけを見破ることができる」「広告のなかの事実と空想を区別できる」などである。われわれの見方からすれば、これらは説得への防衛スキルの一部であり、つまるところは、あらゆる種類の交渉戦術を見抜くこと、圧力をかける戦術を見抜くこと、過大な誇張化戦術を判断すること、あらゆる種類のセールス戦術を見抜くこと、および現実的でない広告の要素を発見すること、に関するスキル全体への信念ということになる。これに対して、バーデンら（2001）は、「市場との接点への自信」について、市場で他者（店員や販売員）と交渉する際に、自分の権利を守り、意見を表明する能力と定義した。たとえば、製品のデモンストレーションを求めること、購入を拒否すること、欠陥のある製品の修理を要求すること、などである。この自信は、以下のような項目で測定された。すなわち、「責任者と話をさせてほしいと頼むことをためらう」「店で販売員に、何かおかしいところがあると言うのは嫌だ」「販売員にノーと言うことがなかなかできない」「買い物をしている間に問題が起こると、とても気弱になってしまう」「買い物をするときに不平を言うことにためらいを感じる」である。これらの活動は、すべて店の中や販売プレゼンテーションの際に起こる問題への処理方法であることに注目していただきたい。消費者がマーケティング担当者の欺瞞的行動を検出し、無力化し、罰を与えるために行うことができる心理的な活動は一つもないのである。

オバミラーとスパンゲンバーグ（Obermiller & Spangenberg 1998）は、広告への懐疑を、広告の内容および主張の質と妥当性に関して疑念をもち続けている状態、と概念化した。彼らは、この一群の信念を測定するために、九項目の尺度を開発した。これは、広告を批判的に分析して抵抗したり、欺瞞戦術を検出してこれに対処したりする、自分自身のスキルや知識に関するメタ信念ではないことに注意していただきたい。広告への懐疑は、もっと慢性的な疑念に近いもので、広告は全般的に信じられない、有用でない、正直でないという類のものである。広告への懐疑尺度の項目は以下の通りである。

たいていの広告は真実を提供してくれると言ってよい。

広告の目的は、消費者に情報を提供することである。

広告は、有用な情報を与えてくれるものである。

広告は、製品の品質や性能に関する信頼性の高い情報源である。

広告は、一般的に真実を伝えている。
広告は、巧みに語られた真実である。
一般的に広告は対象となる製品の本当の姿を提供している。
たいていの広告を目にした後、正確な情報を得たと感じる。
たいていの広告は必須情報を消費者に提供している。

この広告への懐疑尺度は、自己防衛的な警戒、すなわち、すべての広告を疑おうとする動機の持続的傾向の指標として、最近の多くの研究で使われている。

ウェゲナー、ペティ、スモーク、ファブリガー（2004）は、彼らが抵抗選好尺度（Resistance Preference Scale）と呼ぶ尺度を開発した。彼らは、抵抗選好を、二つの抵抗方法の一つを使うことによって説得的メッセージに抵抗しようとする持続的傾向と考えた。すなわち、①反論、②態度の強化、である。彼らが論じているように、反論と態度の強化は、人々がとりうる数ある抵抗メカニズムのうちの二つにすぎない。反論傾向を測定するための尺度には、次のような項目が含まれる。「自分の信念に異議が唱えられた場合、相手の意見に反論することが楽しい」「自分と意見が異なる人と議論するのは面白い」。ウェゲナーら（2004）は、以下の項目を使って態度の強化を測定した。「自分の態度と対立する見方を誰かが提出したとき、自分の意見が正しい理由について考えることが好きだ」、「誰かがある問題について異なる立場をもっているとき、自分の立場を支持する理由のリストを心の中で作ることが好きだ」、である。これらの項目が、既に形成されている態度への攻撃から守ることだけに関係することに注意してほしい。したがって、これらの項目がカバーする範囲はいくぶん狭いことになる。たとえば、守るべき既存の態度が形成されていない場合であっても、反論するということには、メッセージに含まれる議論のロジックや提示された証拠の質について公平な立場で批判的分析を行うことも含まれるかもしれない。それは、消費者が、馴染みのない製品やサービスに関するマーケティング・メッセージを調べるときに使うことのできるメカニズムである。ここでの態度強化の項目内容は、昔から「支持的論拠」と呼ばれてきたものと類似しているものである。とはいうものの、人々が特定のタイプの説得防衛法を使う（そしておそらく、うまく使えるようになる）慢性的な傾向についてのメタ信念を査定することは、欺瞞防衛研究の将来にとって有望な第一歩である。論理的に拡張すれば、特定の欺瞞防衛法を使う傾向や、その防衛法を使うスキルに関するメタ信念を含む測度を開発することも可能であろう。消費者は、市場における広範な領域および特定の課題領域について特定の欺瞞防衛信念を抱いており、研究者の関心がこうした信念を測定する方向へと徐々に近づいていることは確かである。

# 第8章　青年期および成人期における欺瞞防衛スキルの発達

全体として見ると、市場での欺瞞防衛スキルは、次のスキルによって構成されている。すなわち、特定の状況において欺瞞を発見するスキル、欺瞞の影響を無力化するスキル、欺瞞に抵抗するスキル、欺瞞の担い手に対して罰を課すかどうか、どのように罰するかについて判断するスキル、である。そこにはまた、すべてにわたる自己制御のメタスキルも含まれる。このスキルは、人がどのように欺瞞防衛のための認知資源を効率的に保持し、日常生活で出会うそれぞれ異なる説得場面に割り当てるかについて、少しずつ学ぶことによって習得される。この章では、広告についての子どもの理解や反応と、説得および欺瞞についての信念の発達を扱う諸研究を吟味することによって、市場における欺瞞防衛スキルを子どもが獲得する過程について議論する。また、どのように子どもが多様な社会的場面に固有の信念やスキルを発達させるのか、そして、そうした領域固有のスキルを他の文脈に移し変えることがいかに難しいかについて詳しく見ていく。最後に、市場における欺瞞防衛スキルを獲得するにあたって、青年の認知発達や負荷の大きい学習環境がどのような影響をもたらすかについて検討する。

われわれは、人が欺瞞に対処するスキルを獲得していく過程は生涯にわたるものだと考えている。人は生涯を通して市場における欺瞞防衛スキルを洗練させ、適合させていくのである。どの年齢層の人でも欺瞞防衛スキルを改善し発展させていくので、欺瞞防衛スキル獲得の過程に関するわれわれの分析は、成人や年配者を含めてすべての年齢層の消費者にあてはまる。しかし、いくつかの理由から、主として自立した成人期より前の人生の年齢層に焦点を当てようと思う。その第一の理由として、青年期というのは複雑な発達時期であり、この時期にさまざまな過程を伴いながら、説得から身を守るスキルが発達してくることがあげられる。これらの過程には、認知的・生理的機能における成熟や、数多くの社会的な相互作用の最前線で新しいスキルを学ぼうとする様々な試みが含まれる。第二の理由は、初期および中期の青年期の子どもを対象とした説得研究がほとんど行われていないことである。奇妙なことに、説得研究の大多数は、発達心理学者が後期青年期と定義する時期（一八歳から二二歳）に位置する人々を対象としてきた。大人の社会では、人は説得や欺瞞に関するあらゆる専門的知識や戦術に直面するが、後期青年期の大部分の人たちは、こうした大人の社会でどうやってうまくやっていくかについて、まさに学習しているところである。青年のこうした欺瞞対処スキルがどの程度まで発達しているのか、私たちはほとんど知らないのである。第三の理由は、青年期を対象にして説得や欺瞞に関連した信念やスキルを研究している発達心理学者が非常に少ない、というものである。われわれは、このテーマが発達心理学者と消費者行動研究者によって学際的に研究されるように、刺激を与えたいと思っている。

若い時期には、市場における欺瞞防衛スキルは、基礎的な認知機能と実行機能の発達に加え、特定のタイプの欺瞞対処行動をとるなかで蓄積される個人の経験に左右される。そこで、以下では、こうしたスキルが二五歳くらいまでに、どのように発達するのかについて概観することにしたい。この期間は、現代の発達心理学者たち（Smetana et al. 2006）が次のように定義する段階を含んでいる。児童期（誕生から九歳まで）、初期青年期（一〇歳から一三歳）、中期青年期（一四歳から一七歳）、後期青年期（一八歳から二二歳）そして、成人期の始まりの時期（二〇歳台半ばまで）である。欺瞞防衛の諸活動をスキルの観点から考えることには、いくつか利点がある。まず、そのように捉えることによって、欺瞞や説得についての知識を単に口にすることと、欺瞞防衛のスキルとを明確に区別することが可能となる。同時に、欺瞞防衛活動が、人の発達過程における価値のある不可欠な要素であることを認識させてくれる。また、コミュニケーションに関連したスキルの獲得すべてにみられる特徴として、実際にスキルをうまく使用するには、課題特有であり、かつ、文脈固有の練習を相当量必要とすることがあげられる（Anderson 1993; Greene 2003）。したがって、成人期にいたるまでの、市場における欺瞞防衛スキルの発達過程全般を理解するためには、誤解を招く広告や市場取引の特定の形式を発見し、無力化し、抵抗し、そして罰を与えるという、文脈固有の実践を積むような数多くの機会を十分に考慮に入れることが必要なのである。

スキルの発達の重要な点は、個人が最終的に、ある特定の課題を繰り返し確実に行うようになるということである。たとえば、十分にスキルのある若年成人は、電話販売やインターネットのサイト、販売員、あるいはマスメディアの広告に直面したときはいつでも、自身が身につけている、市場における欺瞞防衛スキルを上手に適用するだろう。したがって、われわれは、青年期の人たちがもっている、説得や欺瞞戦術とは何かについての知識（記述的知識）の状態や、彼らの欺瞞への対処（つまり、自分が何をできると思っているか）、さらには、彼らがときどき力及ばずながらも実際に試みていることについて検討することの先を行くことになる。われわれは、青年期の人々が試行を重ねることにより、やがては市場における特定の形態の欺瞞や説得を一貫して効果的に発見し、無力化し、抵抗する技術を上達させることになると考えている。最終的に、十分にスキルを身につけた大人は、市場の文脈が異なっても、欺瞞防衛スキルをよどみなく、思慮深く使うことができるだろう（たとえば、テレビ広告の文脈で鍛えられたスキルをインターネットや電話販売の文脈で使用する）。そのような人は、異なる欺瞞防衛の文脈をはっきりと識別することができるので、他の領域（たとえば交友関係）の欺瞞防衛の方法を、誤って市場取引の領域に適用することはしないだろう。

## 標的にされながら育つということ

アメリカの子どもや青年は説得の標的にされながら成長する。彼らは、生活全体に充満している広告活動やマーケティング活動の標的なのだ。そしてまた、彼らは日常生活においても、さまざまな大人（仲間、両親、教師、コーチ、あるいは見知らぬ人でさえも）から説得を受ける対象として成長するのである。したがって、説得全般に対処することを学ぶこと、特に市場における欺瞞への対処を学ぶことは、成人期の生活に備える重要な部分である。消費者に市場の領域固有のスキルを要求するという点で、現代の市場は、社会的相互作用のなかでも特別な領域である。前の世代が成長してきた時代には、市場における欺瞞は、今日あるように複雑なものでも、あまねく存在するようなものでもなかった。就学時から有能な成人消費者になるまでの間に、二一世紀初期の子どもや若者は、以下に挙げる市場における説得的な文脈でしっかりと舵取りをすることを学ばなければならない。説得的な文脈とは、テレビ広告、インターネット市場、広告ゲーム、対面個人販売、店頭ディスプレイ、雑誌広告、電話販売、ダイレクトメール、サービス関係、（教科書、自動車、店、仲間の衣服などによる）環境マーケティング（アンビエント・マーケティング。生活環境に深く入り込ませる広告手法）、プロダクト・プレイスメント（映画やテレビドラマの中に特定の商品を登場させる広告手法）、ステルス・マーケティング（記事を装った広告など、消費者に宣伝と気づかれないように宣伝行為を行うこと）、テレビで流れる事件やその写真に施されるデジタル修正や挿入、巨大複合メディア企業による多部門販売（クロス・マーチャンダイジング）、包装（パッケージング）、キャラクター商法、インターネットでの「自作自演」（sock puppets）、広報活動、イベント広告、口コミ、双方向コミュニケーション、購入品の開示説明書、製品取り扱い説明書と警告書、である。青年や若い大人たちに対して、市場における欺瞞についての知識をどのように発達させ、欺瞞に対処する技術をどのように確立していくのかについては、事実上、全く研究されてきていない。

広告に関連するさまざまなテーマを扱った有用な研究はいくつかある。たとえば、広告に対する子どもの認知反応（Brucks et al. 1988）、広告戦術の心理的効果について青年が抱いている信念の経年変化（Boush et al. 1994）、広告および製品使用のいずれが子どもの製品態度に強い影響を及ぼすか（Moore & Lutz 2000）、青年の喫煙意図に及ぼす広告と仲間たちとの複合的効果（Pechmann & Knight 2002）、青年がどのように広告を日常生活に結びつけるか（Ritson & Elliott 1999; Bartholomew & O'Donahue 2003）、青年の物質中心主義と広告の関係（Goldberg et al. 2003）などである。しかしながら、これらの研究は欺瞞防衛についての信念やスキルに焦点を当てたものではない。ジョン（John 1999）は、消費者の社会化に関する研究を集約した展望論文の中で、青年の説得や欺瞞に対処するスキルを取り上げた研究が極めて少ないと述べている。一〇年経ってもその状況は変わっていない。最後に、われわれは、市場における説得領域について子どもたちがもつ知識は徐々に大人のような理解の仕方に近づいていくと考えている。つまり、大人のような理解の仕方というのが一つの基準となる。同時に、それは子どもの知性が発達していく先を示すものでもある。それゆえ、市場における説得についての子どもの理解を扱う研究の理論的な出発点は、大人のもつ広告知識と欺瞞防衛スキルの構造および内容を含む、包括的なモデルを構築することにある。子どもの広告に関する基本知識の熟達度を測る唯一の有意義な方法は、若年成人が達成可能であり、また達成されているスキルのレベルと比較することである。こうした比較は間違いなく、子ども向けの広告に対する特別規制に関する論争や、子どもの広告リテラシーを改善する教育プログラムについての政策論争の中核を担うだろう。第7章で取り上げている市場における欺瞞防衛スキルに関するわれわれの分析が、子どもたちのスキルの進歩状況を測る基準モデルとして十分に役立つものになれば幸いである。

## テレビ広告に関する子どもの信念

青年期にいたるまでに、子どもたちは説得と広告についての概念的な理解をいくぶん発達させる。このことを裏付ける一つの根拠は、今日の子どもたちが生まれる以前、一九七〇年代の初期から一九八〇年代の後期を通じてなされた、テレビ広告に関する子どもの信念を扱った一群の研究である。こうした年代に行われた研究の結果は、今の子ども世代の親たちが子どもの頃に、広告について何を知っていたのかということをせいぜい反映しているにすぎない。市場における説得についての日常的な知識というのは絶え間なく広がっている。このことは、経済（Webley 2005）、政治（Berti 2005）、法律制度（Ceci et al. 2005）それぞれについての領域固有の理解など、社会的な事柄に関する子どもの理解全般についても当てはまるのである。広告や説得についての日常的な知識は、ある世代から次の世代へと拡がっていく（Boush 2001; Friestad & Wright 1994, 1999）。したがって、三〇年あるいはそれ以上も前の、子どもが広告について獲得した知識の記述データは、他の、何十年も前の二次データと同様に取り扱うべきであろう。現在でも妥当性があるのか、日常的な市場における説得知識についての近年のモデルと対応しているのかどうか、この二点が不明であることから、こうしたデータを現代の政策決定に適用することは疑問視すべきである。

ヤング（Young 1990）は、一九九〇年以前の研究について行った注目すべき分析の中で、こうした研究が、冷静かつ蓄積していく学問の主題としてではなく、いかに社会的なレベルでの白熱した規制論争の産物として展開してきたかについて論じている。特に、彼は、一九九〇年以前の研究の多くにみられる理論面の貧弱さと概念の混乱について嘆き、「そのために、これらの研究の多くが出版された時期における思考と概念の混乱を生み出した」(p.39) と述べている。最近、われわれは、この一連の研究を自分たちで詳細に分析してみた（Wright et al. 2005）。その結果、それぞれの研究で扱う概念が異なるために、こうした実証研究全体について概観したり解釈したりすることが困難であることが判明した。これらの研究からは、子どもたちが、よちよち歩きを始める頃から高校を卒業するまでの間に、広告主の目標や戦術について重要なことを学ぶ、というごく一般的な結論を導くことができる。しかし、もっと特定のレベルでの話となると、研究の知見が蓄積されているとは言い難い。測定法だけでなく、子どもの広告に関する知識をどのように概念化するかについても、がっかりするほど研究によって違いが大きいのである。

実証研究の結果はこのように一貫性に欠けるものの、理論化についてはいくつか優れた研究がある。ロバートソンとロシター（Robertson & Rossiter 1974）は、一連の研究の中で、その当時テレビを観ていた子どもたちが、特定のタイプの伝達意図があって広告メッセージが作られるということを理解するために何が必要なのか、この点について分析を行った。彼らは、当時の標準的な形式のテレビ広告、つまり、番組の休止中に予測可能な間隔で現れる標準的な短い広告を観ていた子どものみを扱っていた。彼らのモデルは、そうした環境下において、子どもたちがテレビ広告の意図を見抜くために必要な五つの下位スキルを見出した。すなわち、テレビコマーシャルはテレビ番組とは別のメッセージであることに気づく能力、スポンサーが（通常は）広告メッセージの発信源であると認識する能力、広告メッセージには対象とされる視聴者がいるという考えを理解する能力、テレビ広告の中の製品、キャラクター、文脈の表現には記号的な性質があることを理解する能力、そして、テレビで広告された製品と子ども自身が使ったことのある製品とを、具体例を通して実際に識別する能力である。ワード、ワックマン、ウォーテラ（Ward et al. 1977）は、広告に関する子どもの知識に含まれる、より抽象的な経済的要素が重要であると考えた。すなわち、広告主は経済的利益を得るために製品を売りたがっているということの理解である。彼らは、市場制度や売買取引についてのこの経済的な知識が、消費者としての子どもの全般的な社会化の一部分になるということを強調した。ただし、この経済的な知識が、市場の説得についての知識として不可欠な要素なのかどうか、あるいはなぜそうなのかということは不確かなままである。他の研究者（たとえばYoung 1990）

は、販売、販売意図、収益の概念についての理解は、広告の解釈や広告への対処における子どもの重要なスキルと見なすのではなく、子どもの知識の別の側面として扱うべきだとコメントしている。確かにそうした経済的な知識は、自分とは離れた出来事や制度についての高度な抽象化や社会的な理解を必要とする。子どもたちのテレビ広告理解の研究がなされた初期の頃にあって、ロバートソンとロシター（1974）は、個々の子どもの知識の経年変化を扱う縦断的研究こそ、全般的な認知発達と領域固有の学習が、別々に、また相互に関係しながら広告リテラシーの発達に影響を及ぼすことについて多くのことを教えてくれる唯一妥当な方法であることを認識していた。他の研究者らも、そうした類の研究が必要であることを繰り返し主張してきたが（Boush et al. 1994）、最初にロバートソンとロシターがこの問題を取り上げてから二〇年経過した時点でも、子どもの広告ついての知識の発達の基礎にある過程を明らかにする縦断的な研究は非常に少ないままであった。

一九八〇年代には、ロバーツ（Roberts 1983）が従来の研究について、知覚された広告主の販売意図や営業動機についてもっている子どもの知識と、市場売買を行う者の説得意図と目的についての子どもの知識の間に混同が見られると述べている。彼は、説得意図についての子どもの理解が極めて重要なスキルであると主張し、大人のものと似た説得意図の理解の仕方についてのモデルを提示した。このモデルによると、説得意図を理解するためには、子どもが説得に関係する以下の四点を見抜いていることが必要とされる。第一は、メッセージの送り手は、受け手とは異なる視点をもち、それゆえ、受け手とは異なる関心をもっているということ、第二は、メッセージの送り手は説得しようとする意図をもっているということ、第三は、その意図のために、すべての説得的メッセージには偏りがあること、第四は、説得的メッセージでは、情報提供や教育、あるいは娯楽を目的としたメッセージを受けるときとは異なる解釈戦略が必要とされる、である。

ブラックス、アームストロング、ゴールドバーグ（Brucks et al. 1988）は、使用中の知識に関する重要な問題について、頭の中の知識と対比させて検討した。広告を処理している間に、子どもが広告や製品についての知識にアクセスするのかどうか、するならばいつするのかを調べたのである。この種の研究は、子どもの広告知識についての研究を、記憶過程、認知的資源、メッセージ処理課題へと直接向かわせ、さらには、成人の説得過程のモデルにも直接的に結びつけることになった。さらに、ブラックスらは、以前の研究とは異なり、具体的な時期を特定し、同時に成人のメッセージ処理モデルも踏まえながら、子どもたちの「認知的防衛」について検討を加えた。たとえば、彼らは、子どもたちは広告や製品に向けた反論を自ら生み出すと考えた。さらに、子どもたちは、広告について情報処理をしているときに広告に関連する知識を記憶から検索するスキルを発達させる必要があること、また、広告メッセージに晒されている最中やその直後にその検索を始動させるには、広告または環境の中に何らかの明確な手がかりが存在することが子どもにとって有用であることを強調したのである。

## 説得に関する知識の発達

フリースタッドとライト（Friestad & Wright 1994）は、影響を与えようとするマーケティング担当者やその他の人々の戦略的な企てに効果的に対処するために子どもや青年、若年成人が徐々に発達させる、さまざまなタイプの説得関連知識やスキルについて、少し掘り下げて論じている。彼らは、そうした知識がどのようにして、単純なひとまとまりの信念から、日常生活の文脈の中で自動的に活性化するような、統合された複雑な暗黙の信念へと発展していくのかについて論じた。彼らの説得知識モデル（ＰＫＭ）は、子どもだけに焦点を当てたものではなかったし、子どもや青年期の時期に芽生える説得に関する知識を、特定の年齢段階に振り分ける提案をしたわけでもなかった。むしろ説得知識モデルは、人々が生涯にわたり説得に関する知識をどのように発達させ、洗練していくかについて広く焦点を当てていた。しかしながら、フリースタッドとライト（1994）の議論の中には、市場における説得に関する子どもや青年の理解について、発達的命題がたくさん含まれている。そこでわれわれは、こうした命題が市場における欺瞞防衛の信念やスキルの発達にどのように適用できるかを検討するために、彼らの命題を以下のように修正したい。まず、子ども時代の早い時期から成人期にかけて、人は日常生活の中の二つの欺瞞関連課題についての知識を発達させる。すなわち、自分をだまそうとする他者の企てに効果的に対処することと、他者をだます自分自身の試みを効果的に遂行することに関する知識である。子どもたちの市場における欺瞞知識は、まっさらな状態から始まり、徐々に、次のような事柄の因果関係を説明する信念が相互に関連づけられた、確かな構造をもつものへと発達していく。すなわち、①広告主が影響を及ぼそうとする心理的な出来事（対象とされる心理的な目標）、②特定の心的効果を達成するために、広告主が個別にもしくは組み合わせて使う可能性のある欺瞞的な広告戦術、③内的過程や顕在的行動に及ぼす広告からの影響を自己管理ないしコントロールするために使用できる欺瞞対処戦術、④広告の情報を処理するときに追求可能な欺瞞コントロールの目標、である。市場における欺瞞への知識が成熟するにつれ、子どもは、欺瞞の時間的経過や、特定の欺瞞戦略の相対的な有効性や適切性（公正さ）に関する理解を深めていく。欺瞞への対処方法に関する子どもの知識の発達は、よく目にする欺瞞広告戦術を認識し、評価し、反応する実践的経験がどれくらい多く得られているかに強く依存している。それゆえ、子ども時代から青年期の間に流行っていた広告戦術は、青年期を通じてもっとも効果的に対処できるものとなるはずである。マーケティング担当者の欺瞞の企てに効果的に対処する方法を学ぼうとする意欲は、青年期の後期から成人期の初期にかけて相当強くなる。このような意欲の変化が生じるのは、重要な購買決定を数多く行ったり、独立したアイデンティティを確立して維持したり、より複雑な社会的関係を扱ったり、青年期初期の頃以上に多様で巧妙な欺瞞戦術に直面するなど、日常の課題を解決したり目標を達成する上で、市場における欺瞞の知識がますます価値あるものになるためである。

欺瞞的な販売方法に対処する経験が増えるにつれ、彼らの欺瞞防衛活動は次第に自動化され、努力せずとも実行できるようになるだろう。しかし、効果的な欺瞞防衛のスキルを学ぶことは難しいため、この自動化への移行はゆっくりとしたものかもしれない。人々の欺瞞についての信念は、最終的に、より潜在的で、洗練され、完全かつ妥当なものとなる。彼らは、次に挙げる事柄を、より素早く容易に行うことを次第に学んでいく。すなわち、①記憶にある市場における欺瞞の信念にアクセスすること、②どのようなときに欺瞞の試みが起きるのかを理解すること、③特定のキャンペーンや状況において、マーケティング担当者の戦術や目標が何であるかを示す状況的手がかりに気づくこと、④自分自身の自己防衛的メッセージの処理戦術を構成し、実行すること、⑤特定の広告で使われた欺瞞戦術についての情報を記憶に蓄えること、⑥似たような戦術を認識できるように後でその欺瞞戦術の情報にアクセスすること、である。しかしながら、欺瞞防衛信念の活性化とスキル遂行が自動化される道筋は緩慢なものである。広告を検討する機会が増えるにつれて、青年たちは徐々に広告一般についての抽象的な理解を発達させることになる。ただし、彼らの欺瞞対処能力や戦略はしばしば非常に文脈依存的であり、同じメディア内ですでに出会ったことのある広告と同じ例や形式に向けられていることが多い。

子ども時代から成人期初期までの間に、人は、広告を処理する際に重要な資源となる二つの知識構造（広告の担い手と製品に関する知識構造）に合わせて自身の欺瞞および説得の知識を使うスキルを獲得する。説得の一般的なモデルによれば、人は広告メッセージを処理する際に、メッセージの諸側面について入念に調べるためにこれらの知識に思慮深くアクセスしたり、あるいは、広告の中の単純で「周辺的な」手がかりに頼るために、経験に基づいて短絡的にこれらの知識にアクセスしたりするやり方を学ぶ。製品や広告主、説得そして欺瞞についての知識を効率的に、思いのままに扱うことを学ぶのは、青年にとっても成人にとっても大変なことである。第一に、子どもは広告について検討する際に、これらの知識のどれでも取り出して使用する経験を積まなくてはならない。第二に、新しい広告に出会うにつれて、それぞれのタイプの知識自体、徐々にそのアクセス可能性と複雑性が変化する。たとえば、青年期の一二歳の子どもが初めてあるビデオゲームの広告に接する場合、ゲームに関する知識（製品に関する知識）、あるいは、その広告主に関する知識（担い手に関する知識）のほうが、広告や欺瞞の戦術に関する知識よりも多かれ少なかれ発達しているために，その分だけそれらの知識が役に立つかもしれない。一年後，もし子どものビデオゲームの知識や特定の欺瞞戦術の知識が増していたとすると，その子どもが一年以上前と同じ広告キャンペーンに接した場合，異なる知識構造の混合体に頼って広告を吟味し対処することになる。認知的資源の妥当性やアクセス可能性が急速に変化しているときに，それらの認知的資源を効率的にうまくやりくりすることは容易ではないだろう。このことが意味するのは，青年や若い大人は，時期が異なれば，うまく対処できる広告や製品のタイプ，欺瞞戦術の種類も異なってくるかもしれない，ということである。

広告メッセージの中のある側面が広告主の意図的な欺瞞的説得戦術として存在することに，見る人が初めて気づいたとき，広告の意味の変容が生じる。フリースタッドとライト（1994）は，鍵となる事象として，この意味の変容に注目した。われわれは，今後これを「欺瞞への批判的洞察」と呼ぶことにしたい。人は，この欺瞞への批判的洞察が生じる前は，広告に存在するそうした側面に，何らか欺瞞に関した意味があるなどとは思っていない。つまり，いくつかの広告の中に，たまたま含まれているだけと考えているのである。しかし，ひとたび当人が，この側面が人を欺くため意図的に含められていることに気づくと，同じ要素を含む他の広告についても注意深く解釈するようになるだろう。こうした欺瞞への批判的な洞察は，それぞれ異なった個人の，さまざまな時期や状況で生じる。その洞察が生じた時に，広告についての情報処理にそれがどのような直接的効果を及ぼすのかを予測することは難しい。広告のその側面に対して自分がどのように反応したらよいか，当人が確信をもてないでいるからである。最終的には，人は，その広告戦術に対して反応する確固たる方法を理解することになる。欺瞞防衛についての信念の発達に対する障壁は，説得に影響を与える心理的状態や活動についての洞察が発達する速さである。成人の場合は，広告が，説得を促進するような心理的事象に及ぼすさまざまな影響について，豊かな考えをもっている（Friestad and Wright 1995）。一方，こうした心理的事象についての子どもの概念は成人に比べて複雑ではなく，洞察を得た最初のいくつかの心理的事象（信念，注意，好み，欲望など）が中心となっているだろう。

やがて、広告主やその他の説得者が関心を抱いている心理的事象についての理解の幅が拡がるのに比例して、広告戦術についての彼らの理解も進んでいく。説得や欺瞞に関する子どもの信念を扱った研究は数少ないが、これらの信念の発達が検討されたり、年配者の信念と子どもの信念との比較が試みられてきた。ブッシュ、フリースタッド、ローズ（Boush et al. 1994）は、広告主が広告を通じて生じさせようとしている、と子どもや成人が考える八つの心理的効果（注意を引きつける、製品について学ぶ、広告を好きになる、製品をより好きになる、広告を覚える、広告が伝えることを信じる、など）を見出した。さらに彼らは、広告主がそれらの心理的効果を生じさせるために用いると人々が考える八つのタイプの広告戦術（たとえば、人気のあるテレビや映画のスターを登場させる、ユーモアを使う、視聴者に似た人物を登場させる、ある製品を他のものと比較する）を同定した。彼らは最終的に、それらの戦術を介して広告主が成し遂げようと試みる特定の心理的な効果についての考えを、若い青年と、それより年上の青年に尋ねている。彼らはこれらのデータを用いて、広告戦術がいかに心理的効果を生み出すかに関する成人に似た心的表象を、子どもたちが徐々に発達させるかどうかを検討した。

マーティン（Martin 1997）は、子どもの暦年齢と彼らの一般的な広告の意図の理解との関係について検討した実証研究の諸知見を対象にして、示唆に富むメタ分析を行った。彼女は、対象としたすべての研究の、年齢と広告主の意図についての「より進んだ」信念との間の相関係数の平均は〇・三七であり、有意ではあるものの、大きな値ではないことを見出している。これは、年齢は、広告についての子どもの知識の分散のうち平均して約一〇％しか説明できないことを意味している。さらに彼女は、年齢に関係した違いというのは、一九七五年から一九八九年になされた研究より、一九七四年以前に報告された研究において顕著であり、一九九一年から一九九六年の間に公刊された一つの研究では、その相関が非常に小さかったことも報告している。この相関が低いほど、暦年齢の違いと広告意図についての知識との間の関係も弱くなるのである。このような結果が得られた理由の一つとして、年を追うごとに、小さな子どもたちの広告知識が、より年齢が上の子どもたちの知識に近いレベルまで高まってきたことが考えられる。しかし，これはあくまで推測であり，実証的研究によって直接検討する必要がある。世代にわたるそうした変化は，その文化内で広告知識が全般的に行き渡ったためかもしれないし，近年行われている広告リテラシー教育のおかげかもしれない。また，法律面での変化が広告にさらされる環境を変えたり，子どもが自らの経験によって広告について学ぶ能力が高まったことが一役買っているのかもしれない。マーティン（1997）は，対象としている研究すべてにわたって，あまりに多くの要因に違いがあるため，これら一連の研究から，現代の子どものもつ広告知識の年齢による違いについて結論を引き出すのは問題が多いと結論づけている。ジョン（1999）は，別の視点から子どものもつ広告知識についての実証的な結果を要約しているが，そこでは，広告意図の理解，広告を検討する際の広告知識の利用，広告に対する一般的態度が，いくつかの年齢段階でどのように異なるか，という形でまとめられている。消費者の社会化全般を対象としたジョンのモデルが重要なのは，子どもたちが共に発達させるべく格闘する多様かつ困難な消費者スキルの中心に，広告についての知識の発達がしっかり組み込まれているからである。

ムーアとルッツ（2000）は，広告を見る前後で，広告によって形成されたブランドについての信念と自分自身の個人的な製品利用経験を統合するスキルが，子どもの年齢によってどのように異なるか，掘り下げた議論をした。彼らの分析では，年齢の低い子どもたちは年上の子どもたちよりも，広告に接している間，あるいは接した後のいずれでも，広告が作り出した，彼らが既に有するいかなる知識にもアクセスすることが困難であることが示唆された。また，年齢が低い子どもたちのほうが，個人的な製品使用経験が広告を見ることによる効果より優勢になる傾向も認められた。彼らによれば，子どもは成熟するにつれて，広告に関する多くの知識と，必要なときにそれを利用する高度な知識の両方を獲得する。また，これに加えて，広告が示す世界と製品の性能の世界を一致させようとする気持ちも強まってくる（購買意思決定により深く関わるようになるので）。それゆえ，年齢の低い子どもたちは，広告を見ている現下の状況を超えた文脈において，広告によって生じた記憶痕跡にうまくアクセスできないのかもしれない。最後に、ウェブリー、バーゴイン、リー、ヤング（Webley et al. 2001）は、子どもの広告の理解を、子どもと青年の経済的社会化という広い文脈の中で論じた。誰でも一生を通じて、日常生活を占めるさまざまな経済的意思決定や制度の間をしっかり進んでいく必要がある。ウェブリーらは、人々がそのために習得しなければならない様々な課題を概観したのである。青年は、最終的には広告宣伝界ならびに経済界におけるコミュニケーションの側面すべてについて理解しなければならない。これには、広告、店頭販売のディスプレイ、パッケージ、金融情報の開示、資金処理、資金獲得、製品使用の教示、警告などが含まれる。われわれの知る限り、これまでのどの研究を見ても、広告や説得に関する子どもと青年の理解を扱った研究はわずかであり、欺瞞についての信念や市場における欺瞞防衛スキルを扱った研究に至っては皆無である。

## 発達心理学と心の理論

現代の発達心理学の中には、市場における欺瞞の理解の発達に関して回答を提供することができる、広く受け入れられた理論的枠組みは一つもない（Moses & Baldwin 2005）。ピアジェ派の理論は、一九八〇年代半ばまで優勢であり、その理論あるいはその理論を拡張した考えは、子どもの広告についての理解や消費者の社会化を取り上げた研究に強く影響を及ぼしてきた。しかし、最近の二十年の間に、ピアジェ派の理論の妥当性を問う声が現れてきた（Moses & Baldwin 2005）。特に近年の研究者たちは、子どもの能力が知識やスキルの領域によって著しく異なることが多いため、普遍的な段階に子どもを分類することは意味がないと考えている。モーゼスとボールドウィン（2005）は、子どもたちが広告に対処するために必要とする特定の理解やスキルは、たとえばそれがテレビ広告というたった一つの形式であっても、特定の文化的文脈における、特定の子どもの異なった年齢段階でさまざまに発達すると論じている。さらに、これらを概念的に捉える能力が出現した後でも、子どもたちには、それらを使いこなせるようになるための時間が必要であろう。モーゼスとボールドウィンは、子どもや青年がどのように広告への対処を学ぶかについて説明する際には、一般的な情報処理的説明と統合されるような形で、スキルの獲得への領域固有のアプローチをとることが必要だと提案している。

子どもたちの基本的な心の理論の発達に関する研究は、子どもの欺瞞や説得、そして広告についての子どもの理解と関係しているが、この理論的アプローチに由来する概念は、一般的に消費者行動の文献には浸透しなかった。

心の理論（theory of mind: TOM）は、人の行動や相互作用を解釈し、予測し、説明する際に利用される心や心理状態についての一貫した信念体系のことである。心の理論の研究は、最近の一五年の間に急速に発展してきた（Carpendale & Lewis 2006; Moses & Carlson 2004）。モーゼスとボールドウィン（2005）によれば、心の理論の研究は、広告を理解するために不可欠な子どもの理解力が、これまで考えられていたよりも早く発達することを示唆している。たとえば、二歳から四歳の子どもでも視点取得（perspective-taking）の能力を示し、他者が自分たちとは異なる感情や知覚、そして欲望をもつことを理解できる。さらに、この展望論文では、以下のことが明らかにされた。四歳から五歳の就学前の子どもたちは、人は自分自身の私的な心的表象を土台として行動するという考えを獲得し始め、動機づけられた状態や意図（つまり、人々の心に目標や欲望が存在すること）の性質についての理解を示し、次に、認識上の状態（すなわち、信念あるいは知識）について理解し始める。さらに年齢が上の、就学前の子どもは、心というものが、（時に部分的であったり間違いである）情報を取り込み、その情報を下敷きにした世界の表象を形成し、そしてそれらの表象を基に行動が生みだされる、そうしたある種の表象的な機構だと理解している。五歳から七歳では、「二次の」心理状態（つまり、誰かの心的状態が、別の人の心的状態に埋め込まれている状態）の存在についての理解を発達させる。たとえば「その玩具は素敵だと彼女が考えていると、彼は考えている」というものである。同じ時期に、子どもの心の理論は、構成主義者のような、すなわち解釈的な心の理論にシフトする。この心の理論をもつことで、子どもは人々の解釈的な多様性を理解し始めることができる。そうすると、次に、個人的好みの概念、送り手のバイアス、社会的偏見をも含んだ、思考やコミュニケーションにおける主観性を理解するようになる。広告主の意図に関して、モーゼスとボールドウィン（2005）は、就学前の子どもたちはテレビ広告と番組内容を容易に見分けられるはずだと論じている。なぜなら、この時期、子どもたちは既に、テレビの映像と現実のものとの間だけでなく、心的なものと現実のもの（玩具についての思考と、実際の玩具）、空想と現実、見かけと現実の間など、カテゴリーを洗練したやり方で区別することができるためである。さらに、就学前の子どもは、両親や仲間が自分に何をして欲しいと思っているか、両親と仲間が自分に何をさせようと試みているかについて、難なく推測する。したがって、就学前の幼い子どもたちは、広告主が人々に製品を購入してもらうことを望んでいること、購入するように仕向けようと試みていることを理解することができると思われる。

おそらく、欺瞞を理解するにあたって最も基本的な概念は、あるものは本当であり、あるものは本当ではないということである。モーゼスとボールドウィン（2005）は、発達の道筋を次のようにまとめている。子どもは四歳から五歳の時点で、本当の事実に即した発言と偽りの発言とを見分ける能力を発達させる。幼い子どもは、欺瞞が行動に影響を与えるために計画される手段であることを十分に理解しないで、だますことを試みるかもしれない。いつ嘘をつき、いつ本当のことを言うかを学ぶことが、発達上の主要な課題と見なされている。四歳までに、子どもたちはさまざまな状況において、嘘をつくことと空想とを区別できるようになる。このことは重要である。なぜなら、子どもは視点取得と真実と嘘についての知識が相まって、人は事実とは異なる（間違った）信念を表明することがあり、もし彼らが誠実な気持ちでそれを述べるのであれば嘘ではない、ということを理解するようになるからである。そうした判断をする能力は七歳か八歳までにほぼ共通のものとなる。多くの欺瞞戦略は、人々に誤った推測をさせることを伴っている。それゆえ、信念が直接的な経験よりむしろ推測によって獲得されるという知識によって、欺瞞がどのように機能するかについての理解が促進されるのである。この認識的な発達は六歳までに生じる（Moses & Baldwin 2005）。最終的に、一〇歳から一二歳のあたりで子どもたちは、自分の感情をどのように隠すのか、その方法について、そして、他者が人を欺くために感情を隠すかもしれないということを理解するのである。このように、市場における欺瞞を理解し始めるための根底をなす理解の大部分は、この年齢までに整うことになる。ただし、青年期初期の子どもの多くが、特定のタイプの欺瞞について学んだり、市場における欺瞞というものが、マーケティング担当者から繰り返し送られるさまざまなメッセージの中で次々と展開される過程であることを知るところまで理解が進むかどうかは疑問である。

モーゼスとボールドウィン（2005）は、青年期の子どもが広告にうまく対処できないのは、概念上の失敗ではなく、多くの部分は、実行機能スキルが未成熟であることによって課題遂行がうまくいかないことが原因であると結論づけている。彼らは、実行機能を担うスキルのなかには青年期初期の頃までに成熟するものもあるが、実行機能のスキル全体は、青年期から二〇代の初期に至るまでの間、引き続きさらに洗練され強固なものになっていくと説明している。遂行をコントロールする部分が未発達だと、さまざまな側面に影響が出てくる。たとえば、自己統制が効かず、衝動的で、意思決定場面で誤った判断をしてしまう。また、将来を体系づけたり計画を立てることができず、現在の知識を将来の目標と結びつけることも困難である。方略を実行に移すことや不適切な行動の遂行を押さえ込むことが難しく、注意を持続させることや、複数の情報源からの情報を並行して処理することも困難である。実行機能スキルが未成熟だと、子どもや青年たちは、広告の中の目立っていて楽しいけれども無関連な視聴覚効果によって、知覚的に引き寄せられてしまうかもしれない（抑制的コントロールや、妨害への抵抗ができない）。また、注意力に柔軟性がないので、広告の中の、目立たないけれども重要である情報に注意を切り換えることが難しい（Moses & Baldwin 2005）。

## 領域固有のスキルと文脈間のスキル転用

人の社会的思考は、相当程度、領域固有なものであるとする考え方が影響力をもつようになってきた。この視点に立つと、子どもたちは領域固有の「もし～ならば、～である」(if-then) 式の制御メカニズムを獲得し、それによって、選択的かつ付随的に、社会生活の多様な場面に対応できるようになる。ブーゲンタール (Bugenthal 2000) は、これら「もし～ならば、～である」の集合体である知識構造を「社会的アルゴリズム」と名付けた。彼女は、発達心理学、認知心理学、社会心理学、進化心理学、社会生物学、そして行動生態学の文献について印象的な展望論文を著している。その中で、彼女は、これらのアルゴリズムは区別することが可能であり、これによって子どもや青年は、歴史的にみて重要な五つの社会生活の領域を体系づけると提案した。その領域とは、①安全を保つための、幼少期における愛着 (愛着領域)、②社会的優位性の利用と認識 (階層的勢力領域)、③集団の連合における「われわれ」対「彼ら」の同定および防御 (連合集団領域)、④共同生活のための互恵的な義務と恩恵の管理 (互恵性領域)、⑤配偶者の選択と接近 (配偶者領域) である。彼女は、これらの五つの領域は、解決すべき鍵となる課題、領域関連情報の獲得の発達的な道筋など、多くの面で異なると主張した。

この考えのいくつかの側面は、子どもがどのように市場における欺瞞防衛スキルを獲得するかを理解する際に重要であると思われる。第一に、領域固有の社会的スキルは、その程度は不明であるが、生存に関係した社会的相互作用の問題に応じるために少しずつ進化しながら与えられてきた社会的アルゴリズムに依存している。たとえば、社会的に与えられた規則、語彙、ヒューリスティック、個人的な生活経験の主観的解釈などである。そのため、市場における欺瞞防衛スキルは、これらの影響をさまざまな程度、反映しているはずであり、これによって、いつ何が発達するのかに関する大きな個人間変動性を生み出すことになる。第二に、人が獲得する「もし～

ならば、～である」の説得に関連する社会的アルゴリズムは、おそらく領域によってその詳細が異なる。つまり、人は欺瞞を発見し、無力化し、抵抗するための細かなヒューリスティックを発達させるが、それが配偶者問題のためか階層勢力問題（すなわち、両親）のためか、あるいは、連合集団問題（仲間や仲間集団）のためのものであるかによって、それぞれ異なるのである。第三に、欺瞞防衛の規則やスキルには基本的な重複が存在する可能性がある。そのお陰で、多様な領域や対人関係において人が備えなければならない一般的な欺瞞戦略や、適用するための対処スキルについて早期に学ぶことが可能になる。たとえば、影響力に関わる頑健なスキルが何世紀にもわたって実践され洗練されてきたとしたら、その情報は遺伝的に受け継がれ、諸領域にわたる資源の豊富さは人間の心の中に深く刻み込まれることになるだろう（Bugenthal 2000）。われわれは、欺瞞防衛の発達において鍵となるのは、ある社会的領域（愛着領域）におけるスキルに関する「もし～ならば、～である」の情報が、他の領域（配偶者領域）でも有効に使えることもある一方で、うまく使えない場合もあること（たとえば市場領域への転用）を認識することであると考えている。効果的にこの種の転用を行う術を身につけるには、かなり時間がかかると思われる。

市場は、ブーゲンタール（2002）が検討した五つの問題領域のうち、どれともぴったりとは合致しない。それゆえ、これらの歴史上重要な主たる領域から導き出される社会的なルールや理解を、市場の文脈に当てはめることは、子どもにとっては問題があると、われわれは考えている。そうすることは次の二つの点において、子どもたちに重要な領域間転用課題を突きつけることになる。すなわち、①市場における出会いや関係の多様な領域をどのように解析し、特定の社会的アルゴリズムの問題領域にそれらを対応させるかについて学ぶこと、②異なる社会的アルゴリズムの部分を頭の中でどのように統合して、現代の市場に直接的に適合するようなスキルのセットに仕上げるのかを学ぶこと、である。われわれが考えるには、市場というのは互恵性領域と階層的勢力領域の境目に位置している。互恵性領域での中心課題は、関係する人や関係しない人の間で、うまく調整され、釣り合いの取れた、相互の利益となる行動を促進することである。互恵性課題は、機能的に同等の子どもたちが、特定の他者から得た利益を見失わないように記憶し、後で、ある種の心的な費用－利益の計算能力を用いて同程度の物をお返しに与える程度に能力があることを要求する。階層勢力領域の中心課題は、子どもと青年たちが、階層的な相互作用の中で、自らの利益のため交渉するスキルを得るよう指示する。子どもたちは、資源や成果を支配している人たちから、どのように交渉して利益を得たり罰を免れたりするか、また、彼ら自身が資源や勢力において優位な立場にある場合、どのように交渉して他者を従わせるかについて学ぶのである。興味深いことに、子どもや青年は、親や教師やコーチの要求を変更してもらうために、彼らと交渉したり、説得するスキルを獲得する機会があるので、ここでは間接的な形式の抵抗について学ぶことが特に重要である。互恵性領域でも階層的勢力領域でも、相手を査定するスキルを獲得することが必要とされる。互恵性領域では、相互に監視と修正を継続することが必要とされる。一方、階層的勢力領域では、資源量と勢力の点で劣位にある者にとって、相手を正確に監視するスキルがより重要となる。

もし、市場が実際にこれら二つの領域を橋渡ししているとしたら、市場における欺瞞防衛能力を獲得するために、子どもたちは、早い時期に学んだ互恵性のための社会的アルゴリズムを、何とかして階層勢力のための社会的アルゴリズムと統合しなければならない。関係性の視点からすると、子どもたちは、親－子ども、子ども－子ども、子ども－きょうだいの関係のために発達させてきた欺瞞防衛スキルを、市場における見知らぬ大人とのさまざまな関係に適用することが必要となる。また、われわれの推測がおおよそ妥当なものだとすれば、市場における欺瞞防衛スキルの発達は、対人的な社会的スキルの発達と比較して、漸進的経過をたどるであろう。親や仲間が、子どもや青年たちに対して用いる説得、応諾獲得、そして欺瞞の戦術の多くは、市場における説得には不適切、あるいは適用できないものである。したがって、人生初期においての優勢な文脈の中で子どもたちが欺瞞を発見し、コントロールし、抵抗するために学ぶ事柄は、子どもの心が市場で対処することに向けられる際に「心理的なお荷物」となってしまうかもしれない。さらに、親や仲間の戦術のいくつかが市場で使われていたとしても、洗練されたマーケティング・キャンペーンと比べれば、親や仲間のやり方は洗練され熟練されたものとは言い難く、その形式も異なるものとなるだろう。そのため、人が対人関係領域から獲得した欺瞞防衛スキルは、市場で試みたとしても、もっとも洗練度の低いものとなってしまうことになる。最後に、市場というものは人類の歴史の中で目当たらしいものではないが、前世紀から現在に至るまでに、市場の内容は大きく変化した。その結果、子どもたちは生物進化的な欺瞞防衛ヒューリスティックにあまり大きく頼ることができなくなった、とも考えられる。このことについては、現代の市場の形態や詳細が、過去の世代が蓄積してきた市場領域についての表象にうまく位置づけられていないという理由があり得るし、また、彼らが大人になったときに対処することになる現代の市場について理解するために今日の子どもたちが処理しなければならない情報量が膨大になり、一種の過負荷状態になっていることも十分に考えられる。

他の社会的文脈から市場の文脈に欺瞞防衛スキルを適用することを学ぶという問題に加えて、消費者は、ある市場の文脈から別の市場の文脈に欺瞞防衛スキルをうまく移行させること（たとえば、テレビ広告からインターネット広告へ）についても困難を覚えるかもしれない。これまでの研究でも、一つの文脈で学んだスキルを異なる文脈へ適用することは容易でないことが示されている（Barnett & Ceci 2002; Speelman & Kirsner 2005）。文脈横断的にスキルをうまく移行させることそれ自体にもスキルが必要であり、それを発達させるためには多くの時間と練習が必要となる。バーネットとセシ（2002）は、驚くまでもないことだが、そうした転用が成功するかどうかは、新しい適用先の文脈が元々そのスキルを学んだ文脈とどれくらい類似しているかに左右されると論じている。彼らは、新しい適用先の文脈は、学習した元の文脈とさまざまな点において異なると主張している（たとえば、具体的－抽象的、閉空間問題－ファジー問題、記憶の必要性の相違、物理的な文脈の相違、機能的な考え方の相違、モダリティやメディアの相違）。それゆえ、バーネットとセシ（2002）は、文脈間でこれらの相違の数や規模が大きくなるほど、スキルの転用が成功する可能性は低くなる一方で、転用するために必要となるスキルは増加すると論じている。

文脈横断的な知識の転移については、類推学習モデルでも説明されている。したがって、これらのモデルは欺瞞防衛スキルの発達に関係してくることになる。グレギャン－パクストンとジョン（Gregan-Paxton & John 1997）は、人が、新しいタイプの製品を理解しようとするとき、よく知っている製品についての考えをどのように展開するかについて説明するために、洗練された消費者類推学習（consumer learning by analogy : CLA）モデルを提唱している。彼らは、類推的転移の四段階を次のように説明する。すなわち、①接近段階：新しく出会った製品が、馴染みのある（基盤となる）製品の心的表象を活性化させる段階、②配置段階：二つの製品要素についての表象を、一対一に対応させようと試みる段階、③実際の転移段階、④（いくつかのケースにおける）スキーマ生成段階：副産物としてより抽象的な知識が生み出される段階、である。この消費者類推学習モデルは、製品から製品への学習転移を説明するものとして提示されているが、ある説得文脈から別の説得文脈に欺瞞防衛スキルの転移を試みる際にも、同じような複数段階の過程が生じる可能性がある（たとえば、テレビ広告から電話やインターネット広告ゲームへの転移）。この類推による転移過程は、非常にうまくいく場合も、不適切に行われる場合もあるだろう。たとえば、ある文脈のために学んだ欺瞞防衛スキルを、修正せずに、そのスキルが効果的でないか、あるいは全く機能しない別の文脈に転移させる場合には、不適切な転移となるかもしれない。インターネット市場、テレビ広告、個人販売といった市場説得の文脈が多くの点で異なっていることを考えると、消費者が欺瞞防衛スキルを一つの文脈から別の文脈へ転移する際には、間違いが起こりやすいといえるだろう。

## 市場における欺瞞防衛スキルと青年

この節では、青年期（およそ一〇歳から二二歳）における欺瞞防衛スキルの発達を形作り、影響を与える諸要因を概観する。われわれは、これら独立した要因それぞれの役割を特定することはできない。ここでの目標はむしろ、これらの要因がどのように組み合わされることによって、市場における欺瞞防衛スキルを発達させるという特定の課題が青年の経験にしっくり収まるようになるのか、その全体図を描き出すことである。青年期の特徴は、スキル学習の過重負荷である。十代の子どもたちは、学び、練習し、習得しなければならない新しい物事という海にどっぷり侵っている。ペクマン、ルヴァイン、ローリン、レスリー（Pechmann et al. 2005）は、青年の脳機能の神経学的基盤について、非常にわかりやすく、また信頼できる議論を展開している。そして、脳の発達と他の行動傾向が、常習性のある製品や有害な製品の広告に対する子どもの一般的感受性にどれほどの影響を及ぼすかについて論じている。ペクマンら（2005）は、市場における欺瞞防衛スキルそのものについては検討しているわけではないが、彼らの意見や、青年の発達に関する他の説明（たとえば、Amsel et al. 2005; Arnett 2004; Berti 2005; Galotti 2005; Klaczynski 2005; Luna et al. 2004; Smetana et al. 2006; Zelazo et al. 1999）に基づいて、欺瞞防衛スキルがうまく発達することに寄与する青年の経験の諸側面を、次のように同定することができる。

これら青年の発達に関する説明によれば（Pechmann et al. 2005）、青年期の初期から後期を通じて、脳皮質に大規模な構造上の変化が生じ、そして、第二次性徴期に起こるホルモンの重大な変化によっても影響を受ける。人としての基本的な実行機能能力は青年期から二十代の初期に至るまで、重要な発達を続ける。これら実行機能能力には、抑制コントロール、注意力の柔軟性、計画立案、自己制御、衝動のコントロール、干渉への抵抗、誤りの発見と訂正、選択的注意、注意を焦点化すること、作動記憶が含まれる。こうした基礎的なコントロール能力の発達の遅さは、直接、前頭葉皮質の未成熟と結びついている。メタ手続きスキルやメタ認知的モニタリング・スキルなど、成人期のメタ認知能力の発達が緩慢なのも同様である。皮質、ホルモン、そして実行コントロールが絶え間なく変化するために、青年は顕著な衝動性、満足の遅延不能、刺激追求行動、社会的な自己意識、想像の中での当惑、リスク評価スキルの貧しさを示す。さらに青年期を通じて、性格特性が徐々に現れ、安定するようになる。青年期中期にいる個人は、しばしば社会的な自尊心や自信が低いが、青年期後期までの間に、より高い自尊心と自信を徐々に発達させるであろう。青年は、複雑な社会的相互作用課題のうちの、とくにいくつかの課題の解決の仕方を学ぶことに熱中している。すなわち、親との葛藤、きょうだいとの関係と葛藤、仲間からの圧力、恋愛関係である。また、彼らは、消費者の社会化スキル全体を多少とも発達させようとする（John 1999）。そのスキルには、（広告と説得に対処するスキルに加えて）購買スキルや購入決定のためのスキル（情報収集、製品評価、意思決定スキル）が含まれる。そして明らかに、この時期、青年期の男性は女性のことを、女性は男性のことを考えるのに大部分の時間を費やす。

最後に、青年は、たとえば経済、金融機関、政治、マスコミ、教育システム、法律制度、社会階層、ジェンダー、そして、より広い世界などについて、重要な社会的レベルでの理解を得る努力もしなければならない。これに、手間のかかる学校の科目（代数、生命科学、文学など）や、専門的なスキル（コンピュータの使用、車のメンテナンス、運転など）、娯楽上のスキル（スポーツ、ゲームなど）を身につけることが加わる。現代のアメリカ青年は、複数のことがらを同時に行うことに多大な時間を費やす。そしてその大部分に、娯楽、対人関係、教育、そして市場のための電子技術やコンピュータ技術が関係している。また、青年は多くのコミュニケーション・スキルを徐々に発達させる（たとえば、言語的、非言語的な会話の流暢さ、交友関係のスキル、チームワークのスキル）。多くの青年は、これらコミュニケーション技術に関して、ほどほどの程度しか熟達しない。そして、青年期後期（一八歳から二二歳）になると、大学や職場といった新しい領域での生活が始まり、学ばねばならないさまざまな新しい題目や取り組むべき技術に出会うことになる。

以上のように、青年が初めて大量かつ多様な理解や課題スキルを身につけようと努めているときに、彼らの実行機能スキルは、人生の中で生じる大きな認知的変化、ホルモンの変化、そして社会的な変化に見舞われる。それゆえ、市場におけるさまざまな形態の説得を発見し、無力化し、抵抗するためのスキルを発達させるなかで成し遂げられることは、非常に限られているに違いない。さらに、市場における欺瞞防衛スキルを発達させるためには、特定の戦術を見きわめて、それを無力化したり抵抗したりする活動を繰り返し練習する機会を何とかもつようにしなければならない。しかし、現実世界は、急速にスキルを発達させるために特定課題の練習を集中的に行えるような環境ではない。たとえば、青年が特定の欺瞞戦術を発見し、コントロールし、抵抗しようとする機会は、本人が出会う多様な社会的メッセージや市場のメッセージの中で、内容がたまたまその戦術を含んでいるかどうかにかかっている。したがって、その機会に一度遭遇したとしても、次の機会に出会うまでには、また数週間かかるかもしれないのである。

# 第9章 市場における欺瞞防衛スキルの教育
## ——これまでの研究

本章では、青少年や成人が市場における欺瞞防衛スキルを上達させるための教育について何がわかっているのかを検討する。数は少ないが、欺瞞的説得への対処について消費者に教えるための方法を計画し検証した研究があるので、これらを少し詳しく紹介することにしたい。これらの研究はさまざまな分野で公表されたものであるが、これらを吟味することによって、効果的な欺瞞防衛指導プログラムをどのように計画し検証したらよいか、洞察が得られるはずである。われわれが焦点を当てた研究は、次のような問題への対処をどのように教えたらよいかを検討したものである。すなわち、暗黙の主張（Bruno & Harris 1980; Harris 1977; Harris & Monaco 1977; Harris et al. 1989）、省略された情報（Kardes 2006）、不正な説得戦術（Sagarin et al. 2002）、電話勧誘における詐欺（AARP 2003）、アルコール飲料の広告戦術（Goldberg et al. 2006）、タバコの広告戦術（Pechmann et al. 2003）である。

欺瞞防衛の信念とスキルは、複雑な社会的領域に関わっている。そうした領域では、規範的に正しい自己防衛の方法というのは必ずしも明確ではなく、また、他の人々がもっている価値観、検討課題、同盟関係、自己利益などが、指導のやり方や内容に影響を及ぼす。欺瞞防衛の知識とスキルは、消費者に勢力を与える。その勢力というのは、年長の人々が若い人々には与えない傾向があり、熟練した人々が熟練していない仲間には渡そうとしないものでもある。そのため、欺瞞防衛に関する教育的過程は急速に進むことも、円滑に進むこともない。しかし、われわれはこうした指導によって欺瞞的マーケティングに対抗する自己防衛法の学習を加速させることができるし、効果的な教育プログラムを考案することは刺激的な挑戦であると考えている。

第7章と第8章では、市場における欺瞞防衛、そのスキル獲得、知識について検討した。その結果、青年期や成人早期における欺瞞防衛スキルの発達は、スキル教育のあるなしにかかわらず、徐々に起こることが示唆された。発達の速度や経過は人によってさまざまであり、一人の人間の中でも、マーケティング・コミュニケーションの文脈や使用される戦術によって大きく異なる。市場における欺瞞を見抜き、無力化し、抵抗するための、洗練された柔軟なスキルを発達させるために、青少年は、一連の重要な説得や欺瞞戦術を概念的にしっかりと理解し、現実世界の状況で欺瞞防衛スキルをすぐ集中的に実践できるように、十分な自己制御と実行機能の能力を発達させておかなければならない。また、新しい挑戦的な学習課題で既に溢れている日常生活の中で、欺瞞防衛スキルの練習を繰り返し実行する機会を見つけたり、自ら作り出す必要がある。青年期や成人期のうちに消費者として学んでおくべきことがたくさんあるのである。ただし、市場における欺瞞から自分自身を守るために、ある年代で知りうることや出来ることが明確に規定されているような、都合のよい年齢段階モデルは存在しない。したがって、欺瞞防衛の教材や授業を計画し調整する際には、対象となる人々が欺瞞防衛信念やスキルのどのような要素を修得しているのか、そのベースラインを査定しておくことは有用かつ本質的なことである。そして、市場における欺瞞防衛スキルを高める道を辿らせるには、その道すがらに欺瞞防衛の理解とスキルの両方を教えることが必要である。しかし、学習者が既にもっている理解やスキルを教えることは、彼らに効力感と自己満足の誤った幻想を抱かせてしまう危険性がある。そうなると、自分でさらに前進しようとする気持ちが弱まったり、訓練から遠ざかってしまうかもしれない。青少年が既に身につけ、自動化されているスキルを教育（または再教育）することは、実際、彼らをしばらくの間、後もどりしているような気にさせるであろう。そして最終的には、過度に単純化された不可解な内容を教えることは、既に十分な知識とスキルをもっている学生に、反発と無関心を生み出してしまうことになる。

## 暗黙の主張への対処

ハリスとその共同研究者たち（Harris 1977; Harris et al. 1981; Harris et al. 1989）は、広告主による暗黙の主張に際して消費者がどのように対処するのか、そして消費者教育がそれをどのように変化させるかに関して先駆的研究を行った。彼らは、暗黙の主張に向けた消費者の対処を以下のように分析している。まず、記憶というのは作り上げていくという性質をもっており、符号化から貯蔵に至る間に情報の変容が行われる。この変容は、広告に記載されている情報を貯蔵したり検索したりする際に行なわれる推論に基づいている（Harris 1981, Harris & Monaco 1978）。したがって、消費者は、広告主による主張を記憶に貯蔵するときに、強くほのめかされた（蓋然的な）主張と、直接的に断言された（確かな）主張を同等に扱ってしまう（Bruno 1980; Bruno & Harris 1980; Harris et al. 1979）。ハリス（1977）は、暗黙の主張を事実の断言として解釈しないように消費者に教示を与えることの効果を検討した。その結果、広告処理の課題において記憶負荷が小さく、かつ教示の直後にテストが実施される場合には、教示を受けた実験参加者は受けなかった参加者よりも、暗黙の主張に対して強い不信感を示すことが見出された。しかし、一連の広告が提示されるときに記憶負荷が大きい場合には、事前に教示を与えることの効果は認められなかった。ハリスら（1979）では、より入念で長い一五分の訓練セッションの効果が検討され、暗黙の主張に対する不信感について、教示の効果が見出された。ブルーノとハリス（Bruno & Harris 1980）は、この研究プログラムを発展させ、訓練直後の効果と二日後、七日後、九日後の効果とを比較したところ、訓練セッションの効果はこのような長期の間隔をおいても持続していた。これらの研究では、訓練セッションとテスト・セッションいずれにおいても、同じ広告と同じ暗黙の主張が用いられていたが、ダビスキーら（Dubitsky et al. 1981）は、新しい別の広告への転移効果を検討した。彼らは、同じ形式の広告、または異なる形式の広告を用い、暗黙の主張に対する参加者の対処が、訓練の有無で異なるかを比較した。参加者の対処は、訓練直後、二日後、七日後、九日後に調べられた。訓練セッションはこれまでの研究に比べて厳しいものであり、三五分のセッションを四回、一〇日の間に行うものだった。最初のセッションで、参加者は、直接的な主張と暗黙の主張をどのように識別したらよいかを教えられた。次に彼らは、垣根言葉（hedge word）（言質を取られないようにするための迂言的表現。「〜だと言われています」など）が使われている一二の広告スローガンを示され、それら暗黙の主張の中でどれが垣根言葉であるかを教えられた。さらに、暗黙の主張と直接的主張との違いを際立たせるとともに、直接的主張が使われることもあることに気づかせるために、それらの暗黙の主張を直接的主張に言い換えるように求められた。次の訓練は、並置命令、否定疑問文、統計の誤用と解釈にまで拡大された。訓練の効果を査定するセッションは、訓練直後のほか、時間をあけてその後何回か設けられた。これらのセッションいずれにおいても、訓練を受けた参加者は、暗黙の主張の解釈の仕方を思い出すように求められた。その結果、訓練は、直接的主張よりも暗黙の主張に対して参加者の感じた真実性を低下させる効果をもつことが明らかにされた。また、広告の形式や、査定が行われたセッションにかかわらず、全般的に有益な効果があった。さらに、最終セッションでは、訓練時に使われた広告から、暗黙の主張が使われている新しい馴染みのない広告へも転移するという、訓練効果が認められた。最後に、ハリスら（Harris et al. 1989）は、広告の中の暗黙の主張が比較的弱いものであっても、人の記憶が、それをより強い推論へと変容する、という現象を再び取り上げた（Bruno & Harris 1980; Russo et al. 1981）。これに続く研究は、とくに広告処理が厳しく骨の折れる環境で行われる場合、強い暗黙の主張は消費者に直接的な主張と同じ推論を生起させることを示している。ハリスら（1989）の研究では、実験参加者が暗黙の主張を処理する際に注意深く考えさせるために、自分に関連する買い物だという目標を植え付けることがどのような効果を及ぼすかを検討した。しかし、このように関与度を高める教示を使っても、有益な効果は認められなかった。この結果についてハリスらは、関与度を高める教示は強力だったが、それがより集中的な意図的学習ないし意図的な批判的思考の傾向を生みだすことになり、その結果、実験参加者は暗黙の主張を疑うようになったのではないかと推測した。

## 省略された情報を見抜くための消費者教育

カーデスら（Kardes et al. 2006）は、「省略の無視」を以下のように定義している。すなわち、言及がなされない商品の属性、それに関連する問題、もしくは広告されている製品以外の製品に関する省略された情報に、人々が鈍感であること、である。これは、マーケティング担当者が広告の素材の中に含める情報を、消費者が何でも信用してしまうことによって生じるものである。マーケティング担当者が提示するものだけを信頼し、他の関連情報が省かれていることや、省略された情報がその製品に対して不利なものである可能性に気がつかない場合、人は不完全で偏った情報に基づいて、当該の製品に対して過度に好ましい印象を形成することになる。カーデスら（2006）は、省略された情報に対する感受性を高めるための教育技法を考案した。それまでの研究では、製品カテゴリーについて豊かな知識をもっている場合や、どのような情報が欠けているのか、なぜその情報が除かれているのかを示す手がかりが状況の中にある場合には、人はマーケティングの素材から何が欠けているかに気づくことが示されている。最初に行われた研究では、特定の車に関する情報が与えられる前に、実験参加者は、車を評価する際に自分にとって車のどのような属性を考慮することが最も大切かを考えるように求められた。研究者は九つの属性が記されているリストを彼らに渡し、最も重要な属性から最も重要でない属性まで、順位づけをするように求めた。順番に並べるという課題は、属性同士の比較を行うことになるので、参加者にとっては興味をそそるものである。属性ごとに、非常に重要、やや重要、あまり重要でないという三段階の評定を行う場合よりも、よく考えることが必要とされるのである。さらに実験参加者は、自分が行った属性の順位づけについて短い説明を書き記した。これは、ある特定の車に関するマーケティング素材を処理するための準備として、実験参加者の心に、車に関連した属性の心的鋳型（テンプレート）を直接焦点づけるための手続きである。その結果、こうした準備をした参加者は、準備指導を受けなかった統制条件の参加者よりも、不完全な情報によって描写された車について控えめの判断を行った。おそらく、指導的介入によって、参加者はマーケティング素材によって提示された属性にあまり重きを置かないようになり、そのために情報の不完全さに対して注意深くなったのであろう。このことは、指導を受けた参加者は、優先すべき選択や判断手続についての自分自身の心的モデルや、マーケティング・プレゼンテーションがすべて開示されれば含まれているはずの事柄に対する自分自身の心的モデルを頭の中で繰り返したことで、これらが際立つことになり、そのことが、車の広告を自ら点検した際に、そこから省略されている事柄に対する意識を高めたものと考えられる。

二番目の研究で、カーデスらは指導の手続きを変え、車のメッセージを提示した後で、考慮すべき属性をプライミングする課題を行わせた。これは、製品について自分が学んだことや伝えられなかったことを系統立てて見直すために一時立ち止まっている人の状況に類似している。さらに、参加者の「認知的完結欲求」が測定された（Kruglanski & Webster 1996）。一般的に、認知的完結欲求が高い人は、製品に関する情報を容易に処理して、素早く判断する傾向があった。カーデスらは、こうしたタイプの消費者がメッセージの中で開示されていない情報に敏感になるようにさせるには、特別な指導が必要であろうと論じている。三番目の研究では、ある条件の参加者は、カメラに関する不完全な属性情報を、使いやすいリスト形式で与えられた。別の条件の参加者は、よく実際の広告にあるような、複雑な散文調の物語が書かれたテキストによって、同様に不完全な情報を与えられた。物語バージョンは次のような内容だった。「美しいハワイで休日を過ごす計画を立てているところを想像してください。×××カメラを使えば、指先一つで三メガピクセルの写真を撮ることができます。コンパクトで軽い（一〇オンス）×××は、どこにでも持っていくことができます。遠くまで届くフラッシュ（一五フィート）と長持ちするバッテリー（四五〇枚分）を備えていますから、椰子の木でもビーチでも、あなたが熱帯の楽園で見たいと思っている素晴らしい景色がすべて、美しい写真によって簡単にあなたのものになるのです」。この研究では、実験参加者は、広告を見た直後（ただし、製品の最終的な全体評価を下す前）に自分が重要だと感じる情報を考えるように促された場合、そのように促されなかった統制条件の参加者に較べて、その広告から省略された情報に対して敏感になった。さらに、認知的負荷が低い広告の形式が使われた場合に、参加者は省略された情報に対してより敏感であった。最後に、指導による効果は、「性急な判断を下しやすい」と自己評定した参加者において顕著であった。指導は、彼らの広告に対する平素の表層的な処理スタイルをやめさせ、それを変容したのである。それとは対照的に、自分のことを用心深く綿密だと特徴づけた参加者は、指導から多くを得ることはなかった。おそらく、彼らはもともと省略の無視を行う傾向が低いのであろう。指摘すべき重要な点として、この研究で用いられた広告の物語は認知的負荷の高い物語テキストである。したがって、高い認知的負荷を欺瞞戦略として使う例と考えることができる。それは、架空の具体的な筋書きを想像させることによって、人々を精緻で好ましいメンタル・シミュレーションへと導く。また、この広告は、特定の量的情報と曖昧な言語的主張とを結びつけている。広告文の最後は一一五文字の長文であり、その三分の二にあたる文字は、最後の属性（バッテリー）が示された直後に処理しなければならないことになる。華麗でくどい言葉を並べているために情報が満載された広告という外見をもっているが、実際に示されているのは、カメラに関するたった五つの属性なのである。

## 堕落的説得戦術を見抜き、抵抗するための消費者教育

サガリン、チャルディーニ、ライス、セルナ（Sagarin et al. 2002）は、青年期後期の人たちが、広告における堕落的「権威戦術」にうまく対処するための教育について実験を行った。堕落的説得戦術というのは、本来はフェアで潜在的に効果のある社会的影響の方法を、誤解を生むようなやり方で実行することである（第4章参照）。情報源の信憑性効果に関する多くの研究は、消費者がある事柄に関する本物の専門家や権威だと考えている人から情報が提示されると、比較的簡単に説得されてしまうことを示している。したがって、専門性や権威の幻想を作り出そうと画策する詐欺師や偽専門家と同じように、広告主やマーケティング担当者は、長い間、本物の専門家や権威者をキャンペーンで使用してきた。サガリンら（2002）の研究は、この重要なテーマに関して先駆的な実験を行ったものであり、彼らがこの実験で使った指導方法を批判的に吟味することによって、効果的な指導プログラムの構成要素について洞察を得ることができる。これらの研究とその背後にある議論は、将来の研究者がこの問題について学び、そこからさらに歩みを進めるスタート地点を用意してくれる。これらの研究に加えて、サガリンらは欺瞞的広告に対する抵抗の仕方をどうやって消費者に教えたらよいか、深みのある議論を提供している（Sagarin et al. 2002）。欺瞞防衛スキルというわれわれの枠組みから見ると、これらの研究者たちは、以下の内容を青年期後期の人たちにどのように教えるかについて研究したと考えられる。すなわち、広告主が広告に偽の専門家を堕落的に使用していることを見抜くこと、偽の専門家の使用を非好意的に評価し、正当な専門家の使用を好意的に評価すること、偽の権威を使った広告を強く割り引いたり、注意深く吟味したりすること、である。彼らは、自分たちが構成したプログラムにいくつかの実践的な制限を置いたが、こうした制限が彼らのアプローチに影響を及ぼしている。

サガリンら（2002）は、短い（八〜一〇分）一回の指導エピソードに限定した。それゆえ彼らは、学びやすく

適用しやすい単純な分類ルールを実験参加者に教えることに焦点を当てたことになる。彼らは、この単純さは、実験参加者が矢継ぎ早のマス・メディア広告（たとえば、伝統的なテレビ広告）を観るときに、そのルールを素早く覚えて使う可能性を高めるだろうと論じた。さらに彼らは、さまざまな教育場面に容易に組み込むことができる介入を構築したいと考えた。指導の目的で使われる実際の教材においては、マーケティング担当者の倫理的行動と非倫理的行動を識別するような課題が作られた。欺瞞の検出について指導するだけでなく倫理のレッスンをも行うことは、この教育プログラムに注目すべき抽象化の層を一つ加えることになった。実験は三つ行われたが、それぞれの実験において、研究者が適切であると考えた識別ルールを実験参加者に教えるために、同じ基本的方法が使用された。まず、この指導法が用いられる指導条件の参加者は、広告における専門家の使用を評価するために研究者が規定したルールに関する議論が六ページにわたり記述されているものを読んだ。これには、六つの典型的な広告が添えられていた。統制条件の参加者は、広告における色彩と色調の使用に関する議論が六ページにわたり記述されているものを読んだ。これには、その話題の実例として、同じ六つの典型的な広告が添えられていた。ルールを教える議論では、次のような教示が用いられた。

「権威者が倫理的に使われている場合と非倫理的に使われている場合を、どうやって見分けたらよいだろうか。権威者が倫理的に使われていると言えるためには、二つのテストに合格しなければならない。第一に、権威者は本当に権威者でなければならず、権威者のように見せるために飾られただけの人物であってはならない。第二に、権威者は、自らが売ろうとしている商品に関する専門家でなければならない」

このルールを説明するために、六つの広告のうちの四つは、研究者が非倫理的と考えられるものになっていた。その四つとは、ビジネススーツに身を包んだ男性が出ている『ウォール・ストリート・ジャーナル』のウェブサイト広告、元テスト・パイロットでレースカー・ドライバーのチャック・イェーガーが出演しているロレックスの時計の広告、著名人のイヴァナ・トランプが出演している全米乳飲料加工業者連盟の広告、俳優のクレイグ・ネルソンが出演している日立エレクトロニクスの広告である。教材では、チャック・イェーガーが出ているロレックスの広告とイヴァナ・トランプが出ている全米乳飲料加工業者連盟の広告はルールに違反する非倫理的なものとされた。これらの広告に出ている権威者は、その広告が売ろうとしている商品の専門家ではないと研究者が考えたからである。さらに、『ウォール・ストリート・ジャーナル』の広告も非倫理的だとされた。広告の中の男性が株式仲買人かどうかは不明であり、広告ではそれと示す名前や情報が提供されていないからである。研究者によれば、この広告は第一のテストをパスしないので非倫理的と結論づけられる。広告のモデルは「権威者のように見せるために飾られただけ」だからである。また、この教材には、研究者が本当の専門家を起用していると考えているために、良い倫理的な実践例であるとされた二つの広告が含まれていた。マーセル・コカーツが大手銀行の頭取として取り上げられているチャブ・フィナンシャル・サービスの広告と、消費者調査会社J・D・パワー・アンド・アソシエイツの調査データが報告されているノースウェスト航空の広告である。

教材では、チャブ・フィナンシャル・サービスの広告について、次のように述べられている。「歴史のある建物の前に、素敵なスーツに身を包んだ男性が立っています。……一見すると、この広告に起用されている権威者のようです。しかし、これは倫理的な広告といえるでしょうか。この問いに答えるために、先ほどの二つのテストに合格するかどうか見てみましょう。……もし彼の横に、〈マーセル・コカーツ、ブリュッセルのクレディト銀行の頭取です〉という見出しがあれば、われわれは本当の権威者だとわかります。……この男性は本物なのです。二番目のテストには合格するでしょうか。この広告は銀行向けの保険を売ろうとしています。国際的な銀行の頭取なら銀行の保険に関して多くのことを知っているはずだ、と考えるのは理に適っています。……マーセル・コカーツは、確かにその筋の専門家です。では、これは権威者の倫理的な起用と言えるでしょうか。答えはイエスです」

第一実験で、サガリンら（2002）は参加者に対して、広告の操作的意図と説得性を判断する際には、教えられたルールを使って、権威アピールが倫理的（合法的で堕落していない）起用か非倫理的（非合法的で堕落的）起用かによく注目して、両者をうまく識別するように指導した。その結果、指導を受けた条件の参加者は統制条件の参加者に比べて、研究者が倫理的な例として選んだ広告を、あまり不正で操作的だとは評価しなかった。また、指導を受けた参加者は、統制条件の参加者に比べて、研究者が非倫理的とした広告をわずかに操作的で説得力が低いと評価していた。しかし、この評価低減効果は弱いもので、指導された参加者と統制条件の参加者の間で、研究者が非倫理的だと考えた広告に対する判断の違いは、それほど大きなものではなかった。第二実験では、第一実験の結果を再確認することと、指導プログラムの効果が数日間持続するのか、そして、その効果が指導とは異なる文脈の広告反応にも般化するのかが調べられた。その結果、この実験でも、指導を受けた条件の参加者は統制条件の参加者に比べて、研究者が倫理的な権威者のアピールとして選んだ広告を見た直後、それらを好ましいと評定した。しかし、この研究では、指導を受けた参加者は統制条件の参加者より非倫理的な広告の評価を下げることはなかった。一日から四日経過した後、同じ参加者のうちの何人かは授業時間内の課題として、学内新聞に掲載される可能性がある二つの広告を評価するよう求められた。一つは、鎮痛薬エキセドリンの広告で、ミネソタ痛み研究所のダン・シュロクテルという医師が登場していた。この広告は倫理的で非欺瞞的な権威アピールの例であるとされた。もう一つはＩＢＭインターネット・テレビジョン・サービスの広告で、俳優のジェフ・ゴールドブラムが登場するものだった。研究者はこの広告を、非倫理的で欺瞞的な権威アピールの例として制作した。実験参加者はこれら二つの広告のうち、いずれか一つについてどの程度説得的かを評定したが、それがどの程度操作的か、すなわち欺瞞的かについては評定しなかった。その結果、数日間経過した後の広告評価に対する、訓練セッションの持ち越し効果が認められた。ただし、統計的には有意ではあるものの、統制条件と指導を受けた条件の広告評価の差は、五段階評価で約〇・三ポイントにすぎなかった。

第三実験でサガリンら（2002）が検討したのは、これらの大学生が自分は広告の影響を受けることはないと考えており、先行調査を行うことで得られた欺瞞防衛の教訓を学ぶことに関心がないという可能性である。そこで、この研究では、参加者の個人的脆弱性の感覚を一時的に高めて、自己防衛のルールをより詳しく学びたいと思わせるための介入が加えられた。自分の脆弱さを確信させるための二種類の介入法が検討された。さらに研究者たちは、こうした指導が、単純で思考を介さないメッセージ処理のモード（システム１）を促すのか、それとも、注意深くメッセージ内容の精査（システム２）を促すのかを検討した。サガリンらは、個人的脆弱性の知覚を高める二つの方法を、それぞれ「脆弱性の断定」アプローチ、「脆弱性の立証」アプローチと呼んだ。断定された脆弱性アプローチの場合、参加者は最初の二つの実験で使われた教材の修正バージョンを受け取った。この教材は、自分の脆弱性について考えさせるために、何カ所かに新しい文が挿入されていた。たとえば、ウォール・ストリート・ジャーナルの広告について検討した後、「この広告を見たとき、株式仲買人が偽者だったことに気がつきましたか。この『専門家』とされた人物の話を聞くべきか、自問しましたか。もし自問しなかったなら、あなたは自分を操作しようとする広告主に対して自らを無防備な状態に置いてしまうことになります」などである。「脆弱性の立証」アプローチでは、指導に先んじて、参加者は自分自身で見本の広告を吟味し、どの程度説得力があるかを評定するよう教示された。その広告は、（研究者のルールによれば）非合法的な権威アピールを使ったものだった。大部分の参加者は、その広告を七点尺度で「やや説得力がある」の近辺に評価していた。次の質問では、広告の二つの側面のうちのどちらが説得力を判断するのに重要だったかを書き留めるよう求められた。その後、参加者は「脆弱性の断定」条件の参加者と同じ教材を受け取ったが、その際に、一番目の広告に対する最初の反応を思い出すように求められた。「一番目の広告を見てください。この広告に、多少とも説得力があると思いましたか。もしそうなら、あなたはだまされたのです」。その後、続けて、「二番目の質問に対するあなた自身の回答を思い出してください。あなたはその『株式仲買人』が偽者だと気づきましたか」。

第三実験（2002）で研究者たちは再び、実験参加者が吟味するための二つのテスト広告を制作した。一つは、倫理的な（欺瞞的でない）権威戦術の事例，もう一つは非倫理的な（欺瞞的な）権威戦術の事例となるようにしたものだった。倫理的な広告は，鎮痛剤エキセドリンのもので，ミネソタ痛み研究所の指導者であるダニエル・シュローダー博士が商品の鎮痛効果を推奨しているものだった。欺瞞的な権威戦術を表すものとして制作されたテスト広告は，インターネット・テレビジョン・ダイレクトのもので，映画スターでカリフォルニア州知事のアーノルド・シュワルツェネッガーが商品の優れた技術を推奨するものだった。また，両方の広告には，別の商品特性に関する主張も含まれていた。主張の数と主張の相対的強さ（関連性，重要性）が実験デザインに組み込まれた。この実験の結果，疑わしい権威によってだまされることへの潜在的な脆弱性が断定される場合も立証される場合も，参加者は（指導されなかった統制条件の参加者に較べて）エキセドリンの広告の操作的意図を高く評定し，説得性を低く評定した。この結果は，脆弱性の感覚を一時的に高める努力がとくになされなかった第一実験と第二実験で見出された効果と一致している。しかし，指導することによって，実験参加者が不法な権威者を広告に起用することへの評価を下げるようになる，という証拠が見出された。この発見はこれら一連の研究で初めてのことであった。だまされることへの脆弱性が立証された参加者は，インターネット・テレビジョン・サービスに対するシュワルツェネッガーの広告に罰を与えた。その広告の説得力を，他の参加者（だまされることへの脆弱性を立証ではなく断定された参加者を含む）より低く評価したのである。しかし，操作的意図の認知に関しては，指導を受けた参加者の評定は高くならなかった。さらに，データ分析の結果，広告における権威戦術の倫理について指導を受けた参加者は，広告の中の人物が合法的権威であるか否かという認知だけに頼ってはおらず，その商品に関する広告の主張も考慮していたということも示された。

欺瞞に関する指導という文脈において，この研究は，欺かれることに対する個人的脆弱性への信念が重要であることを浮き彫りにしている。自分の欺瞞防衛スキルの欠如や疑いという個人的な感覚が，教育的介入に対する注目を高めるのである。自分自身の脆弱性の認知が重要であることは，何十年もの間，健康実践への説得に対する反応という文脈の中で指摘されてきた。マーケティング担当者の欺瞞に対して自らの脆弱性を知覚することが、欺瞞検出訓練の効果に影響を与えるという証拠を見出したことは、価値ある第一歩である。サガリンら（2002）は、実行することが可能ならば、学生に対して、彼らがいかにだまされやすいかを明確に実証してみせることを推奨した。それも、曖昧さを排除し、身近で関連性が高いものが望ましい、という。しかし、納得がいくようにこれを実行することは、しばしば非現実的であり、それ自体が非倫理的なものになってしまうとも警告した。欺瞞に対する脆弱性を人々に納得させるには、彼らをだます必要がある（たとえば、以前の行動や愚直さに関して偽のフィードバックを与える）からである。さらに、自己効力の信念に関するこれまでの研究は、ある課題領域に関する自己効力感は簡単には変容できないことを明示している。われわれは、サガリンら（2002）の研究の参加者のような青年期の人々や若年成人は、自分の欺瞞防衛スキルが優れているのかそうでないのかという確立された信念を実際にはもっておらず、単に根底にある不安感を覆い隠すために、もっているかのように振る舞うに過ぎないのではないかと考えている。

サガリンら（2002）が指導プログラムを作るときに行った選択の中には、将来の消費者教育研究や教育プログラムの改善策を示してくれるものがある。この研究では、一回だけの短い教育を提供するという制限を自主的に設けたために、実験参加者を教育するための単純なルールを一つ選択することになった。この選択は、確かに実践性と利便性に寄与するものである。しかし、一方で、教育的スキルをさまざまな現実世界の文脈に適用する場合に不可欠である説明、相互作用、練習、フィードバックを十分に行うことができなくなる。また、学生が異なる状況をうまく切り抜けていくときに役立つ、やや複雑ではあるが現実的な「もし〜ならば、〜である」という判断ルールを教えることが促進されることもない。また、潜在的な教育効果を少なく見積もったり、覆い隠してしまうという危険がある。さらにいえば、教育や検証の目的のためには、良い事例を選ぶことが大切である。もし、現実世界の広告が特定の欺瞞戦術を教えるための事例として使われるのなら、疑いがあるという程度のものではなく、欺瞞が明確なものを注意深く選ばなければならない。これは、専門家や権威者の真似をする人物の場合のように、誤解を招くような伝達者の特徴を描写している場合には、とくに難しい。広告主は、それぞれ理由があって広告の中に人物を登場させる。広告の中のすべての人物が専門家の真似をするために起用されているというわけではないのである。われわれの判断では、サガリンら（2002）の実験で、教育やテストのために用いられた広告の中には、マーケティング担当者が専門家を演じる人物を登場させることで見る人に影響を与えようとする例としては、疑わしいものがいくつかある。たとえば、それらの広告に出てくる有名人（イヴァナ・トランプ、チャック・イェーガーなど）は、おそらくその筋の専門家もどきとしてではなく、主に注意をひくための戦術として起用されたのであろう。イヴァナ・トランプの広告は、二百人以上の有名人を起用した全米乳飲料加工業者連盟の長期にわたる（そして賞を受けた）キャンペーン広告のうちの一つにすぎない。他にも、エルトン・ジョン、ジャッキー・チェン、シェリル・クロウ、ダニー・デヴィート、ブリトニー・スピアーズ、モハメド・アリ、バンドのキッス、エルヴィス・プレスリーのものまね芸人など、多数の有名人が広告に登場しているのである。バットマンやバート・シンプソンなど、数十のマンガ・キャラクターも起用されてきた。これらの広告に、タレントや架空のキャラクターが牛乳や栄養の権威だと偽って人をだます意図がないのは明らかである。また、広告に登場する人物は、専門家を装うのではなく、その製品のターゲット市場を示すものとして登場している場合もある。ロレックス時計の広告に出てくるチャック・イェーガーがその好例である。長期にわたるキャンペーンでは、一貫してイェーガーが起用された。確かにロレックスは、イェーガーの時計として知られるモデルを製品化して販売した。イェーガーは戦闘任務中に実際にロレックスの時計を身につける有名な空軍のテスト・パイロットでスピード・レーサーであり、精密電子機器の耐久性と正確性の権威者としての彼の信用はかなり高いと思われる。彼は時計製造のエキスパートではないが、広告に出てくる他の推奨者たちに比べて、宣伝されている機器に関して高い専門的知識をもっているように見える。もう一つの例として、権威者への欺瞞的な（非倫理的な）なりすましの例として使われた金融サービスの広告を考えてみよう。この広告に出ている人物は単にビジネススーツに身を包んでいるというだけであって，その役割は非常に曖昧だった。これが欺瞞であると実験参加者に伝える教示文にさえ，「この人物が誰なのかまったくわかりません」と書かれていたのである。問題のある例が教育で用いられると，そこで教えられている概念が曖昧になるし，授業全体が信用されなくなってしまう危険もある。学生は，教えられる内容に対して簡単に反論してくるかもしれない。彼らは，例としてあげられている広告の中の有名人は専門家のように見せかけて登場しているのではないこと，関連する専門知識を本当にもっているかもしれないことに簡単に気づくかもしれないのである。このような曖昧さは教育の効果を台無しにするし，教師の専門性さえ学生が疑う原因となってしまう可能性もある。

欺瞞戦術の検出について教育することを，学生に対する倫理教育という枠組みで考えることは，必要とされないお荷物を増やすことになる。われわれは，これら一連の研究で試みられた倫理的な枠組みが，教育の効果を弱めたのではないかと考えている。倫理的判断というのは抽象的な信念体系から生み出されるものであり，複雑に関連し合っている。教師が，何が倫理的で何が倫理的でないとかいう自分自身の信念を単に提供しただけでは，青年期後期の人たちは納得しないだろうし，また，納得すべきでもないだろう。サガリンら（2002）の研究手続きの中には，将来，研究者が同じような研究を続けるときに注意すべき点も含まれている。例として使われた広告は学生にとって関与度の低い商品を扱うものであり，状況自体も，自分で熱心に商品を選択するという場面からはほど遠いものだった。学生たちは，広告で扱われるほとんどの商品のターゲット市場からは外れた存在だったのである。加えて，統制条件の実験参加者は，広告で使われている色彩や色調を批評するように求められていたので，単に教育を受けない参加者というのではなく，教育を受けず，かつ，注意を逸らされた参加者であった。

さらに，指導を受ける条件の参加者は，テスト広告に含まれる説得戦術の操作的意図を全般的に低く評定していた。したがって，これらの戦術は，広告主による悪い行為だと彼らが判断したものではないし，少なくとも，与えられた教育は学生を説得するのに成功していなかったのである。教育の目的のためには、より脅威的な戦術とマーケティング・コミュニケーションの文脈を選択することが望ましいと思われる。

最後になるが、第三実験の教育場面にも注意を向ける必要がある。この実験で使われた広告は研究者が制作したものであるが、学生に対しては本物の広告であるかのように提示された。エキセドリンの広告の「合法的な専門家」である架空の医師は、実際には広告に登場しないし、話をしているわけではない。同じように、アーノルド・シュワルツェネッガーもインターネット・テレビジョン・ダイレクトの広告に登場していないし、研究者が制作した広告の中に、彼のものだとされる技術的な問題についての発言が含まれていたわけでもない。教育の目的のためには、曖昧な例になってしまうかもしれない複雑な本物の広告を選ぶより、自分たちで広告を制作して描きたいものを描いたほうがメリットがあるのは確かである。しかし、偽の専門家を使うことが非倫理的であることを教える授業で、偽の専門家を起用した偽の刺激広告を学生に提示するというのは、何とも皮肉なことである。欺瞞発見のための教育的介入を計画するとき、研究者は、それらの広告が実際には教育目的のために作られた広告であることを、事前に学生たちに率直に話すことを考慮すべきである。そうすることは、教育効果を弱めるのではなく、実際には強めることになるのだということを強調しておきたい。とにかく、そうすることによって、欺瞞防衛の教育のために欺瞞を使うという皮肉な事態を避けることができる。われわれはサガリンら（2002）がこの問題に対して敏感であることは十分に承知しているが、まだ経験の浅い研究者がこの問題を追究するときに注意してほしいという願いをこめて、ここで改めて強調するものである。

## 欺瞞的なアルコール飲料広告への対処――青少年への指導

ゴールドバーグら（Goldberg et al. 2006）は、アルコール飲料の販売促進広告で使われている欺瞞的な説得戦術に対処できるよう、青少年を支援するための介入プログラムを考案して実施し、その効果を検証した。ゴールドバーグらによると、アルコール広告は故意にかつ見境なく子どもや青少年に標的を定め、飲酒に賛成する方向だけに思考するように心理的な圧力をかけている。プログラムの目標は、その事実を青少年に教えることである。その他にも、アルコール広告の内容や戦術に関する青年たちの反論スキルや批判的思考スキルの発達を助けること、飲酒が仲間内に広く行き渡っているという青年たちの誤った信念を正すことも、目標となっている。ゴールドバーグらは、ワトソン、デイヴィス、タイナー、オズボーン（Watson et al. 1993）のアドスマーツ（Adsmarts）プログラムを参考にして入念な指導プログラムを作成した。彼らは、このアドスマーツが、カメラアングルが異なれば伝えられる意味も違ってくるという問題に多くの時間を割くなど、メディア・リテラシーに焦点を当てたものと捉えている。そして、五〇分のセッションが五回という、比較的短く、一週間以内に実施できるプログラムを作り上げたのである。そこでは、説得知識モデル（Friestad & Wright 1994）から引き出された要素と、アドスマーツ・プログラムに含まれる動機づけの要素を組み合わせて、アルコール広告に対処するための教育戦略に焦点が当てられた。そして、このプログラムを、六年生の一五クラスで実施したのである。

初日のセッションは（Goldberg et al. 2006）、以下の内容を児童に教えることが強調された。すなわち、アルコール広告は、青少年をだまして皆がたくさんお酒を飲んでいると信じ込ませようとしていること、アルコール広告は子どもが見る時間帯に放映することで子どもを標的にし、十代の若者にとって憧れの対象となるような若手俳優を欺瞞的に起用していること、この種の広告は、飲むか飲まないかを自分で決定するという青少年の心理的自由に制限を加えていること、というものである。二日目のセッションでは、アルコール広告は「真実の一部」しか提示しておらず、飲酒賛成というテーマに沿わない多くの情報はカットされていることに焦点を当てる内容になっていた。そのシナリオと反対のシナリオを頭の中で生徒たちに想像させてみる練習をする課題も含まれていた。たとえば、飲酒がパーティをもっと楽しくさせると広告に謳われていたら、逆に、気分が悪くなって吐いてしまう、学校や仕事を休む、二日酔いで周りの人を困らせる、飲酒運転で他人や自分自身を傷つける、抑制がきかなくなって、意に反した危険な性行為をする、誰かを身体的あるいは性的に虐待する、といったことを想像させるのである。三日目のセッションでは、ほかの欺瞞的な説得戦術について説明がなされた。たとえば、注意を引きつける「仕掛け」（セックス・アピール、ポップ・ミュージック、人気のある有名人、ユーモア）や、飲酒と何かポジティブなものを広告の中で何度も結びつけて、青年の心の中でこの連想が思い浮かびやすくさせる単純な「感化」などである。四日目のセッションでは、反論のスキルを習得することに焦点を当てた指導が行われた。これは、類推学習を用いて実施された。まず、いかに簡単に逆の考えを思い浮かべられるか（たとえば、親から何か頼まれたときに、「うん、でも……」と言う）を議論し、その後、アルコール広告が彼らにやらせようとしていることに対して、同じような警戒心と強情さをもって反論することを教えるのである。最後のセッションでは、誘惑に逆らう思考をさらに練習した。児童は雑誌からアルコール飲料の広告を選び出し、隣のページに掲載する「逆広告」を自分で制作するのである。それは、自分より一つ年下の誰かが十代になったときに飲酒をしないように説得するため、ということになっていた。

実験参加者の広告戦術に対する信念と、アルコール広告に対処することの自己効力感が、最後の指導セッションの二時間後、あるいは七日後に測定された（Goldberg et al. 2006）。指導を受けなかった統制条件の参加者は、指導最終日に同じ質問に回答した。具体的には、お酒の広告における欺瞞的な説得戦略に関する信念と、指導プログラムで考察された戦略を認識する（そしてそれに逆らう）スキルについて、このプログラムの効果を六つの等級に分けて測定された。戦略認識スキルと信念に関する一〇個の質問に対する答えが正解か不正解かで得点化され、その合計点が各児童の説得知識得点とされた。この全体的な説得知識得点が分析と報告の対象とされ、質問ごとの得点は論文には提示されていない。その結果、指導直後の測定、七日後の測定いずれにおいても、指導的な介入を受けた条件の参加者は、統制条件の参加者よりも説得知識得点が高くなっていた。アルコール広告の戦略に関する正確な信念の増大は、すでにアルコール飲料を飲み始めている参加者において最も顕著であった。しかし、正確な信念の増加は、全体的に見れば特に大きいわけではなかった。プログラムを受けていない統制条件の参加者は、信念に関する一〇個の質問のうち平均して半分が正解だったが、指導を受けた参加者は七問が正解だった。ゴールドバーグら（2006）は、次の二つの文に参加者がどの程度同意するかによって、自己効力の信念を測定した。①「家でテレビを見ていて、ビールや他のアルコール飲料の広告が出てくると、それを注意深く分析する」、②「コマーシャルを見たり聞いたりしているとき、それに反論したくなる」。両尺度の平均得点が自己効力感の指標とされ、分析の結果、指導を受けた参加者の平均値（四点尺度で二・五）は、指導を受けなかった参加者の平均値（二・二）よりも高く、対処行動について自信をもっていることが明らかになった。最後にプログラムのデザインに関するわれわれの見解を一つ示しておきたい。それは、この研究で用いられたプログラムの目標が低すぎたのではないか、ということである。われわれが知る限り、プログラムの内容は、この母集団において、指導を受けない児童が既に知っていること、あるいは信じていることは何かという予備テストの結果に基づいているわけではなかった。信念に関するテストで、指導を受けなかった児童が信念テストで五〇％の正解率だったということは、教えられた内容の多くは児童が既に知っているものだったと言えるだろう。当該の商品と広告の文脈における欺瞞戦術の信念や欺瞞防衛スキルを事前にテストしておくことは、特定の集団をターゲットとする指導プログラムに何を含めるべきか、そこから何を省くべきかを決定する際に不可欠なものと思われる。

## 欺瞞的なタバコ広告に対処するための指導

ペクマンら（Pechmann et al. 2003）は、反喫煙のテレビ広告を青年に見せることの効果について研究した。これは、ロジャース（Rogers 1983）の防護動機理論の枠組みを適用して、十代の若者がタバコに手を出さないように指導するために作られた、異なるテーマのメッセージの効果を明らかにしようとするものであった。第２章では、防護動機理論が、有害なことから自己防衛する動機と意図を高める重要な要因を明らかにしていることを述べた。この理論は、人々が特定の領域における自己防衛にどの程度の努力を投資するかを判断するときに、脅威評価と対処評価を行うことを提唱する。そこで、消費者の欺瞞に関連した脅威の評価と対処の評価は、よりよい欺瞞防衛スキルを身につけたり、そのスキルを特定の説得的メッセージに適用することを学ぶために費やす努力の程度に影響を与えることになる。したがって、欺瞞防衛を本気で行おうという消費者の動機は、以下の三点に関する信念によって影響を受ける。①だまされ、惑わされ、不正に説得されることによる被害の重大さ、②だまされ、惑わされ、不正に説得される脆弱性（見込み）の程度、③欺瞞防衛に成功することの利得、である。さらに、欺瞞防衛の学習への動機づけは、以下の信念からも影響を受ける。①その説得への試みに関連する特定の欺瞞防衛スキルを遂行することに関して既に獲得されている自己効力感、②そのケースにおいて種々の欺瞞防衛活動を上手に遂行することによって達成される、最高水準の防衛（反応効力感）、③それを目前の状況で実行しようとすることの認知的コスト。ペクマンら（2003）は、これまでの防護動機の研究では現実世界のメッセージが刺激メッセージとして使われてきたことに注目した。そして、同じアプローチを使って、一九八六年から一九九七年の間にさまざまな州の反喫煙キャンペーンで実際に使われた一九四のテレビ広告を分析した。彼らは、七つのメインテーマによってこれらの広告をコード化した。病気と死、他者を危険にさらす、外見（歯の黄ばみ、口臭）、喫煙者イコール敗者、拒否スキル、病気と死の強調、そして欺瞞的なマーケティング戦略である。理論的に欺瞞防衛ならびに説得防衛の信念やスキルと関係があるので、ここでは最後の三つのカテゴリーがとくに重要である。

　具体的に言うと、これらの広告で描写されている拒否スキルの反喫煙メッセージは、登場する青年が喫煙への拒否をあからさまに示したり、喫煙を拒否する人に対して魅力や賞賛を声高に述べる内容になっている。ペクマンらは、拒否スキル広告のメッセージ内容について次のように述べている。「魅力的な役割モデルがタバコを吸わないのは、彼らがそれを魅力的でない行為と見ているからである。彼らは、他者からのタバコの勧めにも応じない」。副次的なものではあるが、拒否スキルメッセージのもう一つの目標は、青年たちに抵抗という特殊な行為を教えること、抵抗という行為を簡単に実行可能だという気持ちにさせることかもしれない。しかし、研究者は、人々の固定化した自己効力感を大きく変容するには、焦点となっているそのスキルの練習と習得を可能にするような集中的な指導が必要であることを指摘している（Bandura 1997）。

「卑劣な」マーケティング戦術のテーマでは、タバコ会社は子どもや女性、マイノリティを標的にして、イメージ広告のような強力なマーケティング戦術を使用していることが強調された。そのような広告の一つでは、タバコが雨あられと校庭に降り注ぐ画像を見せながら、タバコ会社の重役が「私たちは、皆さんのお子さんにタバコを売らなければなりません。営業を続けるためには、年に五〇万人の新しい喫煙者が必要なのです。ですから、私たちは学校の近くやキャンディ棚に広告を出すのです……」と話すのである。別の広告では、タバコ会社の元ロビイストが言う、「タバコ会社は皆さんの小さな兄弟や姉妹を手中に収めるでしょうし、一ブロック先の子どもたちだって同じです。一つだけはっきりしているのは、タバコ会社は子どもたちを狙っているということです」。ペクマンら（2003）は、これらの広告を、タバコのマーケティング戦術に関する新しい説得の知識を青年たちに教える試みとして解釈した。彼らは、こうした知識を与えておけば、青年たちはその広告を見る前とはまったく違うようにタバコ広告を見るようになるだろう、また、そのような広告が青年たちに、自分自身に及ぼす影響をもっとコントロールしようとする気持ちを強くもたせるはずだと考えたのである。しかし、ペクマンら（2003）は、このような「マーケティング戦術」広告が、実際に欺瞞や説得への対処スキルを高めるかどうかには疑いをもっている。これらの広告は、「拒否スキル」広告と同じように、ただデモンストレーションをしているだけであり、スキル習得の指導やその機会を提供してはいないからである。

最後に、ペクマンら（2003）によれば、「病気や死を強調する」広告において、タバコ会社は嘘を言って人々を説得し、重大な病気や死を招くような製品を買わせようとしている、と主張する。彼らは、これらの広告を、喫煙による重大な健康被害を強調するものとして特徴づけ、これらの広告が、タバコ広告に抵抗するための説得知識や自己効力感を高める可能性があると考えた。そうした広告の一つでは、咽喉ガンを患っているタバコ広告の元モデルが語りかける。「私はタバコ広告のモデルをしていました。多くの若者に、タバコを吸うように説得してきたのです。でも、今、皆さんにタバコを吸わないように説得できたらと思います」。二番目の広告は、タバコ広告で有名な、あのマルボロ・マンを演じて後に肺がんで亡くなった人物の弟が登場する。「タバコ会社は私の兄を使って……喫煙が人を自立させるというイメージを作り上げてきました。でも、そんな事を信じてはいけません。ベッドの上で何本ものチューブに繋がれて、自立なんてできますか」。ペクマンら（2003）は、これらの広告は喫煙による被害の重大さをドラマ化することに焦点をあてているが、青年たちの自己効力感を高める効果はあるかもしれないと述べている。

この実験に参加したのは、中流階級あるいはその少し下の階級の人々が住み、人種的に多様な地域にある公立中学校と高校の七年生と一〇年生だった。参加者は同一のテーマで作成された八本の反喫煙広告のビデオを見るように求められた。たとえば、あるグループは八本で一セットの「拒否スキル」広告のビデオを見て、別のグループは八本で一セットの「病気や死を強調する」広告のビデオを見たのである。それぞれの広告は、ビデオで二回繰り返された（Pechmann et al. 2003）。これに加えて、別のグループは、七つの異なるタイプのテーマの広告が一つずつ含まれるビデオを見た。統制条件の参加者は、飲酒運転禁止広告のビデオを見た。すべての参加者は教室でビデオを見て、その後、質問紙に回答した。以上、全部の手続きが終了するのに約五〇分かかった。従属測度は、「タバコの勧めを断ること」に関する自己効力感を測定する三つの質問項目だった。その一つは、誰かからタバコを勧められたときに、「結構です」と言うこと、立ち去ること、話題を変えること、それぞれについてどの程度自信があるかを問うものだった。これとは別に，「タバコ・マーケティングへの抵抗」の自己効力感を測定するための二項目が用意された。これは，タバコの広告や販売促進にだまされることに抵抗する自信がどれくらいあるかを尋ねるものであった。われわれは，この質問はマーケティング活動に「だまされること」を直接聞いているので，欺瞞防衛の自己効力感を測定しているものと考えている。また，質問紙には，喫煙による健康リスクへの脆弱性を測定するための項目が九つ含まれていた。しかし，タバコ広告や販売促進によってだまされたり，惑わされたり，不正に説得されたりすることの危険性に対する脆弱性を測定するための項目は含まれていなかった。

ペクマンら（2003）は，これらの広告が，参加者の自己効力感には大きな影響を及ぼさないだろうと予測した。そして，彼らのデータは，こうしたメッセージが他者からタバコを勧められても拒否することや，タバコ広告や販売促進によってだまされることから自分を守ることに関する自己効力感に影響を及ぼさないことを示した。しかし，全部が全部，影響がないわけではなかった。メッセージ・テーマの中には，全般的な喫煙意図だけでなく，健康リスクや社会的是認に関する信念に影響を及ぼしているものもあったのである。彼らは論文の脚注で，タバコ・マーケティングに関する参加者たちの説得知識についても測定したと報告している。彼らは，「マーケティング戦術」広告や「病気や死を強調する」広告が，統制条件の参加者に比べて有意に説得知識を高めることを明らかにした。さらに，それぞれのメッセージ・テーマの例を含んだ広告を見ることは，説得知識を有意に高めた。しかし，予想されるように，この叙述的知識の増大自体は，タバコ・マーケティングに上手に抵抗できるという自己効力感を高めることはなかった。ペクマンがわれわれに教えてくれたところによると，彼らは，説得知識の増大が重要だと考え，投稿論文ではその結果について詳細に報告していた。しかし，査読の過程で，その部分は脚注に追いやられてしまった。彼らは，親切にもタバコ・マーケティング戦術に関する知識を測定する項目をわれわれに送ってくれた。それによると，参加者は以下の事柄についてどれくらい強く信じているかを尋ねられた。

すなわち、タバコ会社は、「メッセージを子どもたちに向けている、メッセージをマイノリティに向けている、メッセージを女性に向けている、喫煙が好ましく見えるようにして顧客を引っかける、死亡した人々に取って代わる新しい喫煙者を探す必要がある、一般の人々に嘘をついている、危険な商品を作っている、喫煙が健康を損なうことに関心がない、金儲けだけを考えている、タバコ・マーケティング（広告や販売促進）は喫煙を奨励する」である。このように、マーケティング担当者の欺瞞戦術や動機を教える反喫煙広告を若者に見せることは、欺瞞戦術や動機に関する信念に確かに影響するのである。このような短いメッセージを青年に与えるだけでも、彼らがマーケティング担当者の欺瞞戦術、たとえば欺瞞防衛スキルをもたない若者が標的にされることや、マーケティング担当者が時には嘘をつき、だますように動機づけられているという事柄を理解するのを助けるのである。われわれにとって、これは注目に値する結果である。

## 電話勧誘詐欺に引っかからないための「救出」プログラム

ある学際的な研究者チームが、全米退職者協会（ＡＡＲＰ）の後援の下、ユニークなプログラムを実施した（AARP 2003）。だまされやすい成人を対象として、特定の介入戦術が電話勧誘詐欺に対する抵抗をいかに高めるかを明らかにするために、六つのフィールド実験を行ったのである。この研究チームは、傑出した社会心理学者であるプラトカニスをはじめ、警察の専門家、社会福祉士、ボランティアのピア・カウンセラー、プロの電話勧誘者から構成されていた。電話勧誘詐欺に対する防衛を指導する効果的なメッセージを考案して、それをだまされやすい詐欺被害者に電話で伝えようというのが基本的アイデアである。電話勧誘詐欺をする人たちが電話をかけまくる事務所は「ボイラー室」と呼ばれるので、こちらは「逆ボイラー室」ということになる。この研究は、ロサンゼルスにある電話勧誘被害者コール・センター（ＴＶＣＣ）によって行われた。個人的な欺瞞発見と防衛のスキルを高めるために、研究を基礎にして組み立てられた訓練を消費者に提供するというアプローチがあるが、この研究が提供するのは、こうしたアプローチのユニークな一例である。この研究は主要な学術雑誌に掲載されていないゆえ、内容をご存じない読者が多いと思われる。この研究成果には興味深い洞察も数多く含まれているので、ここで少し詳しく検討することにしたい。

この研究は、訓練メッセージは一五分以内に伝えなければならないという現実的な制約のもとで行われた（AARP 2003）。六つの実験すべてにおいて、対象となったのは、連邦捜査局（FBI）による金融詐欺ボイラー室への手入れで押収された実際の「有望な顧客」リストに載っていた人たちである。この人たちは、犯罪的マーケティングの担当者から個人情報を手に入れられ、恰好の餌食としてあらかじめ認定されていたのである。第一実験では、「警告＋恐怖」タイプの指導メッセージの効果が検討された。対象者は、最初にTVCCから、①警告を与える電話か、②統制条件となる内容の電話か、いずれかを受け取った。その後、五日以内に、研究者から依頼された電話勧誘者から電話がかかり、「稀少硬貨への投資」詐欺の話をもちかけられたのである。TVCCの電話をかける人は、丸一日訓練を受けた後で、訓練プログラムの電話を対象者にかけた。「警告＋恐怖」のメッセージは、対象者に対して、『「あなたのように」電話勧誘者の電話先リストに氏名が載っている人たちに警告するために、FBIのプログラムの一環としてTVCCから電話をしている』、と伝えた。この導入部は、電話をかける側の権威を確立することと、自分がだまされやすいことを対象者に強く意識させることを意図するものであった。対象者とのラポールを築くための雑談も含められた（最近電話を受けましたか。相手に何を話しますか）。次に、対象者がだまされやすいことを強調するために、電話詐欺は被害者に対して莫大な金銭的被害を与えており、見込みのありそうな人のリストに氏名が出ている人を標的にすると伝えられた。その後、対象者は、無料ギフトを餌にする「稀少硬貨」詐欺について説明を受けた。彼らは、決して電話で投資をしてはいけないと注意を受け、一般的な詐欺発見の秘訣をいくつか教えられた。このような訓練のための電話をかけている時間は、五〜一〇分だった。同じ顧客リストから選ばれた統制条件の対象者は、同じようにTVCCから電話を受けたが、好きなテレビ番組について答えるような、より短いものだった。電話詐欺のメッセージは、プロの電話勧誘者によって作られた。彼らは、自分の倫理感は無視して最強の口説き文句を考えるように言われた。初めてこの研究に参加する新しい電話勧誘者もこの作業に加わった。電話詐欺のメッセージは本物のように作られており、FBIが押収した電話勧誘詐欺の実際のマニュアルや経験豊富な詐欺者のアドバイスに基づいていた。また、フット・イン・ザ・ドア法、稀少性、返報性規範へのアピール、イメージ誘導法など、説得に関する文献でよく取り上げられる説得戦略が組み込まれていた。その結果は、詐欺に応じてしまった対象者の割合は、統制群と実験群とで異なっていた。警告を受けなかった統制条件の対象者の場合、契約するように説得させられたのは約七五％だったのに対して、事前に警告を受けた対象者の場合には約三七％であった。さらに、プロの電話勧誘員が詐欺師に扮して電話をかけた場合、統制条件では九二％が説得されたのに対して、事前に警告を受けた条件では五〇％にすぎなかった。

第二実験では、募金詐欺に焦点が当てられた。まず、九・一一同時多発テロに関する偽募金について、あらかじめ対象者に警告の電話をかけた。その内容は、どのような募金でも、電話勧誘員に次の質問をするように求めるものだった。すなわち、①この募金活動の登録番号は何番か、②集まった金額の何パーセントが募金に回されるのか、の二つである。次に、警告を受ける条件の対象者は、もし電話勧誘員が両方の質問に答えられなかったり、答えようとしなかった場合は、寄付しないように伝えられた。偽募金の電話は、稀少性、フット・イン・ザ・ドア法、インセンティブ（報奨）といった戦術を強調するものだった。その結果、訓練を受けた対象者の中で寄付をするよう説得させられたのは一五％だけだったのに対して、訓練を受けなかった統制条件の対象者の五〇％が寄付に同意したのである。この実験で使われた訓練メッセージは、六つの検証実験の中で最大の自己防衛効果を生み出した。しかし興味深いことに、募金詐欺を断った実験群の対象者の中に、事前に言われていた二つの質問を実際にした人はいなかった。皆、単純に電話を切ったのである。研究グループは、このメッセージが欺瞞に抵抗させるのに強い影響を与えたことについて、いくつか説明を試みている。第一に、研究が実施された時点では、この種の詐欺はニュースでもよく取り上げられるようになっており、一般的に、潜在的な被害者にとってかなり顕現性が高まっていたのかもしれない。第二に、たとえ対象者が提案された戦術を遂行しないで単に積極的な逃避行為（電話を切る）をとったとしても、特定の緩衝戦術をとるようにとの提案は、対象者の一般的な自己効力感を強めた可能性がある。ここでわれわれが指摘したいのは、対象者は、これら二つの緩衝戦術を単に伝えられただけであり、訓練の一部としてそれを実行したわけではない、ということである。この戦術を何度か頭の中でリハーサルし、そして実際に遂行してみる（声を出して質問してみる）ことなしには、介入の一部として戦術的遂行スキルの発達や手続きの学習が起こることはない。したがって、欺瞞の企てが行われた場合にこれら緩衝戦術を本当に遂行する（二つの特定の質問をする）ことがなかったことは、驚くにはあたらない。

　第三実験（AARP 2003）は、いくつかの異なる訓練メッセージ戦略の効果を比較するものだった。まず、イメージ・アプローチでは、ＴＶＣＣの電話のかけ手は対象者に、電話勧誘者から電話がかかってきたら、常にスキーの目出し帽をかぶった見知らぬ人がドアをノックしている情景をイメージするように求めた。次に、スキー帽の見知らぬ人に対してドアを開けないのと同じように、自分が電話を切ることを想像するよう求めた。また、これらの対象者は、電話勧誘者を「目出し帽の見知らぬ人」と考えることを繰り返し強化する内容の手紙をフォローアップとして受け取った。二番目の実験メッセージでは、同様に「目出し帽の見知らぬ人」の脚本が使用された。さらに対象者は、積極的な詐欺撲滅戦士のプログラムに参加するように誘われた。このプログラムは、用具一式と証明書を受け取り、かかってくる詐欺の電話を監視して報告し、詐欺への抵抗について他者に話をするという内容だった。三番目の実験メッセージは「目出し帽の見知らぬ人」の脚本を使い、最後に積極的なスキル練習を加えた。電話詐欺師に対抗するために自分だったらどのような事を言うか考えるよう求め、次の質問に口頭で答えるよう求めたのである。すなわち、「電話でどのような事を言いますか」、「詐欺師に電話を切らせるために、どのような事をしますか」、「電話勧誘がインチキかどうかをテストするために、どのような事を言いますか」である。この場合、対象者は、特定の言葉を考えて、電話の相手に向かってそれを口頭で練習する機会を得ることになる。この実験では、（指導を受けていない）統制条件の対象者の五〇％が詐欺師の依頼に応じており、この割合は「目出し帽の見知らぬ人」条件でも「目出し帽の見知らぬ人＋詐欺撲滅戦士」の条件でもほとんど同じだった。このように、これら二つのメッセージ戦略は、詐欺に対する抵抗行動を増加させなかった。しかし、「目出し帽の見知らぬ人＋自分で緩衝と抵抗の戦略を考えて口に出す」条件では、依頼に応じたのはわずか二三％だったのである。おそらく、この効果は、対象者が個人的な手続き学習をしたことによると思われる。彼らは、具体的な一連の行為を自ら考え出し、それを表現し、練習したのである。これらの戦略を自らのものとすることによって、また、それらを記憶しやすく、自分で実行できるようにすることによって、彼らは、自己効力感を高め、スキルを発達させたのである。

第四の実験（AARP 2003）では、警告メッセージは、電話による個人情報泥棒に抵抗することに焦点が当てられた。それは、この研究の著者たちが「ほら、引っかかった」戦術と呼んでいるもので、個人情報泥棒の電話に対して自分がだまされやすいという感覚を一時的に高めようとするものであった。ＴＶＣＣの電話のかけ手は、第一実験で使われた警告の台詞を伝える前に、次のように言った。「いくつかの質問にお答えいただくだけでいいんです。いいですか……あ、ちょっと待ってください！　質問には答えないでください。なぜかというと、こうした質問に答えることが最初のステップ……実は私はＦＢＩのボランティアなんです。私たちは、さっきお願いしたような、ほんのわずかな情報を話してしまうことが、詐欺にひっかかる第一歩だということを注意しているのです……」。この戦術は、人々がいかに簡単にだまされるのかを示すことによって、自分はだまされないというお気楽な感覚を弱めるためのものだった。しかし、「ほら、引っかかった」戦術のメッセージは、警告メッセージ自体によって起こる、電話詐欺に対する前述の抵抗を強めるものではなかった。研究者たちは、対象者が、実際には個人情報泥棒に対して自分はだまされないという感覚をもっておらず、その結果、このメッセージを効果のないものにしたのではないかと推測している。また、このメッセージがだまされやすさに関する精緻化された思考をたくさん引き起こすほど現実的なものではなかった、あるいは、電話のかけ手による熱弁が続いたので、そうした思考が押さえ込まれてしまい、メッセージの効果性を引き出せなかっただけなのであろうと考えた（第3章参照）。

スキルの指導プログラムを成功させるためには、自分の欺瞞防衛スキルを高めることができた、という消費者の気持ちを強めることが重要である。被害から自分を守る方法を学びたいと思わせることは、これまでかなり研究されてきたテーマである。歴史的には、こうした研究の多くは、病気やケガから自分を守るための行為をどのように人々に学ばせるかという文脈で行われてきた。市場における重大な欺瞞からの防衛を学ぶことは、タバコ、安全でないセックス、虫歯、肺ガン、心臓発作などからの自己防衛を学ぶことと同じなのである。しかし、われわれが見てきた欺瞞防衛の指導プログラムは、ヘルス・ケアの文脈におけるしっかりした研究の成果から、十分な恩恵を受けているとは言い難い。この領域の研究の重要性が認められていなかったのかもしれないし、ヘルス・ケアの文脈を欺瞞防衛教育へ適用することの可能性が明確でなかったのかもしれない。あるいは、マーケティング担当者によってだまされることから人々を守ることは、貧弱な健康習慣から人々を守るほどには重要ではないと思われていたとも考えられる。

われわれの分析は、欺瞞防衛の教育プログラムとメッセージを考案するときに直接適用できる事柄をいくつか示している。自己防衛を教える最も効果的な方法は、自分もだまされる可能性があることを強くアピールするとともに、高い自己効力感と有用なスキルを形成する効果的な指導メッセージとプログラムを使うことである。逆に、だまされやすさを強くアピールしても、それが自己効力感や対処スキルを形成するには簡潔すぎて、説得力がなく、無力なものになってしまうかもしれない。この場合は、そのようなメッセージを受け取った人々が、教育メッセージそのものを避けたり抵抗を示したりする結果となってしまう。欺瞞防衛の指導的プログラムを分析する際に使える基準としては、以下のものが考えられる。すなわち、そのプログラムは、市場における欺瞞の特定の脅威に対して人々がだまされやすさを急激に感じるように、強力で想像力に富んだ（そして誠実な）方法で始められているか。その警戒心を高める強力な導入部分に続けて、欺瞞防衛スキルを教育するための説得力のある、有用な、学びやすい、そしてカスタマイズされたプログラムが提供されるような構成になっているか。

# 第10章　社会的な視点

## ——規制の最前線、社会的信頼、欺瞞防衛の教育

本章では、市場における欺瞞に影響を与えたり、逆に、影響を受けたりする社会的要因について検討する。こうした要因として、消費者の自己防衛能力に影響を与えるコミュニケーション技術やマーケティング実践の大きな変化、規制による保護が直面している難題、欺瞞が社会や市場における信頼に及ぼす影響、消費者に欺瞞防衛スキルを教える社会の側の取り組みをあげることができる。

### コミュニケーション技術の変化

新しいメディアの登場は、常に、マーケティング担当者に欺瞞への新たな機会を提供する。その一方で、そうした欺瞞に対抗するためには新たなスキルが必要になるので、消費者には、欺瞞を防衛するための新たな課題が与えられることになる。メディアの変化のペースは、非常に急激だった。この一〇年間でいかに加速度的なスピードで変化したかを劇的に示すために、以下ではメディア進化の歴史を簡単に辿ってみることにしたい。ローマ時

代から中世に至るまで、広告は壁に手書きされたり、触れ役によって宣言されたりしていた。一五世紀、グーテンベルグが移動可能な活版印刷機を発明したことによって、マスメディアが誕生した。時を同じくして、平凡な公務員だったニッコロ・マキャベリが短編『君主論』を著し、没後に出版された。これによってニッコロは有名になり、「マキャベリアン」は、狡猾な社会的影響や欺瞞的行動といったものと文化的に同義語となった。印刷技術はその後数百年の間に進歩したが、印刷された情報の普及が促進されたのは、非宗教的な大学や図書館などの政治的・経済的発展や、商人階級の成長によるところが大きかった（Sampson 1974）。しかし、一九世紀に入っても、奉公人が小売店の戸口の外で「何かご入り用のものはありませんか」と尋ねるやり方が、企業の全メディア予算の大部分を占めていた。アメリカでは二〇世紀の初頭までに、大人向け雑誌でも児童向けの雑誌でも豪華な活字広告が普通に使われるようになった。われわれが所蔵しているコレクションの中に一九一〇年に発行された『ユース・コンパニオン』誌があるが、その前表紙はコルゲート歯磨きの一面広告となっている。技術がマス・コミュニケーションを真に後押しすることになったのは、一九二〇年代、ラジオが広く使われるようになったときである。その前にも電報や電話はあったが、いずれも一対一で使われる媒体である。ラジオがマス・マーケットやナショナル・ブランドの発展を大きく進展させたのであり、最初のＷＷＷ（worldwide wireless）といわれてきた（Hanson 1998）。一九五〇年代になると米国や欧州でテレビが普及し、マス・マーケットの発展に拍車がかかった。一九七〇年代には、ケーブルテレビの普及によってチャンネル数が増加したことで、市場細分化をさらに進めたり、特定のターゲットに絞ることが容易になった。

二一世紀になると、ネットワーク・コンピュータが広く普及した。一九九四年に米国国立科学財団（ＮＳＦ）は、インターネットへの助成と、インターネットの使用を学術研究や教育を目的とする場合に限定する「適正利用」政策をやめることになった（Hafner & Lyon 1996）。この五年間では、推定一億六〇〇〇万のユーザーがオンライン接続されており、現時点において全世界で一一億人がインターネットに接続している。それでも普及率は一七パーセントに過ぎないので（Internet World Stats 2007）、まだまだ大幅に増加する余地がある。インターネットの普及によって、地理的な制約もなく極端に低いコストで大人数の消費者に対して欺瞞を試みることが可能になった。以前に比べると、オンラインのメッセージ生産技術が進歩したために、売り手にとっても買い手にとっても市場メディアを非常に利用しやすくなった。最近では、特別な訓練をほとんど受けていなくても、プロ並みのビデオ映像を制作して、何百万人もの人がアクセスできる場所に投稿することが可能なのである。写真やビデオ映像をデジタル変換することなど、今や小学生でもできる。一九六五年には、豊かな資金をもつ少数の売り手がテレビコマーシャルを制作し、百万世帯がそれを視聴していた。この状況を現代と比べていただきたい。さらに注目すべきは、録画ビデオを偽造することの容易さである。現代と当時とでは、雲泥の差がある。また、コミュニケーションのスピードが格段に速くなり、その結果、欺瞞の過程もスピードアップした。以前は、人をだまして老後の蓄えを巻き上げようとしても、数日を要した。詐欺師は、ターゲットを銀行に行くように仕向け、現金を引き出させて、それを手渡してもらうことが必要だったのである。同様の事をオンラインで今やるとすれば、ターゲットが偽の金融情報を本物と間違えるようにすればよい。それだけで、すぐ彼らの預金口座を空にさせることができるのである。

既に強調したことであるが、米国やその他の国々で、前の世代の消費者が成長したとき、市場における説得は今ほど複雑ではなく、数も少なかった。これは、現代の消費者の欺瞞防衛活動にとっては問題である。なぜなら、現代の消費者が賢い高齢者から指導を受けても、その内容は今のメディア環境には向いていないかもしれないからである。また、彼らが身につけている欺瞞防衛の戦術やスキルを、文脈やメディアが異なってもうまく使えるようにするという大きな作業が必要となってしまう。自らが何度も繰り返して脚色化することによって、就学してから能力のある成人消費者となるまでの間に、二一世紀初頭の若者は、以下の事柄を上手に切り抜ける術を学ばなければならないのである。すなわち、テレビ広告、インターネット市場、コンピュータ・アドゲーム、対面販売、店頭ディスプレイ、活字広告、テレマーケティング、ダイレクトメール、サービス提供者との相互作用や関係、環境マーケティング（教科書、自動車、友人の衣服などによる）、ステルス・マーケティング、プロダクト・プレイスメント、テレビ画像や写真のデジタル修正、ブランド拡大戦略、ブログ・マーケティング、マスコミ関連の巨大複合企業によるクロス・マーチャンダイジング（「くつろぐ」「楽しむ」などの生活シーンによって商品をまとめて陳列することによって、売り上げの増加を目指すこと）、伝染性マーケティング、口コミ、情報操作、キャラクター・マーチャンダイジング、イベントやスポーツ・マーケティング、双方向のコンピュータを使ったチャット、製品使用上の注意や危険の警告、などである。

　メディアとマーケティング担当者による技術的な欺瞞方法の急激な社会的変化は、常に新しい形態、あるいは、新しいと感じさせる欺瞞説得を見抜き、それに対処することを学ばなければならない立場に消費者を置くことになった。マーケティング担当者が消費者にとって目新しいコミュニケーション手段による欺瞞的戦術を使うと、消費者は、たとえ慣れた文脈ではうまく処理できたとしても、その不慣れな文脈の中では、最初はその戦術を見抜いたりうまく対処したりすることは難しいかもしれない。たとえば、俳優がある製品に関して「専門家」であるかのように描写されるテレビ広告に飽き飽きした人でも、インターネットのチャットルーム、ブログ、テレマーケティングの電話、あるいは売り手から直接話を聞くときに、「専門家」になりすます人間に対して同じくらい疑念を抱いたり眼識を効かせたりすることはないかもしれない。メディアや文脈が異なると、他の状況で獲得した欺瞞防衛スキルも役に立たなくなってしまうのである。市場説得のメディアや文脈が多様になるほど、欺瞞的マーケティングに対処する能力を維持するために、状況を越えた適応力が必要となってくる。規制機関も、少しずつコミュニケーション技術の発展にペースを合わせて規制を行うようになってきている。インターネットの商用利用が始まった一九九四年、規制当局は、オンラインを使った新しい欺瞞に対処するためには、それまでの法的枠組みがほとんど役に立たないことを認識した。そこで、ＦＢＩインターネット詐欺苦情センターが設置されたり、ＯＥＣＤの国際詐欺行為ガイドラインが制定されたりするようになったのである。さらに、消費者の製品知識は、製品技術の絶え間ない革新によって、常に時代遅れの状態になってしまうことになった。「技能的知識」、すなわち、製品がどのように作られるかに関する相当程度に正確な理解が役に立たなくなったのである。たとえば、医療の実践や手続き、ヘルス・ケア計画、薬物の発展を理解し、最新の情報を手に入れておくことは非常に困難である。また、ヘルス・ケア計画、医療の手続きや設備、製薬における複雑さは、ほとんどの消費者にとっては当惑の種である。時代遅れで不正確な製品知識をもっている場合には、欺瞞を見抜くことは特に難しくなる。

## 規制による保護

欺瞞的な宣伝文句が満載の特許薬の広告は、一九世紀の広告カテゴリーの中では主要なものだった。そうした薬を飲んだために病気になったり、死亡したりする人もいたが、ほとんどの人たちはそうした薬にお金を費やしたのである(一九〇五年までに七五〇〇万ドル。Young 1967)。しかし、消費者保護へ向けた社会の取り組みも始まった。レディーズ・ホーム・ジャーナル誌を始め、いくつかの雑誌が、特許薬の広告掲載を拒否するようになったのである(Norris 1990)。一九〇六年には、議会が純良食品薬品法(Pure Food and Drug Act)を通過させた。この法案は、薬瓶のラベルに嘘や誤解を招く語句を使うことを禁じるものだった。この時代には、サタデイ・イブニング・ポスト紙が数年にわたり、商売の「新世界」において広告主、販売員、詐欺師、そして小売店が、いかに消費者を操って法外な価格を消費者に押しつけているかを暴いた記事を連載した。教科書やハウツー講座では広告や販売の心理学を教えるようになったが、これらは現代の本や講座と驚くほど似ているものだった。二〇世紀には、拡がるばかりの買い手の危険負担原則に歯止めをかけようと、一連の法律や規制が作られた。連邦取引法の成立によって、米国市場における欺瞞実践を実質的に規制する最大の機関である連邦取引委員会が一九一四年に設置された。当初、この法律の規定は消費者の保護よりも不公平な競争を規制することに狙いがあったが、連邦取引委員会は間もなく企業の欺瞞を告訴するようになった。一九三八年、この法律は消費者保護の役割を公式に行うことができるように改定され、市場におけるあらゆる欺瞞的な行為や実践を広く禁止するようになった。二〇世紀後半には、「コンシューマリズム」として知られるようになった運動が勢いを得るようになった。なかでも二つの出来事が特筆に値する。まず、J・F・ケネディ大統領は、一九六二年、議会演説において、消費者の四つの基本的権利について概要を説明し、これが後に消費者の権利の宣言（Consumer Bill of Rights）と呼ばれるようになった。知らされる権利、安全への権利、選択する権利、苦情を述べる権利（Evans 1980）である。第一の知らされる権利は、誤解を招く情報からの保護という点から欺瞞を直接的に扱うものである。一九六〇年代から一九七〇年代にかけて制定された、金融、広告、成分表示、包装などの領域の法律は、この権利の確保を目指したものである。また、乗用車シボレー・コルベアの問題を扱った『いかなるスピードでも危険』（Nader 1965）の出版も、消費者運動に弾みをつけた。ケネディの議会教書で述べられた権利の一つである消費者の安全の問題は、しばしば欺瞞と関連づけられる。

規制強化の傾向は、一般的には消費者保護のためであったが、最近の法制化は売り手（の保護）に向けられたものもある。一九七〇年代の中頃、米最高裁は、営利的言論についても米国憲法修正第一条（言論の自由）が適用されるという判断を初めて示した。欺瞞的あるいは誤解を招く言論は保護の対象にならないが、最近では、いくつかの訴訟において、立証責任の必要性が減じられた。たとえば、疑わしい栄養機能表示に対しては証拠を必要とするというＦＤＡの規制のなかには、連邦裁判所で違憲の判断が示されたものもある。この判断は、薬や食品添加物とは異なり、通常はＦＤＡの事前審査を受けずに販売される栄養補助食品に関するものである。栄養補助食品は、ガンや心臓病によいといった類の表示がなされるが、現時点では、そのような栄養補助食品は、科学的に証明されていなくても合法的に効能を表示することができる（Vladeck 2000）。ただし、免責条項そのものが欺瞞的あるいは誤解を招くようなものも多いので、「明確な」免責条項が付されていることが条件とされる。

企業が何らかの欺瞞を実行した場合、裁判所はその企業に対して停止命令を出したり罰金を課したりすることができる。欺瞞に対して集団訴訟が起こされると、企業はそれによって損害を受けた消費者に対して損害賠償を行わなければならないこともある。また、裁判所は企業に対して修正広告を出すように命令することもできる。この救済策が効果を発揮するかどうかは複雑な情報処理メカニズムの影響を受けるので、とくに消費者研究者から注目されている。修正広告においては、正しくない情報や欺瞞的情報の影響が、真実の情報を提供することによって消し去ることができると仮定されている。この種の法律は、市場におけるあらゆる形態の欺瞞を規制することまでは考慮されていない。たとえば、販売員が特定の消費者の親友であるかのような振る舞いをしないようにと求めることはない。また、製品の品質について、十分な裏付けがない意見を販売員がきっぱりとした口調で述べることを禁止するということもない。現実に規制が存在しないことは、ある種の欺瞞は効率よく規制することができないこと、それらは法律以外のメカニズムによって規制すべきであること、さらには、欺瞞は無害であったり、場合によっては有益でさえあることを示している（Alexander & Sherwin 2003）。

　とくに、最近、「ステルス・マーケティング」（一八五頁割注参照）と総称されるやり方がよく使われるようになったが、これは法的な観点からは問題がある（Goodman 2006）。グッドマンは、なぜ消費者がステルス・マーケティングに対する社会的な保護に頼ることが期待できないかを、消費者研究者に説いている。そして、なぜ、消費者研究者がさらに必要とされる研究を力を入れて実施しなければならないか、その根拠を示しながら論じている。どのようにしたら消費者がこうした本来的に欺瞞的な戦術に対処できるかを理解することは、重要であると同時にやり甲斐のある研究課題である。グッドマンは、アメリカのメディア法は、ラジオやテレビを通じたステルス・マーケティングに対して厳しい態度をとってきた、と説明する。たとえば、「賄賂（payola）」や「推奨（plugola）」は違法とされてきた。ここでいう賄賂とは、放送局の職員、番組プロデューサー、番組供給会社に対して裏で金銭やサービス等の報酬を提供することによって特定のコンテンツや番組をオンエアするように要求することであり、推奨とは、放送の中に販売促進用の素材を含めるかどうかを決める責任者が、経済的利害関係をもつ状況のもとで、そうした製品やサービスを放送の中で使用したりプロモーションを行うことを意味する。グッドマン(2006)は、ステルス・マーケティングは、公的な論議の質だけでなく、その論議をサポートし具体化するメディア組織そのものを悪化させると論じている。さらに、この害を軽減し、消費者に価値ある欺瞞防衛情報を提供する一法として、いかなる形態のマーケティングについても、資金提供関係の明確な開示を要件とすることの利点について説明している。伝統的な印刷メディアや放送メディアにおける広告は、マーケティング・メッセージが消費者にとって明白である場合を除いて、資金提供関係を開示することが必要とされる。しかし、既存の資金提供関係開示に関する法律は、より人々の注目を集めている新しい電子メディアには適用困難な場合が多い。既存の法律では、ステルス・マーケティングを単一の実践として捉えるのである。グッドマンは、必要とされる資金提供関係開示へ向けた、テクノロジーの種類に依存しない機能的アプローチと、面倒ではあるがメディアごとに別の法律を制定するアプローチとの間のトレードオフについて論じている。

われわれが、ステルス・マーケティングの登場によって持ち上がってきた諸問題を強調するのは、隠された欺瞞実践が増加している現在の市場や将来の環境における消費者の自己防衛能力の研究を促進する必要があると考えるからである。そのためには、法的保護に期待することはできない。また、法曹界が、こうした保護には膨大な費用がかかるとか、効果的でないとか、消費者は自らステルス・マーケティングに対して欺瞞防衛ができるし、実際そうすべきであると判断すれば、保護そのものが行われない可能性もある。おそらく、これからの消費者研究は、ステルス・マーケティングはその種類によって潜在的インパクトが異なっており、なかには消費者が容易に発見できるものもあるということを明らかにするだろう。ステルス・マーケティング戦術に関する消費者の欺瞞防衛スキルの研究は、刺激的で時宜にかなったものである。こうした戦術には、以下のものが含まれる。ブランド・エンターテインメント、ブランド・ジャーナリズム、統合マーケティング、独立したあるいは独立しているかのように見える編集コンテンツの中に組み込まれたメッセージ、企業によって提供される出所不明のプレスリリース、報酬を得ているジャーナリストによる企業のマーケティング・メッセージの強調、アドバテインメント番組（放送局に金を払い、マーケティング・キャンペーンに役立つようなメッセージを、連続ホームコメディやドラマ、とくに「リアリティ番組」や、今や一般的になったプロダクト・プレイスメントの脚本やプロットに含めるように要求すること。途切れなく行われるので、知識豊かな視聴者でさえ見抜けないものもある）。

「洗練された消費者」という概念が、とくに商標法に関連する最近の法的文書の中で使われるようになった。ビービー（Beebe 2005）は「追求の洗練化」という概念を導入した。これは、消費者が類似した商標の使用を区別し、その特定の商標が異なる商品を指すことを認識し、それによって推測の混乱を避ける能力である。ビービーは、「説得の洗練化」の法律的な含意についても議論している。これは、コマーシャルによる説得の企てに抵抗する消費者の機会と定義されている。ビービー（2005）は、説得の洗練化の概念を、説得知識モデルに関する消費者研究者の業績（Friestad & Wright 1994）から直接引き出している。彼は、この説得知識モデルやそれに関連する研究を、法律的に重要な意味をもつという理由で引き合いに出している。確かに裁判所は、消費者の洗練化の程度を考慮しようとしている。つまり彼らは、洗練さ、スキル、知識などの問題における消費者行動に関した説得力ある証拠に頼るのではなく、素人の智恵あるいは直感に基づいてそれを行おうとしている。消費者の欺瞞防衛スキルに関する実践的研究が少ない現状を考えると、裁判所も素人の直感に頼らざるを得ない。しかし、逆の見方をすれば、消費者の欺瞞防衛スキルに関する研究は、規制や裁判の手続きの中で重要な知識を提供できる可能性があり、ひいては欺瞞防衛に向けて社会がその役割を果たし、消費者が自らの欺瞞防衛活動から得るものをさらに多くするのに貢献する可能性があることになる。

米国において欺瞞実践の監視について最も責任を負っている連邦機関は、連邦取引委員会（ＦＴＣ）、とくにその中の消費者保護局（ＢＣＰ）である。消費者保護局は、調査を実施したり、法を犯した企業や人を提訴したり、消費者と企業に対してそれぞれの権利と責任を教育したりする。また、積極的に法の施行順位を設定し、報告書を出版し、ワークショップを開催し、教育的情報を一般に提供しようと努めている。彼らが行うことの大部分は、欺瞞の予防に直接役立つように狙いを定めている。資金や資源が乏しい他の機関と同様に、消費者保護局は、最も厄介な市場の問題領域に関して優先順位を設定している。二一世紀初頭の近年では、健康、栄養、消費者金融、ローン費用開示、なりすまし犯罪が目立っている。消費者保護局は、特別保護が必要な消費者層への援助にも関心をもっている。とくに、児童、高齢者、そして英語を第二言語とする一部のヒスパニックである。消費者保護局は引き続きテレマーケティング詐欺やダイレクトメール詐欺を追いかけているが、優先的に規制強化や教育の対象となっているのは新しいオンライン・コミュニケーション技術である。

市場における欺瞞防衛の領域で自分の研究の方向性を考えようとしている消費研究者は、眼識豊かな欺瞞の見張り番である消費者保護局がどのような欺瞞防衛問題に最も関心をもっているのかを学ぶことによって、そのヒントを得られるはずである。それには消費者保護局のホームページを見ることから始めるのがよい。現在、消費者保護局にとって重要な研究、教育、規制強化の目標は以下の通りである。

(1) 栄養補助食品や減量商品の嘘の効用を含む欺瞞的広告と闘うこと
(2) 公衆衛生問題に呼応して出てきた欺瞞的なインターネット・マーケティングを監視し、規制すること
(3) 新しい広告技法(口コミ・マーケティングなど)やメディアを監視し、効果的な規制方略を開発すること
(4) 子ども向け食品広告の監視ならびに報告(食品会社やメディアによる働きかけが子どもの肥満に及ぼす影響など)を行うこと
(5) アルコール飲料とタバコ広告の監視と報告を行うこと

（6）年間数百億ドルの被害が出ているハイテクのインターネット詐欺や電話詐欺を撲滅すること
（7）嘘の情報を使って消費者の財産を巻き上げる欺瞞的テレマーケティングやダイレクト・マーケティングを阻止すること
（8）ビジネスチャンスと見せかける詐欺を撲滅すること
（9）消費者のプライバシー保護のために制定された「電話勧誘拒否登録制度」や「スパムメール禁止法（CAN-SPAM）」の違反を阻止すること

現在注目されている消費者教育の話題には以下のものがある。①自動車、コンピュータやインターネット、クレジットやローン、ダイエット、健康やフィットネス、教育や奨学金、エネルギーや環境、個人情報の窃盗、プライバシーとセキュリティ、投資とビジネスチャンス、テレマーケティングと電話サービス——以上のものに関して、どのように消費者にオンラインで欺瞞防衛のアドバイスを提供するのがベストか、②なりすまし犯罪に遭わないように、また、社会保障番号を盗まれないように、消費者をどのように教育するのがよいか、③どのようにしたら、狡猾でしばしば欺瞞的な「商品送りつけ商法」に対して消費者が効果的に対処できるように支援できるか、④住宅抵当貸付公開における欺瞞を少なくするためには、どのような形式の公開にするのがよいか、⑤消費者がだまされないようにするには、広告の中の推奨についてどのような形で公開を求めたらよいか、である。消費者保護局は、優れた調査に基づいた長文の報告書も何冊か出しており、欺瞞に関心をもつ消費者研究者にとって有用である。たとえば、連邦取引委員会の年次調査に基づいた米国における消費者への欺瞞やなりすまし詐欺の報告書、貸付条件表示、消費者へのリース、消費者信用保護、電子的資金振替、大学の奨学金詐欺、インターネットのスパムやスパイウエアの規制の説明と根拠、規制の詳細に関する報告書などである。

連邦取引委員会は、企業に欺瞞的行動をとらせないようにするためにどのように法的基準を満たせばよいかを指南する説明書を作成しているが、これには本書でも議論されている多くの概念が扱われており、読者にとって有用な資料である。たとえば、連邦取引委員会の電子文書『インターネット企業の情報開示――オンライン広告に関する情報』では、広告が誤解を受けないようにするために、オンライン情報開示は明確で見やすいものでなければならないと述べられている。オンライン広告の情報開示が明確で見やすいかどうかを評価する際に、広告主は、広告における開示情報の位置や、宣伝文句との近接度を考慮する必要がある。さらに、以下の諸点についても検討することが求められる。広告の中の他の箇所にあるアイテムが、情報開示への注意を逸らしてしまわないか。広告が長い場合、情報開示を繰り返す必要はないか。音声メッセージで開示情報が提示される場合、音量やリズムは適切か、視覚的に提示される場合、提示時間は十分か。情報開示で用いられる言語は、消費者に理解できるものか。オンライン情報開示を明確で見やすくするために、広告主は、複数の開示情報を近くにまとめて置くことを求められる。できれば、引き金となる宣伝文句と同じスクリーン上に置いて、情報を見る必要があるときにはそのウェブページを下にスクロールするように促すテキストあるいは視覚的な手がかりを使うことが望まれる。開示情報に誘導するためにハイパーリンクを使う場合には、オンライン・マーケティング担当者は、リンクを目立つようにする必要がある。まず、その情報の重要性、性質、関連性を伝えるために、ハイパーリンクを適切にラベル付けする。リンクを利用できることが消費者にわかるように、同じスタイルのハイパーリンクを一貫して使う。ハイパーリンクを重要な情報の近くに置いて、気づきやすくする。クリックすることによって消費者を開示情報があるページに直接導くようにする。クリックされる割合を監視してハイパーリンクの効果を評価し、その結果によって変更する。オンラインのマーケティング担当者は、注文ページまたはその前のページに開示情報を配置することによって、消費者が購買する前に必要な情報を提示する。消費者が開示情報に気づくように、ウェブページの他の部分より大きさ、色、図示などの点で際立つように提示する。他の要素（テキスト、グラフィクス、ハイパーリンク、サウンドなど）によって消費者の注意が開示情報から逸らされないようにする。

長いウェブサイトでは必要に応じて開示情報を繰り返したり、宣伝文句に関連づけて提示する。視覚的な情報開示の場合、消費者がそれに気づき読解するのに十分な提示時間を確保する。消費者が理解しやすいように、わかりやすい言葉と文法を使う。売り手が連邦取引委員会の情報開示規則の要件を満たすために電子メールを使う場合、開示情報を電子メールで受け取ることを消費者が確実に理解できるようにすること、そして消費者がその内容を保存できるような形で送信する必要がある。最後に、規制の観点からは、「ダイレクトメール」による勧誘には電子メールも含まれる。商品やサービスを購入するために電話注文するよう勧誘する場合、そうした電話やその後の販売に関しては「テレマーケティング販売ルール」に従わなければならない。しかし、連邦取引委員会の現在の陣容では、マーケティング情報開示が連邦取引委員会のガイドラインを満たしていない企業すべてを監視したり警告を与えるには手薄である。

金融マーケットでは欺瞞がはびこっている。この特殊な領域で欺瞞がどのような視点で規制されているかを検討することは興味深い。一九七〇年代まで、証券取引委員会（SEC）は、将来に関する情報開示は本質的に信頼性に欠けるものであり誤解を招くとして禁止していた。その後、金融理論の進化にも後押しされて、証券取引委員会の姿勢は将来の難しい状況における具体的なリスクに焦点をあてた情報開示を求める方向に徐々に変化した。一九九〇年代、収益報告書は、予想を明記したり、「希望」を表現するような企業の見積図を載せることが普通になった（Cunningham 2005）。表現形態はさまざまであり、しばしば難解化技法、省略、バラ色の将来のシナリオ（シミュレーション）が使われた。その後、二〇〇二年に制定されたサーベンス・オクスリー法（企業改革法）では、ある程度、規制が行われるようになった。積極的な情報開示の主唱者は一般投資者ではなく洗練された投資者に迎合し、投資専門家と一般消費者の双方が、欺瞞防衛も含めて等しく「将来予測（futuring）」能力をもてるかのごとき茶番を作り出している。しかし、観測筋は、株式市場や他の投資市場における一般投資家は、経営者による将来の財務リターンのシミュレーションを信用しているにすぎないと見ている。彼らによれば、一般投資家は、ある企業の将来にどのような事が起こるか、予想者が非現実的で欺瞞的な予想を行おうとする動機をどの程度もっているか、十分に理解していない（Cunningham 2000）。経営者は本当の価値を隠すことに長けているので、潜在的には情報を提供されるはずの消費者も、自分で価値関連情報を得ることはコストが極めて大きいと考えはじめるかもしれない。この場合、財務予想に合わせた効果的な欺瞞防衛スキルによって得た情報をもとに、消費者が個人的に分析を行っても、株式の真の価値は明らかにされないことになる（Pardes 2003; Subrahmanyam 2004）。ハンソンとカイザー（Hanson & Kysar 1999）は、確率判断の操作可能性に関する証拠を検討した論文の中で、認知バイアスの悪用は企業にとって利益を最大にするチャンスであり、マーケティング担当者は競争に勝ち残るため欺瞞に秀でていなければならない、と結論づけている。

## 欺瞞が社会的信頼と市場の信頼に与える影響

社会のレベルでは、市場における欺瞞の蔓延は社会的信頼感の低下を招きかねない。何も信じることができない市場では、競合他社より優れた商品を売り出したマーケティング担当者に報いることは不可能だし、より大きな規模で信頼が損なわれてしまう。甚だしい欺瞞が罰せられることなくまかり通り、欺瞞的なマーケティング担当者が店をたたんではすぐに別の名前で会社を立ち上げて同じ詐欺を繰り返すような市場は、消費者を苛立たせ、怒らせる。信頼に関する理論においては、欺瞞は信頼に影響を及ぼすという当たり前の考えを述べて終わってしまうのが普通であり、それを越えて、さまざまな種類の欺瞞の実践がどのように消費者とマーケティング担当者の間の信頼を傷つけたり築き上げたりするのかを扱った文献はほとんどない。欺瞞は、消費者個人のレベルでも影響を及ぼす。たとえば、マーケティング担当者に対する消費者の最初の信頼は、そのマーケティング担当者、あるいは同じ企業の他のマーケティング担当者から与えられる、欺瞞の可能性のあるメッセージを消費者が処理する過程で低下したり高まったりするのである。さらに、マーケティング企業内部の従業員間の信頼、すなわち企業の文化は、従業員が参画する市場欺瞞の性質や、マネージャーが行う市場欺瞞に対する企業の依存、耐性、そして報償によって左右される。欺瞞を罰するか、あるいは、マーケティング責任者、販売員、第一線のサービス担当者が職務要件として欺瞞実践を期待するかどうかは、やがては従業員同士のだまし合いや、従業員の職務満足の程度に影響を及ぼすであろう。ただし、こうした可能性については、まだ分析や研究を行うべき課題がたくさん残されている。

信頼についてはこれまで多くの議論がなされてきたが、未だに曖昧な概念である。信頼を扱う多くの論文で定義に関する論争が行われてきたが、信頼の定義の多くは、一般的な素人の知識や常識的な概念を反映しているように思われる。ロッター（Rotter 1980）は、信頼を、他者あるいは集団の約束や言明は信じることができるという、個人が抱く一般的な期待と定義した。社会学者は、一般に、信頼を個人の中にある測定可能なものというよりも、個人間の相互関係と結びつけられた集団の資産と定義するのが普通である（Lewis & Weigert 1985）。ルーマン（Luhmann 1979）は、信頼を、まさに社会の可能性のための機能的な前提条件として説明している。すなわち、われわれが当然のものと見なしているあらゆる社会集団も、ある水準の信頼なしには存在することができないのである。この観点からすると、信頼は社会関係資本の一形態であり、それが欠如しているときに最も注目されるものである（Fukuyama 1995）。経済学者に人気があるのは、信頼は合理的な計算や効率的な経験則、以前の相互作用から生じる、という見方である。人は自分自身を危険にさらす場合に起こりうる損失と利得を合理的に計算すると考えるのである（Williamson 1993）。相互作用は、日和見主義と限定合理性という二つの力を交換するように行われる。消費者は、日和見主義の危険性から自分を守る一方で、限定合理性を節約しなければならない。すなわち、過度に関わらないようにしながら、だまされることを避けるのである。多くの形式的規則や契約の約定による形式的管理は日和見主義を止めさせるが、一方でコストを高める（官僚制度を維持するための訴訟費用および経費のように)。対極にあるのがインフォーマルな信頼関係であり、こうした関係では、他者の信頼を悪用する人が誰もいない限りコストを下げることができる。マーケティング管理の文献の中では、一般的な定義が多い。たとえば、信頼は、一方が交換の相手の信頼性と誠実性について確信をもっているか、信用している交換の相手、すなわち信頼されている誰かに依存してもよいと考えるときに存在すると定義されている(Morgan & Hunt 1994)。また、信頼は、特定のマーケティング担当者の行動について予測をする場合に比べて、交換の複雑さを素早く、経済的に、そして徹底的に低減すると考えられている(Lewis & Weigert 1985)。人は、社会では人々は同じように行動するという仮定に基づいて、他者を信頼することができる。誰でも、他者も信頼しているという仮定に基づいて信頼するのである(Luhmann 1979)。クック、ハーディン、レヴィー(Cook et al. 2005)は、「消費者は、社会における他者は物事を善処し消費者の利益を守ってくれる、と単純に信頼」し、彼らは、このような努力を節約するメカニズムを、カプセル化された信頼と呼んでいる。この盲信は、強力な感情と深く根づいた価値に覆われているように思える。緊密なコミュニティの規範を内在化した人々にとって、ある種の行動や選択肢は考えも及ばないものとなる。その一方で、計算づくでないことが明らかな選択は、ほとんどない。たとえ、そういう選択があったとしても、計算を避けるという決定自体が打算的ということもできる。ウィリアムソンは、この種の打算にほとんど基づかない信頼は、打算が許されたら崩壊しかねない親密な対人関係の中だけに存在するのであって、営利的な関係の中では優勢ではないし、そうあってはならないと主張する。

これまで多くの研究者が、売り手と買い手の関係における信頼の先行条件について検討を加えてきた(Atuahene-Gima & Li 2000; Doney & Cannon 1997; Ganesan 1994; McAllister 1995; Sirdeshmukh et al. 2002)。たとえば、信頼の水準は、ビジネスや個人的プランに対する両者の関与の程度(Anderson & Weitz 1992)、コミットメントと犠牲(Morgan & Hunt 1994)、そして長期的な方向性(Ganesan 1994; Noordewier et al. 1990)の程度等を考慮にいれたとしても、双方向コミュニケーションの程度に影響を受けるかもしれない。ドネイとキャノン(Doney & Cannon

1997）は、信頼の発展は、打算的過程、予測過程、能力査定過程、意図査定過程、信頼された側から相手への転移過程を含むという考えを提唱した。エーケンとブッシュ（Aiken & Boush 2005）は、オンライン上の信頼の場合、プライバシーと安全の問題が重要な要素であることを明らかにした。市場における信頼は、混合動機ゲームの文脈でも研究されてきた（Heide & Wathne 2006; Montgomery 1998; Schurr & Ozanne 1985）。

信頼に関する文献が豊富にあるにもかかわらず、信頼の発展における媒介要因として欺瞞を分析しようとする議論はほとんど見出せなかった。たしかに、欺瞞の疑いや懸念が対人的な信頼を損ねるかもしれないという一般的な見解は示されている。しかし、それを越えて、さまざまな形態の欺瞞的戦術について消費者が欺瞞の判断を下すと、マーケティング担当者を罰する気持ちが非常に強くなり、それが市場の信頼や社会的な信頼を大きく損ねる結果になる、という心理過程に関しては、理論的分析や実証的研究がほとんどないのである。欺瞞の知覚と不信感増大の関係は非常に複雑だと考えられる。たとえば、どのような条件の下でどのような欺瞞戦術を発見したときに、消費者は怒りと失望を感じて、二度とそのマーケティング担当者を信用しなくなるというような、厳しい罰を与えようとするのだろうか。人がマーケティング担当者たちによる数知れぬ欺瞞の事例に接することは、一つの組織としての市場に対する信頼、あるいは、その市場が組み込まれている社会に対する信頼を本当に損ねるのだろうか。市場における欺瞞防衛スキルに関する自己効力感の増大は、消費者の一般化された不信感の増大にどのような効果をもたらすのだろうか。欺瞞防衛スキルを育てることに直接焦点をあてた公的な消費者教育プログラムが多くなったが、これらは、消費者のスキル水準を高めたり警告を与えたりすることを通じて、市場への不信感の増大を抑えるのだろうか。

最近、マイクルズ（Michaels 2008）は、現代のアメリカ社会では企業の欺瞞が蔓延しており、これが社会的信頼に脅威を与えていることをさまざまな資料を挙げて論じた。マイクルズは伝染病学者であり、ジョージ・ワシントン大学公衆衛生・健康サービス学部において、科学的知識と公共政策プロジェクトのリーダーとして活躍し、クリントン政権下ではエネルギー長官補（環境安全衛生担当）を務めた人物である。彼は、専属の法律家の助けを得て、企業や業界のキャンペーンを徹底的に洗い出し、本書の第3章でわれわれが、科学的知見ならびに業界の製品や実践の批判に関する「暗闇、不確かさ、疑念」（MUD）と呼んだ状態を作り出した。われわれには、この印象的な著書の内容を公平な立場からまとめることは困難である。関心をもたれた方はマイクルズの著書に直接あたっていただきたい。彼によると、欺瞞には二つのタイプがある。一つは、会社の製品の批判者たちによって行われたり使われたりしたあらゆる科学的研究に疑問を投げかけるというやり方である。多くの場合、会社が費用を負担して研究者を雇い、そうした批判的な研究の方法論にけちをつけさせる。その一方で、その会社が製品の効果や安全性について独自に行った研究の方法については不問に付すのである。もう一つのやり方は、巧妙で欺瞞的なものである。会社が研究費を提供している研究者が、その会社の研究を計画して欺瞞的な結果が出るように仕組む。そして、マーケティング・キャンペーンの一部としてその結果を示す際に、都合のよい部分だけを取り出したり、うまく組み立てたりするのである。マイクルズは製菓業界をはじめ多くの業界について、このような欺瞞の実践を分析している。

著名な科学者たちの解説によると、製薬会社が医薬品の効果研究を立案する際に用いる欺瞞には次のようなものがある。*

①効き目が全くないか、ほとんどないことで知られている治療法と自社の薬を比較する。②自社の薬のほうが効果があるように見せるために、比較薬の服用量を少なくする。③自社の薬の中毒性を低く見せるために、比較薬の服用量を多くする。④多くの研究で同じ結論が得られたように見せかけるために、一回実施した多施設治験の結果を異なる機会に何度も公表したり提示したりする。⑤自社の薬に有利な治験結果だけを公表したり提示したりする一方で、他の結果は葬り去る。⑥多くの研究に研究費を提供して、自社製品が望ましいものに見える

結果だけを公表したり提示したりする。⑦「テキサスの狙撃手の誤謬」（壁に向かって銃弾を撃ち込んだ後で弾が当たった場所を中心に円を描き、標的に命中したと主張する）と呼ばれるデータの掘り起こし（data dredging）を行う。すなわち、製薬会社の研究者がデータを時間をかけて掘り起こし、何とか使える部分を探し出してマーケティング担当者がそれを上手に利用する。マイクルズによると、多くの消費者や研究者は、製薬会社がこの種の欺瞞をまんまとやってのけていることに驚愕するという。彼は、食品医薬品局（ＦＤＡ）は、企業が科学雑誌に投稿する研究報告は不完全であったり肝心の中身がなくて情報操作ばかりであることを知っているので、こうした報告を無視すると述べている。こうした状況では、医学文献を信頼する医師が治療法を選択するときに、だまされたり誤解したりする可能性がある。また、消費者は医師の判断だけでなく、広告やマーケティング素材の中に示される欺瞞的研究の内容に基いて自ら理解しようとするために、二重にだまされることになる。

## 欺瞞防衛の社会的教育

良くも悪くも、子どもや若者が説得の戦術を理解したり説得対処スキルを獲得したりする上で、大人のコミュニケーションはきわめて重要である。大人からのコミュニケーションの質が子どもに大きな影響を及ぼすのである。われわれは説得を扱った専門書や一般書をいろいろと調べてみたが、それらの中で使われる言葉があまりに多様なので、広告や説得戦術の理解を深めようとする若者にとっては混乱の種になるのではないかという印象をもった。また、口伝えや、善意に基づくメディア・リテラシーや生活スキル教育プログラムによって伝えられる事でさえも、欺瞞防衛スキルの発達にはそれほど役に立たないのではないかと思われる。ここ四半世紀の間に、

＊　ここで説明されている①～⑦は、第４章（九三頁）と同一である。

メディア・リテラシーのための教育プログラムが急激に増加した。

　メディア・リテラシーの定義は広範で抽象的であり、日々の文化についてメディアが供給するメッセージを批判的に分析する能力、文字、オーディオ、ビデオ、マルチメディアの形態で自分のメッセージを上手に創り出す能力、評価が高い文学作品を分析したり正しく理解する能力が含まれる。メディア・リテラシー論争に関わる人々の学問的背景は多様であり、メディア研究、美術や芸能、歴史学、社会学、心理学、教育や文学分析などが含まれる。職業でいうと、大学教授、高校の英語教師、公衆衛生の専門家、シナリオライター、子ども向けテレビ番組の擁護者、通信政策の専門家、小学校の教師、ビデオアーティスト、音楽家、宗教団体、青少年カウンセラーやテクノロジー専門家などである（Hobbs 1998）。このように多様な人たちが論争に参加していることは、われわれにとって二つの点で重要だと思われる。第一に、多くの場合、消費者行動の研究者が参加していないことである。これは、子どもたちが広告やマーケティング活動について正式な教育を受け始めるのがK－12（幼稚園から第12学年［高校3年生］）までのメディア・リテラシー学級であることを考えると、不幸なことである。生徒に対してメディア・リテラシーの教師が教えなければならない事柄は、消費者行動を研究する学界の視点や知識の中の、限られた部分しか反映されていないのである。第二に、メディア・リテラシーを分析するための基本的な枠組みについては、ようやく合意の方向に動き出したところである。したがって、消費者行動の研究者がこうした枠組みを形成する作業に加わったり、プログラムや教材の作成を支援する機会は、まだ多く残されている。また、現在のK－12メディア・リテラシー・プログラムの枠から離れて、自分たちのフィールドが、どうすれば必要とされる研究を効果的に実践することができるか、そして、欺瞞防衛スキルを子どもたちに教えるための特別にデザインされたプログラムや教材を開発することができるかをじっくり考えるのも有用である。従来のメディア・リテラシーのプログラムがテーマの面で満杯状態であることを考えると、この「わが道を行く」ルートは魅力的である。たとえば、メディア・リテラシーのプログラムでは、さまざまなタイプのメディアを支配する経済構造や政治構造について議論する。また、多様なメディアのコンテンツを分析したり解釈したりする訓練を実施したり、学習ツールとしてメディア制作活動（たとえば、ニュース番組の制作）を実際に行ったりする。この場合、「メディア・コンテンツ」（すなわち、どのような概念、価値、イデオロギー、特性や役割、行動、テーマ、トピックス、説得的訴求がメッセージの「中に」あるか）が教えられるのであり、それらがテレビで放映されるものなのか、雑誌に掲載されるものなのか、公の場でのスピーチなのかには関係がない。生徒は、どのようにして意図された明確なメッセージを解読すべきか、さまざまなコンテンツのジャンルがあることを認識すべきか、そして、文化的、経済的、制度的な力によってある種のメッセージが伝達され、別のメッセージは回避されることをどうやって認識すべきかを教えられる。プログラムの中には、印刷メディア（活字書体のデザイン、字間や行間、紙の質感、テキストとグラフィックのレイアウトなど）、テレビや映画（視覚的なフェイドアウト、ズーム、スピードの変化、電子的な音量・音質など）におけるメッセージ・コンテンツに関する人々の知覚を変容するために、いかに制作に関わる変数が技術的に操作されうるかを議論することによって、「メディアの文法」を教えるものもある。特定のメッセージに対してあるメディアが選択されることが、その社会においてどのような意味をもつかを扱うプログラムもある。たとえば、電子メールによるパーティへの招待と電話による招待、ラジオの政治討論とテレビの政治討論の違い、「活字文化」で教育を受けることと「電子文化」で教育を受けることの比較などである。しかし、いずれの場合でも重要なのは、実践的な欺瞞防衛スキルを効果的に教える余地はほとんどないという点である。既存のメディア・プログラムにおける広告やマーケティングの扱いは、われわれの知る限り相当おざなりである。カリキュラムの教材や教師の訓練は、消費者行動に関して現時点で得られている知識を反映しておらず、若者が基礎的な心理過程によって広告を理解できるように支援する努力を、事実上、全く行っていない。したがって、生徒に提供される枠組みでは、マーケティング担当者の思考や、説得や広告に関する知識の自然な発達に不可欠な情報は除外されているのである。

説得への抵抗という表現は、教育には障害となる閉ざされた心の状態を暗に示すことから、その説得への抵抗を教えるのは悪い事だという潜在的な考えが社会科学者の間にあるように思われる。抵抗（resistance）という語は、（辞書でさえ）反権威、反体制的行動を含意している。「レジスタンス万歳！」と叫ばれるとき、ここで喝采を受けるレジスタンスとは、体制外にいる人々による権威への抵抗である。大学教師は自分自身を反体制と考えており、また一般の人も学究的世界には自由主義者が溢れていると信じているかもしれない。しかし、大学教師は依然として、他者の心を変容する権威と権限を自分たちが保持することを欲している。確かに、大学教師は学生たちにクリティカル・シンキングのスキルを教えることを推奨しているが、こうしたスキルは実践的な欺瞞防衛スキルと同じではないのである。クリティカル・シンキングを扱った本で、欺瞞発見や無力化スキル、抵抗スキルに関連する事柄が記されているものはほとんどない。

欺瞞に賛成する価値観、少なくとも欺瞞に対する愛と憎しみのアンビバレンスは、アメリカ文化に深く組み込まれている。この国の発展は欺瞞的な土地の争奪を基礎にしているし、この国の発見者とされ国名の由来とされる人物アメリゴ・ヴェスプッチは、ずる賢い悪党として知られている。ハック・フィン、スカーレット・オハラ、ハリー・ポッター、インディアナ・ジョーンズ、ブッチ・キャシディ、ユリシーズのような文化的ヒーローは、恐ろしいほど欺瞞的であることで称賛を受けているのである。他の人間文化と同様に、アメリカ文化では、恋愛や求愛、効果的な日々の育児、友人や夫婦間の慈悲深い交流における欺瞞の使用が称賛される。ポップ・カルチャー（テレビ番組、映画、小説など）のいたるところで、欺瞞は賢くユーモラスなものとして描かれる。実際、あらゆる種類の競技スポーツやゲーム（ボードゲームやビデオゲーム）において、欺瞞は教えられ、実践され、称賛されているのである。われわれは、欺瞞、フェイント、どんでん返し、わくわくする法律論争、劇的なサスペンス、予想外の展開、演劇を求め、それを見るためにお金を払う。自分たちが価値を置き承認している娯楽の欺瞞（注意の逸らし、省略、隠蔽、なりすまし）によって生み出される、有料の現実逃避や不信の自発的な一時停止、サスペンス、驚きを楽しむ。ただし、それらが不出来で、観察を上手に、あるいは「予想通りに」だましきれなかったり、スポーツや芸術における暗黙の欺瞞ルールを犯すことによって承認されない場合は別である。

過去二五年以上にわたり、説得を成功させることについて心理学者が学んできたことを、説得のプロに説明する著作が急激に増えてきた。社会科学の専門的知識は、社会科学の世界から一般社会の各領域へと継続的に伝達される。したがって、その過程の一部として、効果的な説得者になるための実践的なノウハウが伝えられるのは自然なことである。この過程に決定的な偏りがなければ、そして、現在のように一部の領域だけに伝達されて他の領域が不利になるようなことがなければ、それは健全なものだといえる。消費者にとって、あるいは市場の一般的な健全性にとっては残念なことだが、影響力ある心理学者による説得や影響についての教えは、これまで、マーケティング・キャンペーンのターゲットとなる個々の消費者の行動よりも、説得のプロ（マーケティング担当者、販売員、弁護士、コンサルタントなど）の行動のほうに大きな影響を与えてきた。説得を成功させる方法に関する専門的知識を売るというのは、ずっと昔からある商売である。たとえば、キャンベル（Campbell 2001）は、ソクラテスの弟子たちが、他者を説得したりだましたりする方法を教える高賃金のコンサルタントへといかに成り下がったかについて記している。現代の市場には、説得を生業とするプロが書いた説得のハウツー本や指南書が溢れている。一方、欺瞞的な説得を見抜いたり抵抗する方法に関する指南書や啓発本は非常に少ないのである。このようなアンバランスには、学術研究者も一役買っている。社会心理学および消費者行動のテキストや講義で説得や影響が扱われるとき、その中で異なる三つの点を強調することが可能である。すなわち、①説得を上手に実践することに対して、これまでの研究が教えることを強調する、②上手な説得の仕方を強調するが、説得の試みが誤解を招いたり相手をだましたりしないように予防対策を講じる、③説得したりだまそうとする他者（とくに、組織化され、訓練されたマーケティング担当者）から自らを守る方法を強調する、である。説得を扱う本や授業のシラバスを並べてみればすぐわかると思うが、それらの内容は圧倒的に①が多く、②や③はほとんど扱われていない。他者がいかに効果的な説得を仕掛けてくるか、すなわち、欺瞞の担い手がどのように考えるのかについて単純に述べるというだけでも、自己防衛を学ぶという目的にとっては、いくばくかの価値があるのは確かである。しかし、若者や大人に対して、どのようにしたらこのような戦術をうまく見抜き、対処し、抵抗できるかを教えることからは、ほど遠い。実践的な説得防衛スキルは、人々にパワーを与える。このパワーは、年上の人々が自分たちより若い人々に与えたがらないものであり、また、専門的知識をもっている人々がそれをもっていない人々に与えるのを渋りがちなものである。また、知識とスキルをもつ狩猟家「連中」が、獲物には知られたくないと思うものである。このように見ると、なぜ市場における欺瞞防衛スキルを人々に教育する社会的プロセスの進行が、これまで遅々として散発的だったのかを理解することは容易である。

今こそ、これに対抗する研究プログラムを作るべきである。変容的な（transformative）消費者研究哲学（Mick 2006）の主要な目標の一つは、どのようにしたら欺瞞防衛スキルを獲得することができるか、その方法に関する研究を刺激することである。それは本書の目標でもある。この問題に関する科学的知識がさらに蓄積されれば、広範囲にわたる消費者セグメントに対して、市場の説得者の専門的訓練に対抗するような、有効な自己防衛のノウハウを教えようという意欲がかき立てられることだろう。研究者や教育者は、欺瞞的マーケティングに関してもっと社会の側、消費者の側に立った役割を担うことができるはずであり、また、そうすべきである。市場現象のモデルの中で、教育者の行動を強調するものは稀である。しかし、ある文化において人が説得や欺瞞について信じている事柄は、歴史的にみても予想ができないものであり、時間が経てば変わるものである。欺瞞や説得について人々が信じていること、その知識に基づいて実行することを学び得ることは、常に新しい研究成果を伝え、世間一般の考えを変容するような教室での授業、そして、（可能であれば）市場における欺瞞にどのように対処したらよいかを教える中高や大学での正式な教育プログラムによって影響を受けるのである。

それから、マーケティング担当者が国民、裁判所、あるいは第三者のオブザーバーを欺くことに直接手を貸す方向に、研究の専門性や業務が使われてしまうことがある。一例として、調査結果を都合よく見せるために専門的知識が使われることがあげられる。こうした偏向した調査結果が、欺瞞的な広告表現の材料になったり、悪辣な企業が欺瞞に対して規制措置を加えられたり民事訴訟で敗訴するのを避けるための恰好の種になるのである。われわれ研究者は、偏りのない、あるいは出来る限り偏りが少なくなるような研究手続きや質問紙のデザインをどのように作り上げたらよいか、高度な訓練を受けている。学生には、妥当で偏りのない研究の仕方を教えているのである。しかし、この専門的知識が、一部のコンサルタントによってねじ曲げられてしまっている。彼らは、それを意図的に逆に応用して、クライアント企業のマーケティング・キャンペーンに都合のよい反応が出るような調査手続きを構成したり、訴えられた企業が裁判で欺瞞的マーケティングに関して有罪にならないようにするのである。たとえば、われわれの経験では、企業や業界から資金を得て調査を計画する研究者は、しばしばその研究手続きの中にプライミングのための質問項目やプライミング効果を組み込む。クライアント企業が行う予定の欺瞞活動がうまくいくように、後続の質問に対する消費者の回答を誘導するのである。

われわれは、最近、広告や説得に関する子どもや青少年の知識を扱った研究を概観した (Wright et al. 2005)。そこでの結論は、一九七〇年代から一九八〇年代にかけて行われたこれらの研究は解釈が困難だということだった。多くの研究は、概念や方法に問題があり、せいぜい今日の若者の親たちが自分自身若者だった頃に何を考えていたかを知ることができるくらいなのである。結局、われわれが、どのようにしたら若者と将来の広告について良い研究をすることができるか、その一般的なアイデアを提供することになった。そして、これらのアイデアにさらに内容の追加を行うために本書を執筆することになった。

市場における説得や欺瞞の実践について人々をどのような方法で効果的に教育したらよいか、われわれはほとんど知識を持ち合わせていない。この点について、不満がくすぶり始めているように思える。サガリンとウッド (Sagarin & Wood 2007) は、説得への抵抗の教育に関する研究が驚くほど少ない現状をまとめている。その際、彼らは、著名な説得研究者が述べている効果的な抵抗に関する一般的な考えや勧告の目録を作ることで満足せざるをえなかった。以下は、その例である。プラトカニスとアロンソン（Pratkanis & Aronson 2001）は、消費者などに次のように勧めている。「自分自身の感情を監視することである。……もし感情が刺激されたと感じたら、まずはその状況から離れて、事の成り行きを分析するのがよい」（p.342）。同様にチャルディーニ（Cialdini 2001）は、「急激な感情の高まり」（p.231）に注意を向け、次に「感情を鎮めて、なぜ自分がそれを欲しいのかという点から、その機会のメリットを評価する」（p.231）ことを勧めている。プラトカニスとアロンソン（2001）は、消費者が「どのような提案や問題でも、合理的に考えること」（p.342）、「決定する前に、あらゆる選択肢について理解しようと努めること」（p.342）、「もう一方の面を支持する論拠は何か、と常に自問すること」（p.344）も勧めている。サガリンとウッド（2007）は、これは結局のところ、システム1の処理からシステム2の処理（第2章参照）への変換を意味すると指摘している。プラトカニスとアロンソン（2001）は、「メッセージの送り手の動機や信憑性を探る」（p.342）、「一つの情報源に頼らないようにする」（p.345）ことが大切と説いている。プラトカニスとアロンソン（2001）、サガリンとウッド（2007）は、消費者がマーケティングや説得を、メディアの中のエンターテインメントとは切り離す努力をするべきと述べている。プラトカニスとアロンソン（2001）は、われわれは皆、「子どもを始めとして、影響を受けやすい集団を搾取的説得から守る努力を支えること」（p.344）、「企業に手紙を送り、広告内容について証拠を示すように求めること」（p.347）、「欺瞞的広告を封じ込める努力を支持し、さらに広めること」（p.347）、「誤解を招くラベルやその他の欺瞞を排除すること」（p.347）が必要とも述べている。チャルディーニ（2001）は、単純に以下の方法を推奨している。すなわち、「権威らしく見える人が真に公平な専門家かどうか自問してみること、社会的証明の証拠が妥当であるような状況と、そうでない状況を区別すること、短時間の間に販売員に好意を抱かないようにすること、実際には承諾を引き出すための戦術として行われる親切に警戒すること」である。「だまされているときに沸き上がる感情に注目すること」に関しては、チャルディーニが著書の中でこう述べている。「自分でやりたくないとわかっていることをやらせようとする要請をうっかり受け入れてしまいそうになっているのに気づくと、ちょうどみぞおちの辺りから合図が発せられます」(訳書一六九頁)。

説得や消費者行動に関する研究が四〇年にもわたり集中的に行われてきたにもかかわらず、現代の消費者、将来の消費者がマーケティング担当者の欺瞞的説得から上手に自己防衛することを支援しようとするときに、以上のような漠然とした考えしか提供できないというのは、実に残念なことである。これは、二一世紀の最初の十年が終わる時点で、「説得と影響の科学」が完全に均衡を欠いていることを浮き彫りにしている。次世代の消費者研究者や良心的な社会科学者は、先輩の研究者が残した空白を埋める研究を行うことが可能であるし、また、そうすべきである。プラトカニスとアロンソン (2001) は、子どもたちに影響力やプロパガンダについて教育することを推奨しており、サガリンとウッド (2007) も同様の事を述べている。われわれが本書で主張するのは、説得の戦術について単に情報提供を行うだけでなく、さらに、人々にこうした欺瞞的説得の戦術を検出し、無力化し、抵抗し、罰を与える効果的なスキルを教える必要があるということである。

重要なのは、「適応的な」欺瞞防衛を実際に教えるという考え方であり、いつもシニカルに装うのではなく、状況に応じて巧みに考えることを学んでもらわなければならない。一般人の認知的警戒システム (cognitive psy-curity systems) は、たいていは、〈M&M〉システムといってよい。あの有名なチョコレート・キャンディと同じように、薄い殻によって、内部にある柔らかく押しつぶされやすい芯が覆われている。意義ある欺瞞防衛教育は、そのつぶされやすい芯である知識やスキルという中身を強化することである。消費者の自己防衛を助けることをその長期的目標として理論を構築したり、その理論を基礎にして研究を行うことは、われわれのフィールドを決定的に向社会的かつ平等主義的にするものであり、同時に、市場の全体的な健全性を高め、ひいては研究者自身も満足を覚えることができるのである。市場やその他の社会的領域における欺瞞的説得に対して人々がどのように対処するかを研究することは、知的興奮を誘う研究フロンティアである。一〇年後、消費者の欺瞞防衛スキルの獲得を支援するための研究が数多く行われ、その社会的貢献が認められて人々から称賛を受けることができるとしたら、実に素晴らしいことではないだろうか。

# 監訳者あとがき

本書は、Boush, D. M., Friestad, M., & Wright, P.（2009）. *Deception in the marketplace : The psychology of deceptive persuasion and consumer self-protection.* New York: Routledge/Taylor & Francis Group. を翻訳したものである。タイトルの通り、マーケティングに関連した話題を中心にして、欺瞞的説得から自らを守ることの重要性を強調し、その研究や教育が必要であることを説いた書である。誠信書房からは、これまでにもチャルディーニの『影響力の武器〔第二版〕―なぜ、人は動かされるのか』、プラトカニスとアロンソンの『プロパガンダ―広告・政治宣伝のからくりを見抜く』が出版されている。いずれの著作も説得の問題を社会心理学の視点から幅広く扱いながら、説得されないための方法にも目配りしているという点でユニークな著作である。その意味では貴重なものだと思うのだが、本書では、こうした著作の中に散りばめられている「アドバイス」だけでは不十分である、という立場をとる。そして、欺瞞的説得に対する自己防衛を扱った数少ない実証的研究を詳しく紹介するにとどまらず、説得する（あるいは、だます）側の心理や、自己防衛のためのスキル教育の可能性を論じ、個人の心理的側面だけでなく広く社会との関わりにも言及している。マーケティング関連の内容が中心ではあるが、われわれの知る限り、心理学の専門書としては初めての試みである。

著者が第1章と第10章で触れているように、本書は、〈transformative〉（変容的、あるいは変容を促す）消費者研究の立場に立つとされている。これは、ヴァージニア大学のミック（David Mick）教授を中心にして発展してきた消費者研究の流れである。彼によると、これは次の六つの柱の上に成り立つ活動であるという。すなわち、①

ウエルビーイングを向上させること（社会正義、機会と資源の公正な分配を最大化しながら、人々のウエルビーイングを向上させる）、②消費者研究学会（Association for Consumer Research : ACR）から発するものであること（学会の活動と同様に、あらゆる面での多様性を強調する）、③厳密な理論と方法に基づく研究を行うこと、④社会文化的な文脈を強調すること（消費者の現実世界に根を下ろした研究や実践を行うこと）、⑤消費者とその保護者と手を結ぶこと（単に知識を追究するだけでなく、ウエルビーイングを支える能力や行動に直接移すことができる洞察を追究する）、⑥価値ある知見を普及させること（消費者や政策立案者が利用可能な形で研究成果を伝達すること）、である。消費者の「賢い」選択を阻害する説得者の側の欺瞞や消費者の心理的傾向を研究したり、そうした選択を可能にする教育を促進したりすることは、当然、この変容的消費者研究の枠内に入ることになる。

ミック教授は、消費者研究学会の会長演説において、この活動の歩みについて触れている（Mick 2006）。彼は、喫煙、肥満、ギャンブル、製品の安全性、脆弱な消費者（高齢者や子ども）など、消費に関して解決すべき喫緊の課題が数多く存在する現状を考えた場合、これまでの消費者研究が必ずしも満足のいくものではないことを感じ、口だけではなくまずは行動、「千里の道も一歩から」の精神で前述の活動を始めることにしたという。その際、この活動に名称をつける必要が生じ、「消費者研究」を修飾する形容詞としてあげられたいくつか候補の中から〈transformative〉が選ばれた。これは、消費に関わる現代の諸課題に積極的にコミットすることで世界を変容し、そうした活動を通じて研究者あるいは消費研究学会そのものが変容することを意味する。この時期（二〇〇五年）、米国国立科学財団（ＮＳＦ）が二〇二〇年に向けたビジョンを発表しており、その中で、既存の学術分野を革命的に変容するような研究（transformative research）を支援する必要があるという報告書を発表しているが、こうした流れも念頭にあったかもしれない。いずれにせよ、こうした立場に立つとすれば、意図せずして消費者に誤解を与えた場合にも欺瞞とみなすべきだ、というように、マーケティング担当者に対して厳しい立場をとることや、消費者の自己防衛スキルを高める教育に重点を置く必要があると主張することも理解できる。

以上は米国の話である。振り返って日本の現状を眺めると、種類や程度に違いはあれ、消費に関わるさまざまな社会的問題が生じているのは米国と同様である。また、消費行動研究や社会心理学における説得の研究において、影響を与える側の問題が中心を占め、影響を受ける側に立つ研究が非常に少ないという点も変わりがない。一方、消費者保護となると、日本は米国に後れを取っている。米国では、近年、連邦取引委員会による広告ガイドラインが改訂され、「個人の感想である」という断り書きを入れた推奨広告でも規制の対象になるなど、かなり厳しい立場をとっている。日本では、広告に対する規制が比較的緩やかであるし、ステルス・マーケティングを始めさまざまなマーケティング手法の使用についても、消費者保護という立場からはあまり議論の対象になっていない。欺瞞的なマーケティングだけでなく、振り込め詐欺やさまざま悪質商法も、多くの対策が講じられてきたにもかかわらず、相変わらず人々を苦しめている。こうして見ると、消費者の自己防衛スキルに関する心理学的研究やそれに基づく消費者教育は、むしろ日本において必要性が高いのではないかと思えてくる。

前述のように、本書は市場における欺瞞を扱うものであるが、たとえば日常的なコミュニケーションや政治の世界における欺瞞など、いくつかの相違点はあるものの、市場以外の領域にも転用可能であったり示唆を与えたりしてくれる部分も少なくない。本年三月十一日に発生した大地震では、原子力発電所の事故も含めてその被害の大きさが次第に明らかにされつつあるが、被災地の外にいたとしても、私たちはさまざまな情報が錯綜する中で、自らの力で正しい判断をするための努力が求められている。原発事故による放射性物質の拡散に関する担当者の発言内容に意図的、あるいは意図せざる欺瞞はないか、ツイッターに書かれている事柄は真実か、「品薄」とされる生活必需品は本当に品薄なのか、などである。消費に関わる場面で役立つ自己防衛スキルを私たちが十分に獲得していれば、このような状況においても、自らの思考や判断にさまざまな偏りや限界があることを考慮しながら、眼前の情報を「鵜呑み」にせずに深く考えを巡らすことができるはずである。こうして自らを守る人が増えれば、結局は社会を守る力につながる。こうした意味でも、「市場における」欺瞞防衛スキルをまず身につけることは、十分に意義があることかもしれない。

ただ、そうは言っても、これがかなり困難な作業であることも事実であろう。説得する側とされる側がもつ知識量の不均衡は、ある意味で構造的なものである。企業は生き残りのためにマーケティング手法に関する知識を蓄えてそれを駆使する。場合によっては、欺瞞的戦略を使うこともある。一方、説得される側の消費者には、一般的に「非脆弱性の幻想」と呼ばれている認知の偏りがある。本書でも繰り返し指摘されているように、われわれは世の中に多くのリスクがあることは承知していても、自分は大丈夫だと考えてしまう。欺瞞的説得に対処する場合も例外ではなく、世の中には巧みな説得者がいることや、だまされる人がたくさんいることは知っていても、「私はだまされない」という根拠のない自信を抱いてしまうのである。したがって、市場における欺瞞防衛の教育は、本書で紹介されているサガリンらの論文のタイトルにあるように、まず「幻想を打ち破る」ことが必要となる。その上で、「適度の猜疑心」と自己効力感を維持しながらスキルを高めることが望まれるのである。

今回の大震災は悲惨なものではあるが、想像を絶する大災害であるがゆえに、復興の過程で人々の価値観や社会の仕組みなど多くのものを根本的に変容することになるだろう。学問の世界も例外ではない。とくに、人間のこころと行動を扱う心理学は、基礎的分野も含めて、今以上に社会の現実に広く目を向けて諸問題の解決に向けた研究や実践が行うことになると思われる。欺瞞防衛スキルの教育は確かに困難が伴うが、日本においても「千里の道も一歩から」の精神で変容的消費者心理学の流れが芽生えるとすれば、今の日本の状況は、米国以上に力強い流れを生み出す可能性を秘めているのではないだろうか。本書がその一助になれば幸いである。

翻訳にあたっては、出版社の経験豊かなスタッフの力も借りて、できるだけ読みやすい文章となるように努めた。しかし、著者の意図とは異なる訳になっている部分があるかもしれない。また、本書の翻訳に携わったのは、主として社会心理学を専門とする研究者である。したがって、本書で扱われているさまざまなマーケティングの用語や概念に関して、理解が浅い部分が残されている可能性もある。読者の方々のご指摘をいただければ幸いである。なお、タイトルにも含まれている〈marketplace〉は本書で最も多用されている語の一つである。本書では基本的に「市場」と訳したが、マーケティング担当者の側の欺瞞戦術が扱われるときなどは、適宜、マーケティングと訳した。最後になるが、誠信書房の松山由理子氏には、今回も翻訳作業全般に関して温かいサポートをいただいた。記して感謝の意を表したい。

平成二十三年四月八日

訳者を代表して
安藤清志

# 邦訳文献

（著者名アルファベット順）


S・ボク著／古田暁訳（1982）『嘘の人間学』TBSブリタニカ

R・B・チャルディーニ／社会行動研究会訳（2007）『影響力の武器〔第二版〕：なぜ、人は動かされるのか』 誠信書房

P・エクマン著／工藤力訳編（1992）『暴かれる嘘：虚偽を見破る対人学』誠信書房

H・G・フランクファート著／山形浩生訳解説（2006）『ウンコな議論』筑摩書房

E・ゴッフマン著／石黒毅訳（1974）『行為と演技：日常生活における自己呈示』誠信書房

J・V・ロドリックス著／宮本純之訳（1994）『危険は予測できるか！：化学物質の毒性とヒューマンリスク』化学同人

K・ハフナー、M・ライアン著／加地永都子・道田豪訳（2000）『インターネットの起源』アスキー

K・ミトニック、W・サイモン著／岩谷宏訳（2003）『欺術：史上最強のハッカーが明かす禁断の技法』ソフトバンクパブリッシング

A・プラトカニス、E・アロンソン著／社会行動研究会訳（1998）『プロパガンダ：広告・政治宣伝のからくりを見抜く』誠信書房

W・F・シャープ著／不動産証券化協会不動産ファイナンス研究会訳（2008）『投資家と市場：ポートフォリオと価格はなぜ決まるのか』日経ＢＰ社

D・スペルベル、D・ウイルソン著／内田聖二・中逵俊明・宋南先・田中圭子訳（1999）『関連性理論：伝達と認知〔第２版〕』研究社出版

McQuarrie, E. F., & Phillips, B. J. (2005). Indirect persuasion in advertising. *The Journal of Advertising,* vol. 34, No. 2, 7-20,.
Mukhopadhyay, A. & Johar, G. V. (2005). Where there is a will, is there a way? Effects of lay theories of self-control on setting and keeping resolutions. *Journal of Consumer Research*, 31, 4, 779-786.
Rotter, J. B. (1980). Interpersonal trust, trustworthiness and gullibility. *American Psychologist*, 26, 1-7.
Sampson, M. R. (1974). *Pathways to literacy: Process transactions*.; 2nd Ed., Wadsworth Pub Co.
Schul, Y., & Goren, H. (1997). When strong evidence has less impact than weak evidence: Bias, adjustment, and instructions to ignore. *Social Cognition,* 15, 133-155.
Sirdeshmukh, D., Singh, J., & Sabol, B. (2002). Consumer trust, value and loyalty in relational exchanges, *Journal of Marketing,* (66), January, 15-37.
Webley, P., Burgoyne, C.B., Lea, S.E.G. & Young, B.M. (2001). *The economic psychology of everyday life*. Hove: Psychology Press.

Wright, P. (1973). The cognitive responses mediating the acceptance of advertising. *Journal of Marketing Research, 10*, 53–62.
Wright, P. (1975). Factors affecting cognitive resistance to advertising. *Journal of Consumer Research, 2*, 1–9.
Wright, P. (1981). Message-evoked thoughts: Persuasion research using thought verbalization. *Journal of Consumer Research, 7*, 151–175.
Wright, P. (2002). Marketplace metacognition and social intelligence. *Journal of Consumer Research, 28*, 677–682.
Wright, P., Friestad, M., & Boush, D. M. (2005). The development of marketplace persuasion knowledge in children, adolescents and young adults. *Journal of Public Policy & Marketing, 25*, 222–233.
Wyer, R. S., Jr., & Adaval, A. (2003). Message reception skills in social communication. In J. O. Greene & B. R. Burleson (Eds.), *Handbook of communication and social interaction skills* (pp. 291–356). Mahwah, NJ: Erlbaum.
Wyer, R. S., Jr., & Radvansky, G.A. (1999). The comprehension and validation of social information. *Psychological Review, 106*, 89–118.
Young, B. M. (1990). *Television advertising and children*. New York: Oxford University Press.
Zaichkowsky, J. L. (2006). *The psychology behind trademark infringement and counterfeiting*. Rahway, NJ: Erlbaum.
Zelazo, P. D., Astington, J. W., & Olson, D. R. (1999). *Developing theories of intention: Social understanding and self-control*. Mahwah, NJ: Erlbaum.
Zhou, L., Burgoon, J. K., Twitchell, D. P., Qin, T., & Nunamaker, J. F., Jr. (2004). A comparison of classification methods for predicting deception in computer-mediated communication. *Group Decision and Negotiation, 13*, 81–106.
Zuckerman, M., DePaulo, B. M., & Rosenthal, R. (1981). Verbal and nonverbal communication of deception. In L. Berkowitz (Ed.), *Advances in experimental social psychology* (Vol. 14, pp. 1–59.) New York: Academic Press.

［引用文献補遺］

Greenwald, A. G. & Albert, R. D. (1968). Acceptance and recall of improvised arguments. *Journal of Parsonality and Social Psychology*, 8, 31-34.
Heide, J. B. & Wathne, K. H. (2006). Friends, businesspeople, and relationship roles: A Conceptual Framework and Research Agenda. *Journal of Marketing,* 70 (3), 90-103.

Tufte, E.R. (1997). *Visual explanation: images and quantities, evidence and narrative.* Cheshire, CT: Graphics Press.

Turnbull, W., & Saxton, K. L. (1997). Modal expressions as facework in refusals to comply with requests: I think I should say “no” right now. *Journal of Pragmatics, 27*, 145–181.

Vladeck, D. C. (2000). Truth and consequences: The perils of half-truths and unsubstantiated health claims for dietary supplements. *Journal of Public Policy and Marketing, 19*(1), 132–138.

Vohs, K. D. (2006). Self-regulatory resources power the reflective system: Evidence from five domains, *Journal of Consumer Psychology, 16*, 217–223.

Vohs, K. D., Baumeister, R. F., & Chin, J. (2007). Feeling duped: emotional, motivational, and cognitive aspects of being exploited by others. *Review of General Psychology, 11*, 127–141.

Ward, S., Wackman, D. B., & Wartella, E. (1977). *How children learn to buy.* Beverly Hills, CA: Sage Publications.

Webley, Paul (2005). Children's understanding of economics. In M. Barrett & E. Buchanan-Barrow (Eds.), *Children's understanding of society* (pp. 43–65). New York: Psychology Press.

Wegener, D. T., & Petty, R. E. (1997). The flexible correction model: The role of naïve theories in bias correction. In M. P. Zanna (Ed.). *Advances in Experimental Social Psychology, 29.* Mahwah, NJ: Erlbaum.

Wegener, D. T., Petty, R.E., Smoak, M.D., & Fabrigar, L.R. (2004). Multiple routes to resisting attitude change. In E. S. Knowles & J. A. Linn (Eds.), *Resistance and persuasion* (pp. 13–38). Mahwah, NJ: Erlbaum.

Wheeler, S. C., Brinol, P., & Hermann, A. D. (2007). Resistance to persuasion as self-regulation: Ego-depletion and its effects on attitude change processes. *Journal of Experimental Social Psychology, 43*(1), 150–156.

Wheeler, T. (2002). *Phototruth or photofiction? Ethics and media imagery in the digital age.* Rahway, NJ: Erlbaum.

Williams, P., Fitzimons, G. J., & Block, L. G. (2004). When consumers do not recognize “benign” intention questions as persuasion attempts. *Journal of Consumer Research, 31*, 540–550.

Williamson, O. E. (1993). Calculativeness, trust, and economic organization. *Journal of Law & Economics, 36*, 453–487.

Wilson, S. R. (2002). *Seeking and resisting compliance: Why people say what they do when trying to influence others.* Thousand Oaks, CA: Sage.

Wilson, T. D., Centerbar, D. B., & Brekke, N. (2002). Mental contamination and the debiasing problem. In T. Gilovich, D. Griffin, & D. Kahneman (Eds.), *Heuristics and biases: The psychology of intuitive judgment* (pp. 185–200). Cambridge, England: Cambridge University Press.

Effects of missing information on discounting and use of presented information. *Journal of Consumer Research, 17*, 477–491.

Skurnik, I., Moskowitz, G. B., & Johnson, M. K. (2005). Biases in remembering true and false information: Illusions of truth and falseness. Unpublished Manuscript: University of Toronto.

Skurnik, I., Yoon, C., Park, D. C., Schwarz, N. (2005). How warnings about false claims become recommendations. *Journal of Consumer Research, 31*, 713–724.

Smetana, J. G., Campione-Barr, N., & Metzger, A. (2006). Adolescent development in interpersonal and societal contexts. *Annual Review of Psychology, 57*, 255–284.

Smith, H. M., & Betz, N. E. (2000). Development and validation of a scale of perceived social self-efficacy. *Journal of Career Assessment, 8*, 283–301.

Sowey, E. R. (2003). The getting of wisdom: Teaching statisticians to enhance their clients' numeracy. *The American Statistician, 57*, 89–93.

Speelman, C., & Kirsner, K. (2005). *Beyond the learning curve: The construction of mind*. Oxford: Oxford University Press.

Spence, M. (1973). Job market signaling. *Quarterly Journal of Economics, 87*, 355–374.

Sperber, D., & Wilson, D. (1986). *Relevance: Communication and cognition*. Oxford: Oxford University Press.

Sperber, D., & Wilson, D. (1995). *Relevance: Communication and cognition*. Oxford: Blackwell.

Stern, B. B. (1992). Crafty advertisers: Literary versus literal deceptiveness. *Journal of Public Policy and Marketing, 11*, 72–81.

Subrahmanyam, A. (2004). A cognitive theory of corporate disclosures. UCLA Anderson School Working Papers.

Szykman, L. R., Bloom, P. N., & Blazing, J. (2004). Does corporate sponsorship of a socially-oriented message make a difference? An investigation of the effects of sponsorship identity on responses to an anti-drinking and driving message. *Journal of Consumer Psychology, 14*, 13–20.

Taylor, S. E., Pham, L. B., Rivkin, I D., & Armor, D. A. (1998). Harnessing the imagination: Mental stimulation, self-regulation, and coping. *American Psychologist, 53*(4), 429–439.

Tobin, R. M., & Graziano, W. G. (2006). Development of regulatory processes through adolescence: A review of recent empirical studies. In D. K. Mroczek, & T. D. Little (Eds.), *Handbook of personality development* (pp. 263–284). Mahwah, NJ: Erlbaum.

Tormala, Z. L., & Petty, R. E. (2004). Resisting persuasion and attitude certainty: A meta-cognitive analysis. In E. S. Knowles & J. A. Linn (Eds.), *Resistance and persuasion* (pp. 65–83). Mahwah, NJ: Erlbaum.

(Ed.), *The science of social influence: Advances and future progress* (pp. 321–340). New York, NY: Psychology Press.

Sanbonmatsu, D. M., Kardes, F. R., & Herr, P. M. (1992). The role of prior knowledge and missing information in multiattribute evaluation. *Organizational Behavior & Human Decision Processes, 51*, 76–91.

Sanbonmatsu, D. M., Kardes, F. R., Houghton, D. C., Ho, E. A., & Posavac, S. S. (2003). Overestimating the importance of the given information in multiattribute consumer judgment. *Journal of Consumer Psychology, 13*, 289–300.

Sanbonmatsu, D. M., Kardes, F. R., Posavac, S. S., & Houghton, D. C. (1997). Contextual influences on judgment based on limited information. *Organizational Behavior & Human Decision Processes, 69*, 251–264.

Sanbonmatsu, D. M., Kardes, F. R., & Sansone, C. (1991). Remembering less and inferring more: The effects of the timing of judgment on inferences about unknown attributes. *Journal of Personality & Social Psychology, 61*, 546–554.

Schul, Y., Burnstein, E., & Bardi, A. (1996). Dealing with deceptions that are difficult to detect: Encoding and judgment as a function of preparing to receive invalid information. *Journal of Experimental Social Psychology, 32*, 228–253.

Schul, Y., Mayo, R., & Burnstein, E. (2004). Encoding under trust and distrust: The spontaneous activation of incongruent cognitions. *Journal of Personality and Social Psychology, 86*(5), 668–679.

Schul, Y., Mayo, R., Burnstein, E., & Yahalom, N. (2007). How people cope with uncertainty due to chance or deception. *Journal of Experimental Social Psychology, 43*(1), 91–103.

Schurr, P. H., & Ozanne, J. L. (1985). Influences on exchange processes: Buyers' preconceptions of a seller's trustworthiness and bargaining toughness. *Journal of Consumer Research, 11*, 939–953.

Schwarz, N. (2004). Meta-cognitive experiences in consumer judgment and decision making. *Journal of Consumer Psychology, 14*, 332–348.

Scott, L. M. (1994). Images in advertising: The need for a theory of visual rhetoric, *Journal of Consumer Research, 21*, 252–273.

Sharpe, W. F. (2007). *Investors and markets: Portfolio choices, asset prices and investment advice.* Princeton, NJ: Princeton University Press.

Shimp T. A. (1979). Social-psychological (Mis)representations in television advertising. *Journal of Consumer Affairs, 13*, 28–40.

Simmons, C. J., & Leonard, N. H. (1990). Inferences about missing attributes: Contingencies affecting use of alternative information sources. In M. Goldberg, G. Corn, & R. Pollay (Eds.), *Advances in consumer research* (Vol. 17, pp. 266–274). Provo, UT: Association for Consumer Research.

Simmons, C. J., & Lynch, J. G. (1991). Inference effects without inference making?

A. R. Pratkanis (Ed.), *The science of social influence: Advances and future progress* (pp. 17–82). Philadelphia: Psychology Press.

Pratkanis, A. R., & Aronson, E. (2001). *Age of propaganda: The everyday use and abuse of persuasion*. New York: W.H. Freeman.

Pratkanis, A., & Shadel, D. (2005). *Weapons of fraud: A source book for fraud fighters*. Seattle, WA: AARP Washington.

Preston, I. L. (1975). *The great American blow-up: Puffery in advertising and selling*. Madison, WI: University of Wisconsin Press.

Preston, I. L. (1994). *The tangled web they weave: Truth, falsity, and advertisers*. Madison: University of Wisconsin Press.

Rand, P. (1993). *Design, form and chaos*. New Haven: Yale University Press.

Richards. J. I. (1990). *Deceptive advertising: Behavioral study of a legal concept*. Hillsdale, NJ: Erlbaum.

Richards, J. I., & Preston, I. L. (1992). Proving and disproving materiality of deceptive advertising claims. *Journal of Public Policy & Marketing, 11*, 45–56.

Ritson, M., & Elliott, R. (1999). The social uses of advertising. *Journal of Consumer Research, 26*, 260–277.

Robertson, T., & Rossiter, J. R. (1974). "Children and commercial persuasion: An attribution theory analysis. *Journal of Consumer Research, 1*, 13–20.

Roese, N. J. (1997). Counterfactual thinking. *Psychological Bulletin, 121*, 133–148.

Rogers, R. W. (1983). Cognitive and physiological process in fear appeals and attitude change: A revised theory of protection motivation. In J. Cacioppo & R. E. Petty (Eds.), *Social psychophysiology: A source book* (pp. 153–176). New York: Guilford Press.

Rose, N. (1999). *Governing the soul: The shaping of the private self* (2nd ed.). London: Free Association Books.

Rowe, N. C. (2007). Logical modeling of negative persuasion. *Persuasive Technology*, 105–108.

Rucker, D. D., Petty, R. E., & Brinol, P. (2008). What's in a frame anyway? A metacognitive analysis of the impact of one versus two sided messages. *Journal of Consumer Psychology, 18*, 137–149.

Russell, C. (2002). Investigating the effectiveness of product placements in television shows: The role of modality and plot connection congruence on brand memory and attitude. *Journal of Consumer Research, 29*, 306–318.

Russo, J. E., Metcalf, B. L., & Stephens, D. (1981). Identifying misleading advertising. *Journal of Consumer Research, 8*, 119–131.

Sagarin, B. J., Cialdini, R. B., Rice, W. E., & Serna, S. B. (2002). Dispelling the illusion of invulnerability: The motivations and mechanisms of resistance to persuasion. *Journal of Personality and Social Psychology, 83*, 526–541.

Sagarin, B. J., & Wood, S. E. (2007). Resistance to influence. In A. R. Pratkanis

sequences for securities regulation, *Washington University Law Review Quarterly*, *81*, 416–485.

Pechmann, C. (1992). Predicting when two-sided ads will be more effective than one sided ads: The role of correlation and correspondent inferences. *Journal of Marketing Research, 29*, 441–453.

Pechmann, C., & Knight, S. J. (2002). An experimental investigation of the joint effects of advertising and peers on adolescents' beliefs and intentions about cigarette consumption, *Journal of Consumer Research, 29*, 5–19.

Pechmann, C., Levine, L., Loughlin, S., & Leslie, F. (2005). Impulsive and self-conscious: Adolescents' vulnerability to advertising and persuasion. *Journal of Public Policy & Marketing, 24*, 202–221.

Pechmann, C., Zhao, G., Goldberg, M. E., & Reibling, E. T. (2003). What to convey in antismoking advertisements for adolescents: The use of protection motivation theory to identify effective message themes. *Journal of Marketing. 67*, 1–18.

Petty, R. E., Briñol, P., Tormala, Z. L., & Wegener, D. T. (2007). The role of metacognition in social judgment. In A.W. Kruglanski & E. T. Higgins (Eds.), *Social psychology: Handbook of basic principles* (2nd ed., pp. 254–284). New York, NY: Guilford Press.

Petty, R. E., & Brock, T.C. (1981). Thought disruption and persuasion. In R. E. Petty, T. M. Ostrom, & T. C. Brock (Eds.) *Cognitive responses in persuasion* (pp. 55–80). Hillsdale, NJ: Erlbaum.

Petty, R. E., & Krosnick, J. A. (1995). *Attitude strength: Antecedents and consequences*. Mahwah, NJ: Erlbaum.

Petty, R. E., & Wegener, D. T. (1998). Attitude change: Multiple roles for persuasion variables. In D. Gilbert, S. Fiske, & G. Lindzey (Eds.), *The handbook of social psychology* (4th ed., Vol. 1, pp. 323–390). New York: McGraw-Hill.

Petty, R. E., & Wegener, D. T. (1999). The elaboration likelihood model: Current status and controversies. In S. Chaiken & Y. Trope (Eds.), *Dual-process theories in social psychology* (pp. 41–72). New York: Guilford Press.

Pfau, M., Comption, J., Parker, K. A., Wittenberg, E. M., An, C., Ferguson, M., Horton, H., & Malyshev, Y. (2004). The traditional explanation for resistance versus attitude accessibility: Do they trigger distinct or overlapping processes of resistance? *Human Communication Research*, *30*, 329–351.

Pham, M. T., & Higgins, E. T. (2005). Promotion and prevention in consumer decision-making: The state of the art and theoretical propositions. In S. Ratneshwar and D. G. Mick (Eds.), *Inside consumption: Consumer motives, goals, and desires* (pp. 8–43). New York: Routledge.

Pratkanis, A. R. (2008). Social influence analysis: An index of tactics. In

tainty and information constraint. *Journal of Marketing Research, 18*, 428–441.

Michaels, D. (2008). *Doubt is their product: How industry's assault on science threatens your health.* Oxford, UK: Oxford University Press.

Mick, D. G. (2006). Meaning and mattering through transformative consumer research. Presidential Address to the Association for Consumer Research. In C. Pechmann & L. L. Price (Eds.), *Advances in consumer research.* Provo, UT: Association for Consumer Research.

Miller, G. R., & Stiff, J. B. (1988). *Deceptive communication.* Beverly Hills, CA: Sage.

Miller, K., Joseph, L., & Apker, J. (2000). Strategic ambiguity in the role development process. *Journal of Applied Communication Research, 28*, 193–214.

Mitnick, K. D., & Simon, W. (2002). *The art of deception: Controlling the human element of security.* Indianapolis, IN: Wiley Publishing.

Moore, E. S., & Lutz, R. J. (2000). Children, advertising, and product experiences: A multimethod inquiry. *Journal of Consumer Research, 27*, 31–48.

Moses, L. J., & Baldwin, D. A. (2005). What can the study of cognitive development reveal about children's ability to appreciate and cope with advertising? *Journal of Public Policy & Marketing, 24*, 186–201.

Moses, L. J., & Carlson, S. M. (2004). Self-regulation and children's theories of mind. In C. Lightfoot, C. Lallonde, & M. Chandler (Eds.), *Changing Conceptions of Psychological Life.* Mahwah, NJ: Erlbaum, 127–146.

Muthukrishnan, A. V., & Ramaswami, S. (1999). Contextual effects on the revision of evaluative judgments: An extension of the omission-detection framework. *Journal of Consumer Research, 26*, 70–84.

Muraven, M., & Baumeister, R. F. (2000). Self-regulation and depletion of limited resources: Does self-control resemble a muscle? *Psychological Bulletin, 74*, 774–789.

Nader, R. (1965). *Unsafe at any speed: The designed-in dangers of the American automobile.* New York: Grossman.

Nelms, H. (1969). *Magic and showmanship: A handbook for conjurers.* New York: Dover.

Noordewier, T. G., John, G., & Nevin, J. R. (1990). Performance outcomes of purchasing arrangements in industrial buyer-vendor relationships. *Journal of Marketing, 54*, 80–94.

Norris, J. D. (1990). *Advertising and the transformation of American society, 1865–1920.* New York: Greenwood Press.

Obermiller, C., & Spangenberg, E. R. (1998). Development of a scale to measure consumer skepticism toward advertising. *Journal of Consumer Psychology, 7*, 159–186.

Pardes, Troy A. (2003). Blinded by the light: Information overload and its con-

Maturation of cognitive processes from late childhood to adulthood. *Child Development, 75*, 1357–1372.

Main, K. J., Dahl, D. W., & Darke, P. R. (2007). Deliberative and automatic bases of suspicion: Empirical evidence of the sinister attribution error. *Journal of Consumer Psychology, 17*, 59–65.

Malle, B. F., Moses, L. J., & Baldwin, D. A. (2001). The significance of intentionality. In B. F. Malle, L. J. Moses, & D. A. Baldwin (Eds.), *Intentions and intentionality*. Cambridge, MA: Bradford.

Martin, M. C. (1997). Children's understanding of the intent of advertising: A meta-analysis. *Journal of Public Policy and Marketing, 16*, 205–216.

Masip, J., Garrido, E., & Herrero, C. (2004). Defining deception. *Anales de Psicología, 20*, 147–171.

Mazursky, D., & Schul, Y. (2000). In the aftermath of invalidation: shaping judgment rules on learning that previous information was invalid. *Journal of Consumer Psychology, 9*, 213–222.

McAllister, D. J. (1995). Affect- and cognition-based trust as foundations for interpersonal cooperation in organizations, *Academy of Management Journal, 38*(1), 24–59.

McCornack, S. (1997). The generation of deceptive messages: Laying the groundwork for a viable theory of interpersonal deception. In J. O. Greene (Ed.), *Message production: Advances of communication theory* (pp. 91–126). Mahwah: Erlbaum.

McCornack, S. A. (1992). Information manipulation theory. *Communication Monographs, 59*, 1–16.

McCornack, S. A., & Parks, M. R. (1986). Deception detection and relationship development: The other side of trust. In M. L. McLaughlin (Ed.), *Communication Yearbook 9* (pp. 377–389). Beverly Hills, CA: Sage.

McGuire, W. J. (1968). Personality and susceptibility to social influence. In E. F. Borgatta & W. W. Lambert (Eds.), *Handbook of personality theory and research* (pp. 1130–1187). Chicago, IL: Rand McNally.

McQuarrie, E. F., & Mick, D. G. (1996). Figures of rhetoric in advertising language. *Journal of Consumer Research, 22*, 424–437.

McQuarrie, E. F., & Mick, D. G. (1999). Visual rhetoric in advertising: Text-interpretive, experimental, and reader-response analyses. *Journal of Consumer Research, 26*, 37–54.

Mears, D. P. (2002). The ubiquity, functions, and contexts of bullshitting. *Journal of Mundane Behavior, 3*(2), 21 pages. http://www.mundanebehavior.org/issues/v3n2/mears.htm, accessed January 21, 2008.

Menon, S., & Kahn, B. (2003). Corporate sponsorships of philanthropic activities: When do they impact perception of sponsor brand? *Journal of Consumer Psychology, 13*, 316–327.

Meyer, R. J. (1981). A model of multiattribute judgments under attribute uncer-

*children and adolescents* (pp. 39–76). Mahwah, NJ: Erlbaum.

Knowles, E. S., & Linn, J. A. (2004a). The importance of resistance to persuasion. In E. S. Knowles & J. A. Linn (Eds.), *Resistance and persuasion* (pp. 3–10). Mahwah, NJ: Erlbaum.

Knowles, E. S., & Linn, J. A. (2004b). Approach-avoidance model of persuasion: Alpha and omega strategies for change. In E. S. Knowles & J. A. Linn (Eds.), *Resistance and persuasion* (pp. 117–148). Mahwah, NJ: Erlbaum.

Koslow, S. (2000). Can the truth hurt? How honest and persuasive advertising can unintentionally lead to increased consumer skepticism. *Journal of Consumer Affairs, 34*, 245–269.

Kramer, R. M. (1994). The sinister attribution error: Paranoid cognition and collective distrust in organizations. *Motivation and Emotion. 18*, 199–230.

Kreps, D., Milgrom, P., Roberts, J., & Wilson, R. (1982). Rational cooperation in the finitely repeated prisoners' dilemma, *Journal of Economic Theory, 27*, 245–252.

Kreps, D., & Wilson, R. (1982). Reputation and imperfect information. *Journal of Economic Theory, 27*, 253–279.

Kricorian, K., Wright, P., & Friestad, M. (2007). Detecting persuasive intent and informative intent. Working paper, Lundquist College of Business, University of Oregon.

Kruglanski, A. W. (1989). *Lay epistemics and human knowledge*. New York: Plenum Press.

Kruglanski, A. W., & Webster, D. M. (1996). Motivated closing of the mind: "Seizing" and "freezing." *Psychological Review, 103*, 263–283.

Lee, A. Y., & Aaker, J. L. (2004). Bringing the frame into focus: The influence of regulatory fit on processing fluency and persuasion. *Journal of Personality and Social Psychology, 86*, 205–218.

Levin, I. P., Schneider, S. L., & Gaeth, G. J. (1998). All frames are not created equal: A typology and critical analysis of framing effects. *Organizational Behavior and Human Decision Processes, 76*, 1490.

Levine, T. R., & McCornack, S. A. (1991). The dark side of trust: Conceptualizing and measuring types of communicative suspicion. *Communication Quarterly, 39*, 325–339.

Levine, T. R., Park, H.S., & McCornack, S. A. (1999). Accuracy in detecting truths and lies: Documenting the "veracity effect." *Communication Monographs, 66*, 125–144.

Lewis, J. D., & Weigert, A. (1985). Trust as a social reality. *Social Forces, 63*(4), 967–985.

Luhmann, N. (1979). *Trust and power*. New York: John Wiley & Sons.

Luna, B., Garver, K. E., Urban, T. A., Lazar, N. A., & Sweeney, J. A. (2004).

*in consumer research* (Vol. 16, pp. 522–528). Provo, UT: Association for Consumer Research.

Kahneman, D., Slovic, P., & Tversky, A. (1982). *Judgment under uncertainty: Heuristics and biases*. New York: Cambridge University Press.

Kamins, M. A., & Marks, L. J. (1987). Advertising puffery: The impact of using two-sided claims on product attitude and purchase intention. *Journal of Advertising*, *16*, 6–15.

Kardes, F. R., Fennis, B. M., Hirt, E. R., Tormala, Z. L., & Bullington, B. (2007). The role of the need for cognitive closure in the effectiveness of the disrupt-then-reframe influence technique. *Journal of Consumer Research*, *34*, 377–385.

Kardes, F. R., Posavac, S. S., & Cronley, M. L. (2004). Consumer Inference: A Review of Processes, Bases, and Judgment Contexts. *Journal of Consumer Psychology*, *14*, 230–256.

Kardes, F. R., & Sanbonmatsu, D. M. (1993). Direction of comparison, expected feature correlation, and the set-size effect in preference judgment. *Journal of Consumer Psychology*, *2*, 39–54.

Kardes, F. R., & Sanbonmatsu, D. M. (2003). Omission neglect: The importance of missing information. *Skeptical Inquirer*, *27*, 42–46.

Keller, P. A., & McGill, A. L. (1994). Differences in the relative influence of product attributes under alternative processing conditions: Attribute importance versus attribute ease of imaginability. *Journal of Consumer Psychology*, *3*, 29–49.

Keller, P. A., Lipkus, I. M., & Rimer, B. (2003). Affect, framing and persuasion. *Journal of Marketing Research*, *40*, 54–64.

Kirmani, A. (1990). The effect of perceived advertising costs on brand perceptions. *Journal of Consumer Research*, *17*, 160–171.

Kirmani, A. (1997). Advertising repetition as a signal of quality: If it's advertised so often, something must be wrong. *Journal of Advertising*, *26*, 77–86.

Kirmani, A., & Campbell, M. C. (2004). Goal seeker and persuasion sentry: How consumer targets respond to interpersonal marketing persuasion. *Journal of Consumer Research*, *31*, 573–582.

Kirmani, A., & Wright, P. (1989). Money talks: Perceived advertising expense and expected product quality. *Journal of Consumer Research*, *16*, 344–353.

Kirmani, A., & Zhu, R. (2007). Vigilant against manipulation: The effect of regulatory focus on the use of persuasion knowledge. *Journal of Marketing Research*, *44*, 688–701.

Kivetz, R., & Simonson, I. (2000). The effects of incomplete information on consumer choice. *Journal of Marketing Research*, *37*, 427–448.

Klaczynski, P. A. (2005). Metacognition and cognitive variability: A dual-process model of decision making and its development. In J. E. Jacobs & P. A. Klaczynski (Eds.), *The development of judgment and decision making in*

107–112.
Hawkins, S. A., & Hoch, S. J. (1992). Low-involvement learning: Memory without evaluation. *Journal of Consumer Research*, *19*, 212–225.
Higgins, E. T. (1997). Beyond pleasure and pain. *American Psychologist*, *52*, 1280–1300.
Higgins, E. T. (2000). Making a good decision: Value from fit. *American Psychologist*, *55*, 1217–1233.
Hobbs, R. (1998). The seven great debates in the media literacy movement. *Journal of Communication*, *48*, 16–32.
Holmes, J. (1990). Hedges and boosters in women's and men's speech. *Language and Communication*, 10, 185–205.
Huber, J., & McCann, J. W. (1982). The impact of inferential beliefs on product evaluations. *Journal of Marketing Research*, *19*, 324–333.
Internet World Stats. http://www.internetworldstats.com/stats.htm (accessed May 1, 2007).
Jaccard, J., & Wood, G. (1988). The effects of incomplete information on the formation of attitudes toward behavioral alternatives. *Journal of Personality & Social Psychology*, *54*, 580–591.
Jacoby, J. (2001). The psychological foundations of trademark law: Secondary meaning, genericism, fame, confusion and dilution. *Trademark Reporter*, *91*, 1013–1089.
Jacoby, J., & Hoyer, W. D. (1987). *The comprehension and miscomprehension of print communications*. Rahway, NJ: Erlbaum.
Jain, S. P., & Posavac, S. S. (2004). Valenced comparisons. *Journal of Marketing Research*, *41*, 46–58.
Johar, G. V., & Roggeveen, A. L. (2007). Changing false beliefs from repeated advertising: The role of claim refutation alignment. *Journal of Consumer Psychology*, *17*, 118–127.
Johar, G. V., & Simmons, C. J. (2000). The use of concurrent disclosures to correct invalid inferences. *Journal of Consumer Research*, *26*, 307–322.
John, D. R. (1999). Consumer socialization of children: A retrospective look at twenty-five years of research. *Journal of Consumer Research*, *26*, 183–213.
Johnson, P. E., Grazioli, S., & Jamal, K. (1993). Fraud detection: Intentionality and deception in cognition. *Accounting, Organizations and Society*, *18*, 467–488.
Johnson, P. E., Grazioli, S., Jamal, K., & Berryman, R. G. (2001). Detecting deception: Adversarial problem solving in a low base rate world. *Cognitive Science*, *25*(3), 355–392.
Johnson, R. D. (1987). Making judgments when information is missing: Inferences, biases, and framing effects. *Acta Psychologica*, *66*, 69–82.
Johnson, R. D. (1989). Making decisions with incomplete information: The first complete test of the inference model. In T. K. Srull (Ed.), *Advances*

Grazioli, S., & Wang, A. (2001). Looking without seeing: Understanding unsophisticated consumers' success and failure to detect internet deception. *Proceedings of the 22nd International Congress on Information Systems*, 193–203.

Green, M. C., & Brock, T. C. (2002). In the mind's eye: Transportation-imagery model of narrative persuasion. In M. C. Green, J. J. Strange, & T. C. Brock (Eds.) *Narrative impact: Social and cognitive foundations* (pp. 315–341). Mahwah, NJ: Erlbaum.

Greene, J. O. (2003). Models of adult communication skill acquisition: Practice and the course of performance improvement. In J. O. Greene & B. R. Burleson (Eds.), *Handbook of communication and social interaction skills* (pp. 51–92). Mahwah, NJ: Erlbaum.

Greene, J. O., & Burleson, B. R. (Eds.), (2003). *Handbook of communication and social interaction skills*. Mahwah, NJ: Erlbaum.

Gregan-Paxton, J., & John, D. R. (1997). Consumer learning by analogy: A model of internal knowledge transfer. *Journal of Consumer Research*, *24*, 266–284.

Gregory, W. L., Cialdini, R. B., & Carpenter, K. M. (1982). Self-relevant scenarios as mediators of likelihood estimates and compliance: Does imagining makes it so? *Journal of Personality and Social Psychology, 43*, 89–99.

Grice, H. P. (1975). Logic and conversation. In P. Cole & J. L. Morgan (Eds.), *Syntax and semantics: Speech acts*, (Vol. 3, pp. 41–58). New York: Academic.

Guerin, B. (2003). Language as social strategy: A review and analytic framework for the social sciences. *Review of General Psychology*, *7*, 251–298.

Hafner, K., & Lyon, M. (1996). *Where wizards stay up late: The origins of the internet*. New York: Simon & Schuster.

Hamilton, R. W. (2003). Why do people suggest what they do not want? Using context effects to influence others' choices. *Journal of Consumer Research*, *29*, 492–506.

Hanson, J. D., & Kysar, D. A. (1999). Taking behavioralism seriously: The problem of marketing manipulation. *New York University Law Review, 74*, 630–749.

Harris, R. J. (1977). The comprehension of pragmatic implications in advertising. *Journal of Applied Psychology*, *62*, 603–608.

Harris, R. J., & Monaco, G. E. (1978). Psychology of pragmatic implication: Information processing between the lines. *Journal of Experimental Psychology: General*, *107*, 1–22.

Harris, R. J., Trusty, M. L., Bechtold, J. I., & Wasinger, L. (1989). Memory for implied versus directly stated advertising claims. *Psychology & Marketing*, *6*, 87–96.

Hasher, L., Goldstein. D., & Toppino, T. (1977). Frequency and conference of referential validity. *Journal of Verbal Learning and Verbal Behavior, 16*,

Galotti, Kathleen M. (2005). Setting goals and making plans: How children and adolescents frame their decisions. In J. E. Jacobs & P. A. Klaczynski (Eds.), *The development of judgment and decision making in children and adolescents* (pp. 303–326). Mahwah, NJ: Erlbaum.

Ganesan, S. (1994). Determinants of long-term orientation in buyer-seller relationships. *Journal of Marketing, 58*, 1–19.

Gardner, D. M. (1975). Deception in advertising: A conceptual approach. *Journal of Marketing, 39*, 40–46.

Gibbs, R. W. (2001). Intentions as emergent products of social interactions. In B. F. Malle, L. J. Moses, & D. A. Baldwin (Eds.), *Intentions and intentionality* (pp. 105–120), Cambridge, MA: Bradford.

Gigerenzer, G. (2002). *Calculated risks: How to know when numbers deceive you.* New York: Simon & Schuster.

Gilbert, D. T. (1991). How mental systems believe. *American Psychologist, 46*, 107–119.

Gilbert, D. T. (2002). Inferential correction. In T. Gilovich, D. Griffin, & D. Kahneman (Eds.), *Heuristics and biases: The psychology of intuitive judgment* (pp. 167–184). Cambridge, England: Cambridge University Press.

Gilbert, D. T., Krull, D. S., & Malone, P. S. (1990). Unbelieving the unbelievable: Some problems in the rejection of false information. *Journal of Personality and Social Psychology, 59*, 601–613.

Gneezy, U. (2005). Deception: The role of consequences. *American Economic Review, 95*(1), 384–394.

Goffman, E. (1959). *The presentation of self in everyday life.* London: Penguin Books.

Goldberg, M. E., Gorn, G. J., Peracchio, L. A., & Bamossy, G. (2003). Understanding materialism among youth. *Journal of Consumer Psychology, 13*, 278–288.

Goldberg, M. E., Niedermeier, K. E., Bechtel, L. J., & Gorn, G. J. (2006) Heightening adolescent vigilance toward alcohol advertising to forestall alcohol use. *Journal of Public Policy & Marketing, 25*, 147–159.

Goodman, E. P. (2006). Stealth marketing and editorial integrity. *Texas Law Review, 85*, 83–157.

Grazioli, S. (2006). Where did they go wrong? An analysis of the failure of knowledgeable Internet consumers to detect deception over the Internet. *Group Decision and Negotiation, 13*, 149–172.

Grazioli, S., Jamal, K., & Johnson, P. E. (2006). A cognitive approach to fraud detection. *Journal of Forensic Accounting, 7*, 1–24.

Grazioli, S., & Jarvenpaa, S. (2000). Perils of internet fraud. *IEEE Transactions on Systems, Man, and Cybernetics, 30*(4), 395–410.

Grazioli, S., & Jarvenpaa, S. L. (2003). Deceived: Under target online. *Communications of the ACM, 46*(12), 196–204.

Ekman, P., & Friesen, W. V. (1969). Nonverbal leakage and clues to deception. *Psychiatry, 32*, 88–106.

Escalas, J. E. (2007). Self-referencing and persuasion: Narrative transportation versus analytical elaboration. *Journal of Consumer Research, 33*, 421–429.

Escalas, J. E., & Luce, M. F. (2004). Understanding the effects of process-focused versus outcome-focused thought in response to advertising. *Journal of Consumer Research, 31*, 274–285.

Evans, J. R. (1980). A new approach to the study of consumerism. In J. R. Evans (Ed.), *Consumerism in the United States: An inter-industry analysis* (pp. 1–10). New York: Praeger.

Ettinger, D., & Philippe, J. (2007). A theory of deception. Working paper, Paris School of Economics.

Fein, S. (1996). Effects of suspicion on attributional thinking and the correspondence bias. *Journal of Personality & Social Psychology, 70*, 1164–1184.

Fein, S., Hilton, J. L., & Miller, D. T. (1990). Suspicion of ulterior motivation and correspondence bias. *Journal of Personality and Social Psychology, 58*, 753–764.

Fein, S., McCloskey, A. L., & Tomlinson, T. M. (1997). Can the jury disregard that information? The use of suspicion to reduce the prejudicial effects of retrial and inadmissible testimony. *Personality and Social Psychology Bulletin, 23*, 1215–1226.

Fennis, B. M., Das, E. H. H. J., Pruyn, A.Th. H. (2004). If you can't dazzle them with brilliance, baffle them with nonsense: Extending the impact of the Disrupt-then-Reframe technique of social influence. *Journal of Consumer Psychology, 14*, 280–290.

Fitzkee, D. (1945). *Magic by misdirection*. San Rafael, CA: Saint Rafael House.

Ford, G. T., & Calfee, J. E. (1986). Recent developments in FTC policy on deception. *Journal of Marketing, 50*, 82–103.

Frankfurt, H. G. (2005). *On bullshit*. Princeton, NJ: Princeton University Press.

Friestad, M., & Wright, P. (1994). The persuasion knowledge model: How people cope with persuasion attempts. *Journal of Consumer Research, 21*, 1–31.

Friestad, M., & Wright, P. (1995). Persuasion knowledge: Lay people's and researchers' beliefs about the psychology of advertising. *Journal of Consumer Research, 22*, 62–74.

Friestad, M., & Wright, P. (1999). Everyday persuasion knowledge. *Psychology & Marketing, 16*, 185–194.

Fukuyama, F. (1995). *Trust: The social virtues and the creation of prosperity*. London: Hamish Hamilton, Ltd.

Gaeth, G. J., & Heath, T. B. (1987). The cognitive processing of misleading advertising in young and old adults: Assessment and training. *Journal of Consumer Research, 14*(1), 43–54.

Department of Defense.
Cook, K. S., Hardin, R., & Levi, M. (2005). *Cooperation without trust?* New York: Russell Sage Foundation.
Cotte, J., Coulter, R. A., & Moore, M. (2005). Enhancing or disrupting guilt: The role of ad credibility and perceived manipulative intent. *Journal of Business Research, 58*, 361–368.
Crawford, V. P. (2003). Lying for strategic advantage: Rational and boundedly rational misrepresentation of intentions. *American Economic Review, 93*, 133–149.
Cunningham, L. A. (2005). Finance theory and accounting fraud: fantastic futures versus conservative histories, *Boston College Law School Working Paper*.
Dal Cin, S., Zanna, M. P., & Fong, G. T. (2004). Narrative persuasion and overcoming resistance. In E. S. Knowles & J. A. Linn (Eds.), *Resistance and persuasion* (pp. 175–191). Mahwah, NJ: Erlbaum.
Darke, P., & Ritchie, R. J. B. (2007). The defensive consumer: Advertising deception, defensive processing, and distrust. *Journal of Marketing Research, 44*, 114–127.
Davis, B. P., & Knowles, E. S. (1999). A disrupt-then-reframe technique of social influence. *Journal of Personality and Social Psychology, 76*, 192–199.
DeCarlo, T. E. (2005). The effects of sales message and suspicion of ulterior motives on salesperson evaluation. *Journal of Consumer Psychology, 15*, 238–249.
DePaulo, B. M., Kashy, D. A., Kirkendol, S. E., Wyer, M. M., & Epstein, J. A. (1996). Lying in everyday life. *Journal of Personality and Social Psychology, 70*, 979–995.
DePaulo, B. M., Lindsay, J. J., Malone, B. E., Mulenbruck, L., Charlton, K., & Cooper, H. (2003). Cues to deception. *Psychological Bulletin, 129*, 74–99.
Depaulo, B. M., & Morris, W. L. (2004). Discerning lies from truth: Behavioral cues to deception and the indirect pathway of intuition. In P. A. Anders & L. A. Stromwall (Eds.), *The detection of deception in forensic contexts* (pp. 15–40). Cambridge, UK: Cambridge University Press.
DePaulo, B. M., Wetzel, C., Sternglanz, R. W., & Wilson, M. J. (2003). Verbal and nonverbal dynamics of privacy, secrecy and deceit. *Journal of Social Issues, 59*, 391–410.
Diehl, M., Semegon, A. B., & Schwartzer, R. (2006). Assessing attentional control in goal pursuit: A component of dispositional self-regulation. *Journal of Personality Assessment, 86*, 306–317.
Doney, P. M., & Cannon, J. P. (1997). An examination of the nature of trust in buyer-seller relationships. *Journal of Marketing, 61*(2), 35–51.
Eco, U. (1976). *A theory of semiotics*. Bloomington: Indiana University Press.
Ekman, P. (1992). *Telling lies: Clues to deceit in the market place, politics, and marriage* (2nd ed.). New York, NY: W. W. Norton.

tion: II. The inferiority of conventional participants as deception detectors. *Communication Monographs, 58*, 25–40.
Caffi, C. (1999). On mitigation. *Journal of Pragmatics, 31*, 881–909.
Campbell, J. (2001). *The liar's tale: A history of falsehood*. New York: Norton & Company.
Campbell, M. C. (1995). When attention-getting advertising tactics elicit consumer inferences of manipulative intent: the importance of balancing benefits and investments. *Journal of Consumer Psychology, 4*, 225–254.
Campbell, M. C., & Keller, K. L. (2003). Brand familiarity and advertising repetition effects. *Journal of Consumer Research, 30*, 292–304.
Campbell, M. C., & Kirmani, A. (2000). Consumers' use of persuasion knowledge: The effects of accessibility and cognitive capacity on perceptions of an influence agent. *Journal of Consumer Research, 27*, 69–83.
Campbell, M. C., & Kirmani, A. (2008). 'I know what you're doing and why you're doing it': The use of the persuasion knowledge model in consumer research. In P. Herr (Ed.), *The handbook of consumer psychology*. Mahwah, NJ: Erlbaum.
Carpendale, J., & Lewis, C. (2006). *How children develop social understanding*. Malden, MA: Blackwell.
Ceci, S. J., Markle, F., & Chae, J. (2005). Children's understanding of the law and legal processes. In M. Barrett & E. Buchanan-Barrow, (Eds.), *Children's understanding of society*. New York: Psychology Press.
Chaiken, S. (1987). The heuristic model of persuasion. In M. P. Zanna, J. M. Olson, and C. P. Herman. *Social Influence: The Ontario Symposium*, (Vol. 5, pp. 3–39). Hillsdale, NJ: Erlbaum.
Chaiken, S., Liberman, A., & Eagly, A. H. (1989). Heuristic and systematic information processing within and beyond the persuasion context. In J. A. Uleman & J. A. Bargh, (Eds.), *Unintended thought* (pp. 212–252). New York: Guilford.
Chiappe, D., Brown, A., Dow, B., Koonz, J., Rodriguez, M., & McCulloch, K. (2004). Cheaters are looked at longer and remembered better than cooperators in social exchange situations. *Evolutionary Psychology, 2*, 108–120.
Cialdini, R. B. (1999). Of tricks and tumors: Some little-recognized costs of dishonest use of effective social influence. *Psychology & Marketing, 16*, 91–98.
Cialdini, R. B. (2001). *Influence: Science and practice* (4th ed.). New York: Harper Collins.
Coates, J. (1988). Epistemic modality and spoken discourse. *Transactions of the Philological Society, 86*, 110–131.
Cohen, F., Lambert, D., Preston, C., Berry, N., Stewart, C., & Thomas, E. (2001). A framework for deception. Technical Baseline Report, United States

processes. *Journal of Consumer Research, 25*, 187–217.
Bither, S. W., & Wright, P. L. (1973). The self confidence—advertising response relationship: A function of situational distraction. *Journal of Marketing Research, 10*, 146–152.
Block, L. G., & Keller, P. A. (1995). When to accentuate the negative: The effects of perceived efficacy and message framing on intentions to perform a health-related behavior. *Journal of Marketing Research, 32*, 192–203.
Block, L. G., & Keller, P. A. (1998). Beyond protection motivation: An integrative theory of health appeals. *Journal of Applied Social Psychology, 28*, 1584–1608.
Bok, S. (1999). *Lying: Moral choices in public and private life*. New York: Pantheon.
Boush, D. M. (2001). Mediating advertising effects. In J. Bryant & J. A. Bryant (Eds.), *Television and the American family* (pp. 397–412). Mahwah, NJ: Erlbaum.
Boush, D. M., Friestad, M., & Rose, G. M. (1994). Adolescent skepticism toward TV advertising and knowledge of advertiser tactics. *Journal of Consumer Research, 21*, 165–175.
Breitmeyer, B. (1984). *Visual masking: An integrative approach*. Oxford: Oxford University Press.
Brinol, P., Rucker, D. D., Tormala, Z. L., & Petty, R. E. (2004). Individual differences in resistance to persuasion: The role of beliefs and meta-beliefs. In E. S. Knowles & J. A. Linn (Eds.), *Resistance and persuasion* (pp. 83–105). Mahwah, NJ: Erlbaum.
Broniarczyk, S. M., & Alba, J. W. (1994). The role of consumers' intuitions in inference making. *Journal of Consumer Research, 21*, 393–407.
Brown, C. L., & Krishna, A. (2004). The skeptical shopper: A metacognitive account for the effects of default options on choice. *Journal of Consumer Research, 31*, 529–539.
Brucks, M., Armstrong, G., and Goldberg, M. E. (1988). Children's use of cognitive defenses against television advertising: A cognitive response approach. *Journal of Consumer Research, 14*, 471–482.
Bruno, K. J., & Harris, R. J. (1980). The effect of repetition on the discrimination of asserted and implied claims in advertising. *Applied Psycholinguistics, 1*, 307–332.
Bugenthal, D. B. (2000). Acquisition of the algorithms of social life: A domain-based approach. *Psychological Bulletin, 126*, 187–219.
Buller, D. B., & Burgoon, J. K. (1994). Deception: Strategic and nonstrategic communication. In J. A. Daly & J. M. Wiemann (Eds.), *Strategic interpersonal communication* (pp. 191–223). Hillsdale, NJ: Erlbaum.
Buller, D. B., & Burgoon, J. K. (1996). Interpersonal deception theory. *Communication Theory, 6*, 203–242.
Buller, D. B., Strzyzewski, K. D., & Hunsaaker, F. G. (1991). Interpersonal decep-

Arkes, H. R., Boehm, L. E., & Xu, G. (1991). Determinants of judged validity. *Journal of Experimental Psychology: General, 121*, 446–458.

Arnett, J. J. (2004). *Emerging adulthood: The winding road from the late teens through the twenties*. New York: Oxford University Press.

Aspinwall, L. G., & Taylor, S. E. (1997). A stitch in time: Self-regulation and proactive coping. *Psychological Bulletin, 121*, 417–436.

Baldwin, D. (2005). Discerning intentions: Characterizing the cognitive system at play. In B. D. Homer & C. S. Tamis-Lemonda (Eds.), *The development of social cognition and communication* (pp. 117–144). Mahwah, NJ: Erlbaum.

Bandura, A. (1997). *Self-efficacy: The exercise of control*. New York: W. H. Freeman.

Barnett, S. M., & Ceci, S. J. (2002). When and where do we apply what we learn? A taxonomy for far transfer. *Psychological Bulletin, 128*, 612–637.

Barone, M. J. (1999). How and when factual ad claims mislead consumers: Examining the deceptive consequences of copy x copy interactions for partial comparative advertisements. *Journal of Marketing Research, 36*, 58–74.

Barone, M. J., Manning, K. C., & Miniard, P. W. (2004). Consumer response to retailers' use of partially comparative pricing. *Journal of Marketing, 68*, 37–47.

Bartholomew, A., & O'Donahue, S. (2003). Everything under control: A child's eye view of advertising. *Journal of Marketing Management*, *19*, 433–457.

Baumeister, R. F., & Heatherton, T. F. (1996). Self-regulation failure: An overview. *Psychological Inquiry, 7*, 1–15.

Bearden, W. O., Hardesty, D. M., & Rose, R. L. (2001). Consumer self-confidence: Refinements in conceptualization and measurement. *Journal of Consumer Research, 28*, 121–134.

Beebe, B. (2005). Search and persuasion in trademark law. *Michigan Law Review, 103*, 2020–2072.

Bell, J. B., & Whaley, B. (1991). *Cheating and deception*. Transaction Publishers: New Brunswick, NJ.

Berthoud-Papandroupoulou, I., & Kilcher, H. (2003). Is a false statement a lie or a truthful statement? Judgments and explanations of children 3 to 8. *Developmental Science, 6*, 173–177.

Berti, A. E. (2005). Children's understanding of politics. In M. Barrett & E. Buchanan-Barrow (Eds.), *Children's understanding of society* (pp. 69–103). New York: Psychology Press.

Best, J. (2001). *Damned lies and statistics: Untangling numbers from the media, politicians, and activists*. Berkeley, CA: University of California Press.

Bettman, J. R., Luce, M. F., & Payne, J. W. (1998). Constructive consumer choice

# 引用文献


Aaker, J., & Lee, A. (2001). "I" seek pleasures and "we" avoid pains: The role of self-regulatory goals in information processing and persuasion. *Journal of Consumer Research, 28*, 33–49.

AARP Foundation (2003). *Off the hook: Reducing participation in telemarketing fraud*. AARP Foundation: Washington, DC.

Adams, P. J., Towns, A., & Gavey, N. (1995). Dominance and entitlement: The rhetoric men use to discuss their violence towards women. *Discourse & Society, 6*, 387–406.

Ahluwalia, R. (2000). Examination of the psychological processes underlying resistance to persuasion. *Journal of Consumer Research, 27*, 217–232.

Ahluwalia, R., & Burnkrant, R. E. (2004). Answering questions about questions: A persuasion knowledge perspective for understanding the effects of rhetorical questions. *Journal of Consumer Research, 31*, 26–42.

Aiken, K. D., & Boush, D. M. (2006). Trustmarks, objective source ratings, and implied investments in advertising: Investigating online trust and the context-specific nature of internet signals. *Journal of the Academy of Marketing Science, 34*, 308–323.

Alba, J. W., & Hutchinson, J. W. (2000). Knowledge calibration: What consumers know and what they think they know. *Journal of Consumer Research, 27*, 123–156.

Amsel, E., Bowden, T., Contrell, J., & Sullivan, J. (2005). Anticipating and avoiding regret as a model of adolescent decision making. In J. E. Jacobs & P. A. Klaczynski (Eds.), *The development of judgment and decision making in children and adolescents*. Mahwah, NJ: Erlbaum, 119–156.

Anderson, E., & Weitz, B. A. (1992). The use of pledges to build and sustain commitment in distribution channels. *Journal of Marketing Research, 29*, 18–34.

Anderson, J. R. (1993). *Rules of the mind*. Hillsdale, NJ: Erlbaum.

Anolli, L., Balconi, M., & Ciceri, R. (2002). Deceptive communication theory (DeMit): A new model for the analysis of deceptive communication. In L. Anolli, R. Ciceri, & G. Riva (Eds). *Say not to say: New perspectives on miscommunication* (pp. 73–100). Amsterdam, Netherlands: IOS.

## な行



## は行



## ま行



## や行



## ら行



## わ行

## さ行



## た行

# 事項索引

リットソン（Ritson, M.） 186
リン（Linn, J.A.） 40, 68, 69, 70, 140, 141
リンチ（Lynch, J.G.） 132
ルイス（Lewis, C.） 197
ルイス（Lewis, J.D.） 253, 254
ルヴァイン（Levine, L.） 205
ルヴァイン（Levine, T.R.） 145, 152
ルーチェ（Luce, M.F.） 77
ルーマン（Luhmann, N.） 253, 254
ルッソ（Russo, J.E.） 211
ルッツ（Lutz, R.J.） 186, 195
ルナ（Luna, B.） 205
レヴィー（Levi, M.） 254
レヴィン（Levin, I.P.） 80
レオナルド（Leonard, N.H.） 132
レスリー（Leslie, F.） 205
ロウ（Rowe, N.C.） 73, 74
ロウズ（Roese, N.J.） 48
ローズ（Rose, G.M.） 149
ローズ（Rose, N.） 86
ローズ（Rose, R.L.） 178, 194
ローリン（Loughlin, S.） 205
ロゲヴェン（Roggeven, A.L.） 143, 145
ロシター（Rossiter, J.R.） 188, 189
ロジャース（Rogers, R.W.） 27, 45, 46, 228
ロッター（Rotter, J.B.） 253
ロバーツ（Roberts, J.） 189
ロバートソン（Robertson, T.） 188, 189

## ワ行

ワード（Ward, S.） 188
ワイガート（Weigert, A.） 253, 254
ワイヤー（Wyer, R.S.） 134
ワセネ（Wathne, K.H.） 255
ワックマン（Wackman, D.B.） 188
ワトソン（Watson, K.） 225
ワン（Wang, A.） 153

フリーセン（Friesen, W.V.） 16, 26, 28
ブリノール（Briñol, P.） 40, 43, 163, 171
ブルーノ（Bruno, K.J.） 208, 210, 211
プレストン（Preston, I.L.） 3, 12, 87
ブロック（Block, L.G.） 27, 45, 46, 82
ブロック（Brock, T.C.） 58, 71
ブロニアチャック（Broniarczyk, S.M.） 132
ペクマン（Pechmann, C.） 139, 186, 205, 208, 227-231
ベスト（Best, J.） 91
ベッツ（Betz, N.E.） 176
ベットマン（Bettman, J.R.） 35, 80
ペティ（Petty, R.E.） 26, 27, 37, 40, 43, 44, 58, 66, 132, 163, 164, 180
ベル（Bell, J.B.） 56, 57
ベルティ（Berti, A.E.） 187, 205
ホイーラー（Wheeler, S.C.） 40, 44, 171
ホイーラー（Wheeler, T.） 89, 90
ホイヤー（Hoyer, W.D.） 13
ホエイリー（Whaley, B.） 56, 57
ホーキンス（Hawkins, S.A.） 143
ボールドウィン（Baldwin, D.） 133, 196, 197-199
ポサヴァック（Posavac, S.S.） 131, 148
ホック（Hoch, S.J.） 143

## マ行

マークス（Marks, L.J.） 139
マーティン（Martin, M.C.） 194, 195
マイクルズ（Michaels, D.） 92, 93, 255-257
マカリスター（McAllister, D.J.） 254
マギル（McGill, A.L.） 77
マクガイア（McGuire, W.J.） 161, 176
マクロスキー（McCloskey, A.L.） 128
マコーナック（McCornack, S.A.） 26, 27, 30-32, 145, 153
マザースキー（Mazursky, D.） 126, 128
マシップ（Masip, J.） 8, 9
マッカリー（McQuarrie, E.F.） 94-96
マッキャン（McCann, J.W.） 132
ミース・ファン・デル・ローエ（Mies van der Rohe） 21
ミック（Mick, D.G.） 4, 94, 262
ミトニック（Mitnick, K.D.） 101, 111, 112, 114
ミヤース（Mears, D.P.） 96, 97
ミラー（Miller, D.T.） 128
ミラー（Miller, G.R.） 15
ミラー（Miller, K.） 85
ムーア（Moore, E.S.） 186, 195
ムコウパディアイ（Mukhopadhyay, A.） 175
ムスクリシュナン（Muthukrishnan, A.V.） 132
ムラヴェン（Muraven, M.） 172
メイヤー（Meyer, R.J.） 132
メイン（Main, K.J.） 129, 130
メノン（Menon, S.） 148
モーゼス（Moses, L.J.） 196-199
モスコビッツ（Moskowitz, G.B.） 145
モナコ（Monaco, G.E.） 208, 210

## ヤ行

ヤング（Young, B.N.） 187, 188, 196, 243
ユン（Yoon, C.） 143

## ラ行

ライオン（Lyon, M.） 240
ライス（Rice, W.E.） 215
ライト（Wright, P.） 19, 27, 41-44, 48, 58, 124, 128, 136, 146-150, 163, 170, 175, 176, 187, 190, 193, 225, 247, 263
ラッカー（Rucker, D.D.） 138-140
ラッセル（Russell, C.） 148
ラドヴァンスキ（Radvansky, G.A.） 134
ラマスワミ（Ramaswami, S.） 132
ランド（Rand, P.） 61
リー（Lea, S.E.G.） 196
リー（Lee, A.Y.） 46, 47
リー（Li, H.） 254
リチャーズ（Richards, J.I.） 3, 12, 13
リッチー（Ritchie, R.J.B.） 129, 130

ゼラーゾ (Zelazo, P.D.)　133, 205
セルナ（Serna, S.B.）　215
ソウウィ（Sowey, E.R.）　90, 91

## タ行

ダーク（Darke, P.）　129, 130
ダール（Dahl, D.W.）　129
タイナー（Tyner, K.）　225
タフト（Tufte, E.R.）　60, 61
ダルシン（Dal Cin, S.）　70, 71
ターンブル（Turnbull, W.）　85
チアッペ（Chiappe, D.）　124
チェイケン（Chaiken, S.）　26, 37
チャルディーニ（Cialdini, R.B.）　27, 38-40, 48, 64-66, 215, 264
チョウ（Zhou, L.）　154
チン（Chin, J.）　47
ディール (Diehl, M.)　177
デイヴィス（Davis, J.F.）　225
テイラー（Taylor, S.E.）　75, 77, 166-169
デポーロ（DePaulo, B.M.）　16, 26, 28, 83
トウィッチェル（Twitchell, D.P.）　154
トーマラ（Tormala, Z.I.）　40, 43, 163
ドネイ（Doney, P.M.）　254
トムリンスン（Tomlinson, T.M.）　128

## ナ行

ナナメーカー（Nunamaker, J.F.）　154
ネーダー (Nader, R.)　244
ノウルズ（Knowles, E.S.）　40, 68-70, 140, 141
ノールデウィール (Noordewier, T.G.)　254

## ハ行

パーク（Park, D.C.）　143
バーグーン（Burgoon, J.K.）　17, 26, 28, 154
パークス (Parks, M.R.)　153
バーゴイン（Burgoyne, C.B.）　196
バーソロミュー (Bartholomew, A.)　186
ハーディン（Hardin, R.）　254
ハーデスティ（Hardesty, D.M.）　178
バーデン（Bearden, W.O.）　178, 179
バーネット（Barnett, S.M.）　203
バールソン（Burleson, B.R.）　158
バーンクラント (Burnkrant, R.E.)　148
ハイデ（Heide, J.B.）　255
バウマイスター（Baumeister, R.F.）　47
ハッシャー（Hasher, L.）　143
ハフナー（Hafner, K.）　240
ハミルトン（Hamilton, R.W.）　148
ハリス（Harris, R.J.）　87, 208, 210-212
バルコーニ（Balconi, M.）　26, 32
パルデス（Pardes, T.A.）　252
バローネ（Barone, M.J.）　137, 148
ハンソン（Hanson, J.D.）　240, 252
バンデューラ（Bandura, A.）　173, 229
ヒース（Heath, T.B.）　74
ビービー（Beebe, B.）　247
ヒギンス（Higgins, E.T.）　27, 45, 46, 137
ビザー（Bither, S.W.）　175, 176
ヒューバー（Huber, J.）　132
ヒルトン（Hilton, J.L.）　123, 128
ファイン（Fein, S.）　123, 128, 134
ファブリガー（Fabrigar, L.R.）　180
フィリップス（Philips, B.J.）　94-96
ブーゲンタール（Bugenthal, D.B.）　200, 201
フェニス（Fennis, B.M.）　68, 141
フォン（Fong, G.T.）　71
フクヤマ（Fukuyama, F.）　253
ブッシュ（Boush, D.M.）　iii, 43, 149, 186, 187, 189, 194, 255
ブラー（Buller, D.B.）　17, 26, 28, 145, 153
ブラウン（Brown, C.L.）　148
ブラックス（Brucks, M.）　186, 189, 190
プラトカニス（Pratkanis, A.）　27, 38, 39, 64-66, 101, 115, 117, 232, 264, 265
フランクファート（Frankfurt, H.G.）　96-98
フリースタッド（Friestad, M.）　19, 27, 41-43, 48, 124, 128, 136, 146, 147, 149, 150, 170, 187, 190, 193, 194, 225, 247

キケリ（Ciceri, R.） 26, 32
キヴェツ（Kivetz, R.） 80
キャノン（Cannon, J.P.） 254, 255
キャンベル（Campbell, J.） 261
キャンベル（Campbell, M.C.） 27, 48, 70, 134, 135, 137, 138, 148
ギルバート（Gilbert, D.T.） 132, 153
キン（Qin, T.） 154
クック（Cook, K.S.） 254
グッドマン（Goodman, E.P.） 245, 246
グライス（Grice, H.P.） 30, 153
グラジオーリ（Grazioli. S） 26, 35, 36, 153
クラチンスキ（Klaczynski, P.A.） 205
グリーン（Greene, J.O.） 184
グリーン（Green, M.C.） 71, 158
グリーンウォルド（Greenwald, A.G.） 44
クリコリアン（Kricorian, K.） 136
クリシュナ（Krishna, A.） 148
クルグランスキ（Kruglanski, A.W.） 44, 128, 141, 142, 213
クレーマー（Kramer, R.M.） 130
グレギャン-パクストン（Gregan-Paxton, J.） 204
グレゴリー（Gregory, W.L.） 77
クロスニック（Krosnick, J.A.） 163
クロンレイ（Cronley, M.L.） 131
ゲイリン（Guerin, B.） 84-86
ケラー（Keller, K.L.） 148
ケラー（Keller, P.A.） 27, 45, 46, 77, 82
コーエン（Cohen, F.） 18, 20, 26, 50, 101, 102, 103
コーツ（Coates, J.） 84, 85
ゴールドバーグ（Goldberg, M.E.） 186, 189, 208, 224-227
ゴーレン（Goren, H.） 125
コスロー（Koslow, S.） 171
コッテ（Cotte, J.） 148
ゴフマン（Goffman, E.） 33, 86, 96-98

## サ行

サーデシュムカー（Sirdeshmukh, D.） 254
サイモン（Simon, W.） 101-112, 114
サガリン（Sagarin, B.J.） 40, 174, 208, 215, 217-219, 221-224, 263-265
サクストン（Saxton, K.L.） 85
ザッカーマン（Zuckerman, M.） 27, 28
サブラマニャム（Subrahmanyam, A.） 252
ザンナ（Zanna, M.P.） 71
サンプソン（Sampson, M.R.） 240
サンボンマツ（Sanbonmatsu, D.M.） 132, 133
シェイデル（Shadel, D.） 101, 115, 117
ジェイン（Jain, S.P.） 148
ジェヒール（Jehiel, Ph.） 26, 37
シモンズ（Simmons, C.J.） 132, 137
シモンソン（Simonson, I.） 80
シャーウィン（Sherwin, E.） 245
シャープ（Sharpe, W.F.） 35
ジャコビ（Jacoby, J.） 13
ジャッカード（Jaccard, J.） 132
ジャベンパ（Jarvenpaa, S.L.） 36
シュ（Zhu, G.） 137, 138
シュール（Schurr, T.H.） 255
シュール（Schul, Y.） 123-126, 128
シュワルツ（Schwartz, N.） iii, 37, 143
ジョハー（Johar, G.V.） 137, 143, 145, 175
ジョン（John, D.R.） 204, 206
ジョンソン（Johnson, M.K.） 145
ジョンソン（Johnson, P.E.） 26, 35, 36, 56, 160
ジョンソン（Johnson, R.D.） 132
スカーニク（Skurnik, I.） 143-145
スコット（Scott, L.M.） 94
スズィクマン（Szykman, L.R.） 148
スターン（Stern, B.B.） 94, 95
スティッフ（Stiff, J.B.） 15
スパンゲンバーグ（Spangenberg, E.R.） 179
スピールマン（Speelman, C.） 203
スペルベル（Sperber, D.） 31, 32, 134
スペンス（Spence, M.） 37
スミス（Smith, H.M.） 176
スメタナ（Smetana, J.G.） 20, 183, 205
スモーク（Smoak, M.D.） 180
セシ（Ceci, S.J.） 187, 203

# 人名索引

## ア行

アーカー（Aaker, J.） 46, 47
アークス（Arkes, H.R.） 143
アーネット（Arnett, J.J.） 205
アームストロング（Armstrong, G.） 189
アールワリア（Ahluwalia, R.） 40, 148, 163
アスピンウォール（Aspinwall, L.G.） 166-168
アダヴァル（Adaval, A.） 134
アダムス（Adams, P.J.） 85
アツアヘネギマ（Atuahene-Gima, K.） 254
アノーリ（Anolli, L.） 26, 32-35, 56
アルバ（Alba, J.W.） 44, 132
アレクサンダー（Alexander, L.） 245
アロンソン（Aronson, E.） 264, 265
アンセル（Amsel, E.） 205
アンダーソン（Anderson, E.） 254
アンダーソン（Anderson, J.R.） 184
ウィリアムス（Williams, P.） 148
ウィリアムソン（Williamson, O.E.） 253, 254
ウィルソン（Wilson, D.） 32, 134
ウィルソン（Wilson, R.） 37
ウィルソン（Wilson, S.R.） 40
ウィルソン（Wilson, T.D.） 132
ウェイツ（Weitz, B.A.） 254
ウェゲナー（Wegener, D.T.） 26, 37, 40, 43, 66, 69, 132, 164, 172, 180
ウェブスター（Webster, D.M.） 141, 213
ウェブリー（Webley, P.） 187, 196
ヴォース（Vohs, K.D.） 27, 47, 48, 68, 172
ウォーテラ（Wartella, E.） 188
ウッド（Wood, G.） 132
ウッド（Wood, S.E.） 263-265
ヴラデック（Vladeck, D.C.） 244
エヴァンス（Evans, J.R.） 244
エーケン（Aiken, K.D.） 255
エクマン（Ekman, P.） 16, 26-28
エコ（Eco, U.） 94
エスカラス（Escalas, J.E.） 70, 77
エティンガー（Ettinger, D.） 26, 37
エリオット（Elliott, R.） 127, 186
オザン（Ozanne, J.L.） 255
オズボーン（Osborn, B.） 225
オドナヒュー（O'Donahue, S.） 186
オバミラー（Obermiller, C.） 179

## カ行

カースナー（Kirsner, K.） 203
カーデス（Kardes, F.R.） 68, 74, 87, 131-133, 141, 142, 174, 208, 212, 213
ガードナー（Gardner, D.M.） 13
カーネマン（Kahneman, D.） 80
カーペンデール（Carpendale, J.） 197
カーマニ（Kirmani, A.） 134, 135, 137, 138, 148
カールソン（Carlson, S.M.） 197
カーン（Kahn, B.） 148
カイザー（Kysar, D.A.） 252
カニンガム（Cunningham, L.A.） 251, 252
ガネサン（Ganesan, S.） 254
カミンス（Kamins, M.A.） 139
ガロッティ（Galotti, K.M.） 205
ギース（Gaeth, G.J.） 74
ギガレンザー（Gigerenzer, G.） 90, 91

## 原著者紹介

### デイヴィッド・ブッシュ（David M. Boush）

オレゴン大学ランドクイスト・ビジネス学部准教授、マーケティング学科主任。これまでに仏セルジーポントアーズのESSECの客員教授を務めた他、メキシコシティー、ブエノスアイレス、サンティアゴ、ボゴタで電子商取引の講義を担当。専門は、信頼、消費者の社会化、ブランドエクイティであり、これらに関連する論文が『消費者研究』『マーケティング研究』『マーケティング・サイエンス学会誌』『公共政策・マーケティング』『国際ビジネス研究』に掲載されている。『国際ビジネス研究』編集委員。

### マリアン・フリースタッド（Marian Friestad）

オレゴン大学ランドクイスト・ビジネス学部のマーケティング担当教授、同大学大学院研究科副委員長。元スタンフォード大学大学院長、客員教授。説得や社会的影響に関する研究は、これまで多く研究者の論文に引用され、『消費者研究』の優秀論文賞を授与された。また、多くの論文が『消費者研究』『消費者心理学』『心理学とマーケティング』『コミュニケーション研究』に掲載されている。消費者心理学会の元会長、同学会フェロー。

### ピーター・ライト（Peter Wright）

オレゴン大学ランドクイスト・ビジネス学部のマーケティング担当教授。元スタンフォード大学ビジネス大学院マーケティング専攻科長、ハーバード・ビジネススクール客員研究員。研究論文が『消費者研究』『パーソナリティ・社会心理学ジャーナル』『マーケティング研究』『公共政策・マーケティング』『マネジメント・サイエンス』『応用心理学』に掲載されている。消費者研究学会の元会長、同学会フェロー。

## 訳者紹介

**安藤　清志**（あんどう　きよし）【第1章・第2章・第5章・第10章】

奥付参照

**今井　芳昭**（いまい　よしあき）【第3章・第4章】

奥付参照

**勝谷　紀子**（かつや　のりこ）【第6章・第7章】

2004年　東京都立大学大学院人文科学研究科博士課程単位取得退学
現　在　日本大学文理学部人文科学研究所研究員
著　書　『自己と対人関係の社会心理学』（分担執筆）北大路書房 2009年

**足立 にれか**（あだち　にれか）【第8章】

2001年　お茶の水女子大学大学院人間文化研究科博士課程単位取得退学
現　在　白百合女子大学大学院文学研究科（発達心理学専攻）在籍
著　書　『会議の科学』（共著）新曜社 2006年

**藤枝　幹大**（ふじえだ　もとひろ）【第9章】

1994年　青山学院大学大学院文学研究科修士課程修了
現　在　多摩リハビリテーション学院心理学担当教員　臨床心理士
訳　書　ハーヴェイ『悲しみに言葉を』（分担訳）誠信書房 2002年

監訳者紹介

安藤　清志（あんどう　きよし）

1950年生まれ
1979年　東京大学大学院人文科学研究科博士課程満期退学
　　　　東京女子大学文理学部教授を経て、
現　在　東洋大学社会学部社会心理学科教授
編著書　『社会心理学パースペクティブ１～３』（共編）誠信書房　1989-1990年　他
監訳書　チャルディーニ他『影響力の武器　実践編』誠信書房　2009年、ハーヴェイ『悲しみに言葉を』誠信書房　2002年、ヒューストン他『社会心理学概論１』誠信書房 1994年、同『社会心理学概論２』誠信書房　1995年　他

今井　芳昭（いまい　よしあき）

1958年生まれ
1988年　東京大学大学院社会学研究科博士課程単位取得退学
現　在　慶應義塾大学文学部教授
編著書　『依頼と説得の心理学』サイエンス社　2006年、『コミュニケーションと対人関係』（分担執筆）誠信書房　2010年、『影響力』光文社新書　2010年


D. M. ブッシュ、M. フリースタッド、P. ライト著
市場《しじょう》における欺瞞的説得《ぎまんてきせっとく》——消費者保護《しょうひしゃほご》の心理学《しんりがく》

2011年 5月 16日　第１刷発行

監訳者　安藤清志
　　　　今井芳昭
発行者　柴田敏樹
印刷者　日岐浩和

発行所　株式会社　誠信書房
〒112-0012　東京都文京区大塚 3-20-6
電話　03-3946-5666
http://www.seishinshobo.co.jp/

DTP 組版：リトル・ドッグ・プレス
中央印刷　イマキ製本所



ISBN 978-4-414-30625-5 C3011

# 影響力の武器［第二版］

なぜ，人は動かされるのか

ISBN978-4-414-30416-9

ロバート・B.チャルディーニ 著
社会行動研究会訳

「ふとした隙につけこまれ，あれよあれよという間に欲しくもないものを買わされてしまった」「ひっかかるはずのない怪しい〈儲け話〉に乗せられてしまった」などなど。本書の著者は，セールスマンや広告主の世界に入り込み，人がどのような心理的メカニズムで動かされるのか解明した。第二版では，世界各地の読者から寄せられたレポートを追加した。

目　次



四六判上製　定価(本体2800円+税)

# 影響力の武器 実践編

「イエス！」を引き出す 50 の秘訣

ISBN978-4-414-30417-6

N.ゴールドスタイン・R.チャルディーニ他著
安藤清志監訳　高橋紹子訳

相手から承諾を得る方法を，それぞれの場面に応じて具体的に解説したビジネスマン向けの心理学書。『影響力の武器［第二版］』で紹介した６つの法則に基づいた事例を50の秘訣として紹介する。ビジネスに役立つエピソードやそれを裏づける心理学実験の結果が分りやすく解説され，一般読者にも興味深く読み進められる内容となっている。

目次から

- ○　不便を感じさせて高める説得力
- ○　上位商品の発売によって従来品が売れ出す不思議
- ○　恐怖を呼び起こす説得の微妙な効果
- ○　与えることが人を動かす
- ○　一貫性をもって一貫性を制す
- ○　さりげなく能力を際立たせる
- ○　優れたリーダーの力を最大限発揮させるには
- ○　集団思考の落とし穴
- ○　システム障害発生、でも責任者は救われる
- ○　クレヨンの箱の中にある説得のヒント

四六判上製　定価(本体2000円+税)

# プロパガンダ

## 広告・政治宣伝のからくりを見抜く

ISBN978-4-414-30285-1

A. プラトカニス／E. アロンソン著
社会行動研究会訳

本書は，カルト問題，サブリミナル，ナチの宣伝技術等，多岐に渡る説得に関わる現象やテクニックを 37 の節に分けてどこからでも読めるようになっている。日常の政治や広告界での説得者の真の意図や資質を見抜くための知識を得る。

目　次



A5判上製　定価(本体3200円+税)

# 暴かれる嘘

## 虚偽を見破る対人学

ISBN978-4-414-30273-8

P. エクマン著　工藤 力訳編

嘘の本質と嘘の発見に関して，歴史的事実，小説，実験室研究など，広範な資料に基づく透徹した分析を通して，人間行動の深層を解明した画期的書。心理学関係者ほか，医療・警察・法曹界の人たち，さらに政治・外交に携わる人びとへ推薦する。

目　次



A5判上製　定価(本体3800円+税)

# インターネット心理学のフロンティア

ISBN978-4-414-30169-4

三浦麻子・森尾博昭・川浦康至編著

本書は，国内外の最新の研究にもとづき，パソコンや携帯が作り出すデジタルの世界の影響力を，「個人」「対人関係」「集団」「社会」の四つの切り口から解説する。ブログ記事の分析，韓国のネット論など，加速度的に変化しつづける，インターネット心理学研究の最前線がわかる一冊。

目　次



A5判並製　定価(本体2800円+税)

# 人文・社会科学のためのテキストマイニング

ISBN978-4-414-30171-7

松村真宏・三浦麻子著

テキストマイニングを，“分かりやすく”，そして“タダ”で，行うことを可能にする一冊。著者が開発したフリーソフト「TinyTextMiner」をはじめとする各種ソフトウェアの活用方から，自然言語処理，統計解析，データマイニングの分野を幅広くカバーした。人文・社会学分野の学部学生，大学院生・研究者の入門書として最適な内容である。

目　次



B5判並製　定価(本体2400円+税)

## モノの意味
### 大切な物の心理学

ISBN978-4-414-30623-1

M. チクセントミハイ／E. ロックバーグ=ハルトン著　市川孝一・川浦康至訳

こころを抜きに人を語れないのと同じく，物を抜きには人間とその歴史を語ることはできない。仕事の道具・子どもからのプレゼント・幼い日の宝物。物は人の喜怒哀楽を帯び，人格と歴史を形作る。本書は，人間存在と物の関わりを，広範なフィールドワークに基づき解説する。

目　次


A5判上製　定価（本体4600円＋税）

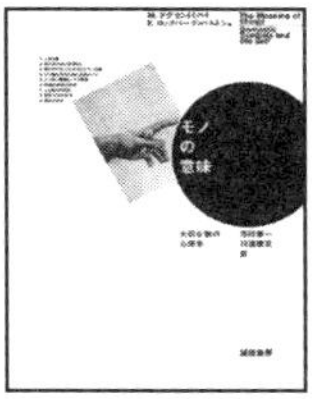


## ダメ出しコミュニケーションの社会心理
### 対人関係におけるネガティブ・フィードバックの効果

ISBN978-4-414-30332-2

繁桝江里著

ダメ出しとは相手の欠点や弱点といった悪いところを指摘することである。自分に求められていることが何かを知り，それに応えることでより良いものを創り上げていくことができるようになる。これらについて社会心理学的な視点から調査研究を行いそれをデータ分析することで，ダメ出しが効用をもたらす条件を伝えている。

目　次


四六判並製　定価（本体1700円＋税）